MIGRATIONS, ONG
ET DÉVELOPPEMENT EN GUINÉE

Déjà paru, aux éditions L'Harmattan :

(avec Karamo KABA) *La Guinée face à la mondialisation*, 2008.

© L'HARMATTAN, 2013
5-7, rue de l'École-Polytechnique ; 75005 Paris

http://www.librairieharmattan.com
diffusion.harmattan@wanadoo.fr
harmattan1@wanadoo.fr

ISBN : 978-2-336-29212-0
EAN : 9782336292120

Idrissa BARRY

MIGRATIONS, ONG ET DÉVELOPPEMENT EN GUINÉE

Études africaines
Collection dirigée par Denis Pryen et François Manga Akoa

Dernières parutions

Windpagnangdé Dominique KABRE, *La conclusion des contrats électroniques. Étude de droits africains et européens*, 2013.
Yafradou Adam TAIROU, *Préoccupations environnementales et droit de l'entreprise dans l'espace OHADA*, 2013.
Gabin KORBEOGO, *Pouvoir et accès aux ressources naturelles au Burkina Faso. La topographie du pouvoir*, 2013.
Jean-Claude MASHINI, *Le développement régional en République démocratique du Congo de 1960 à 1997*, 2013.
Kouamé René ALLOU, *Les Nzema, un peuple akan de Côte d'Ivoire et du Ghana*, 2013.
Emmanuel NKUNZUMWAMI, *Le partenariat Europe-Afrique dans la mondialisation*, 2013.
Lang Fafa DAMPHA, *Nationalism and reparation*, 2013.
Jean-François BARLUET, *Un drame colonial en Côte d'Ivoire : l'affaire Quiquerez Segonzac (1891-1893)*, 2013.
Gervais MUBERANKIKO, *La protection du locataire-gérant en droit OHADA*, 2013.
Gervais MUBERANKIKO, *La contribution de la décentralisation au développement local*, 2013.
Alain COURNANEL, *Economie politique de la Guinée (1958-2010). Des dictatures contre le développement*, 2012.
Amadou OUMAR DIA, *Peuls et paysans. Les Halaybe de Mauritanie*, 2012.
Sous la direction de Bruno DUJARDIN, *Renforcement des systèmes de santé. Capitalisation des interventions de la Coopération Belge au Burundi, en République Démocratique du Congo et au Rwanda*, 2012.
Hygin Didace AMBOULOU, *Les personnes, les incapacités et la filiation en droit congolais*, 2012.
Brice POREAU, *Rwanda, une ère nouvelle*, 2012.
Calvin Thomas DJOMBE, *Cultures viriles et identité féminine, Essai sur le genre en Afrique subsaharienne*, 2012.
Losseni CISSE, *La problématique de l'État de droit en Afrique de l'Ouest*, 2012.
Jessica HAMADZIRIPI, *Poverty eradication in Zimbabwe, Meeting the millennium development goals (MDGs) through home-grown business approaches*, 2013.
Romaric Franck QUENTIN DE MONGARYAS, *L'école gabonaise en questions*, 2012.

DEDICACE

Mes parents

Ma grand-mère, Feue Hadja Kadiatou BARRY

Mon oncle, Feu Karamoko BARRY

Hadja Rouiguiatou DIALLO

Mon épouse Safiatou et mon petit Esmael

INTRODUCTION

Les raisons du choix de ce thème "Migrations, ONG et développement" font suite à mon thème de DEA sur "l'insertion professionnelle des jeunes issus de l'immigration guinéenne en France".

A mon inscription en DEA, j'ai voulu travailler sur l'impact de la migration sur le développement de la Guinée compte tenu de l'engouement du phénomène chez les jeunes guinéens à l'époque. Aussi, compte tenu de la médiatisation du phénomène et des débats politiques suscités, j'ai également voulu mesurer objectivement les conséquences de la migration. Mais, je me suis vite rendu compte qu'une telle étude demande beaucoup plus de temps et des moyens car elle mérite d'être plus approfondie. Je me suis résolu alors à développer ce thème plus tard. Pour mieux l'aborder, j'ai pensé qu'il était d'abord nécessaire de connaître le mode de vie des migrants guinéens, leur organisation, leurs aptitudes professionnelles et leur mode d'intégration sociale, pouvant faciliter des liens de coopération décentralisée entre leurs collectivités d'accueils et leurs régions d'origines.

D'autre part, lier l'impact de la migration à l'activité des organisations de la société civile (OSC) n'est pas anodin en Guinée. En effet, la prolifération des OSC est due non seulement à l'assouplissement de la législation pour la création d'associations et d'ONG (en 1985), mais aussi par le nombre sans cesse croissant d'associations de migrants guinéens à l'étranger qui, pour avoir des répondants locaux créent des ONG en vue de pouvoir bénéficier des financements des institutions de coopération décentralisée dont l'une des exigences premières est d'avoir une représentation locale, à travers laquelle sont assurées la pertinence et la pérennité des éventuels projets financés. Depuis la mise en place de l'initiative PPTE (pays pauvres très endettés) pour une nouvelle gestion de la dette publique, les bailleurs de fonds bi et multilatéraux font de la décentralisation et du développement participatif, des critères primordiaux d'octroi de leurs financements, d'où la nécessité pour l'État d'assouplir la législation en matière de création d'ONG et d'associations. Depuis, on remarque une collaboration entre des collectivités françaises et des associations de migrants, relayées en Guinée par des associations et des ONG locales, dont certaines sont regroupées au sein des "organisations de la société civile, OSC".

Le développement dont nous traitons dans cette étude s'appuie sur une approche "de renforcement des capacités sociales et humaines" et non de la croissance et du développement macro-économique, proprement dit. On pourrait plutôt parler d'une amélioration des conditions de vie des populations. Ce développement concerne les transformations que la migration peut induire au niveau familial et social dans la société guinéenne. L'opacité du système administratif guinéen, les difficultés d'accès aux données économiques, la volatilité des matériaux scientifiques, la complexité du phénomène migratoire, le manque d'études et des données sur le thème… ne permettent pas encore d'envisager une étude approfondie et sérieuse de l'impact de la migration sur le développement macro-économique de la Guinée.

D'autre part encore, nous traitons de la migration transnationale, c'est-à-dire de déplacements de Guinéens entre leur pays et l'outre-Atlantique (généralement la France) bien que les migrations internes et à l'intérieur du continent africain soient les plus importantes.

Comme Timera (1996), « les données de cette enquête proviennent de trois terrains » : d'une communauté dont je suis membre et de deux milieux où m'ont conduit mes études et mes activités associatives. Ma rencontre avec des jeunes guinéens à Paris, dont j'ai pendant deux ans partagé des activités associatives fut pour moi une grande expérience. L'immersion dans le monde associatif m'a permis de comprendre le fonctionnement réel des associations guinéennes et leurs relations, au-delà des données qu'on pouvait avoir par des questionnaires ou des simples entretiens et, d'avoir l'ouverture et le recul nécessaires pour mieux appréhender ce système, très complexe. Ceci pose la problématique du statut du chercheur qui étudie le groupe auquel il appartient. Une certaine objectivité est donc fondamentale pour éviter la socioanalyse subjective et l'impression de "tout connaître".

En outre, deux stages distincts auprès de SACCO[1] sur le fonctionnement des ONG et 3AE[2] sur les mécanismes des aides de retour aux migrants m'ont permis de mieux comprendre le fonctionnement et la structuration des OSC avec plus d'acuité et de moyens d'une part et, la réinsertion socio-économique des migrants de retour en Guinée, d'autre part. Cette étude innove un champ de recherches peu développé en Guinée. Jusqu'à présent, « bien des livres publiés ont un caractère polémique et portent sur le « Non » de Sékou Touré à De Gaule en 1958, et à son régime dont on n'a retenu que les épisodes les plus dramatiques… » (Camara, 2003).

Nous avons longtemps hésité à publier car, malgré la nécessité scientifique d'approfondir ce thème, le sujet peut paraître banal pour certains car ils pensent mieux connaître les subtilités et les retombées de leurs actions. Une étude peut toutefois regrouper les particularités et capitaliser les expériences

---

[1] Service National d'Appui aux Coopératives et la Coordination des Interventions des ONG
[2] Agence autonome d'assistance intégrée aux entreprises

afin de permettre aux chercheurs et aux politiques aussi bien du Sud que ceux du Nord d'avoir un regard plus objectif sur la migration guinéenne. Des modèles de développement participatif (par exemple le MARP, MAR, Recherche-Action...)[3] pourraient naître de ces expériences.

---

[3] Respectivement ''Méthode participative'', ''Méthode d'action participative'': Méthodes expérimentales nées des synergies et de partages d'expériences entre les populations locales

SOMMAIRE

Ce livre est structuré en quatre parties, elles-mêmes subdivisées en chapitres, en sous-chapitres et en sections.

La première partie est théorique. La deuxième partie présente les régions sur lesquelles ont porté nos différentes recherches empiriques. Cette partie est marquée par des parallèles avec d'autres migrations ouest-africaines (notamment maliennes), sur lesquelles est basée une grande partie de notre problématique et avec lesquelles, nous tentons d'établir des comparaisons pour le cas guinéen.

La troisième partie est basée sur l'interprétation des études empiriques. Elle est composée de divers chapitres portant sur des transferts des migrants, l'utilisation de l'argent transféré, l'envoi de matériel, la participation des populations locales aux projets communautaires, l'implication des organisations de la société civile dans les projets de coopération décentralisée en accord avec les associations des migrants. Une conclusion générale, une bibliographie et des annexes viennent compléter la présente étude.

PREMIÈRE PARTIE

Dans cette partie, nous avons non seulement tenu à présenter la littérature portant sur les conséquences des migrations intercontinentales à partir de l'Afrique au sud du Sahara, mais aussi à montrer la trajectoire des migrants, qui va généralement du village en ville, pour se poursuivre en Europe. En effet, la population sur laquelle porte l'essentiel de notre étude envisage l'émigration par ces différentes étapes. Contrairement à un grand nombre des Soninkés dont le processus migratoire commence au village pour se terminer directement en France (Quiminal, 1995 et Daum, 1998), les migrants guinéens partent d'abord du village pour la capitale, Conakry, avant de repartir vers d'autres capitales africaines, généralement Abidjan ou Dakar, et d'envisager à partir de là un voyage en Europe. Comprendre cet atlas est l'un des objectifs de cette partie. Il est donc difficile de parler de la migration transnationale africaine sans avoir compris au préalable quelques mécanismes de la migration inter-africaine.

Par des rapprochements théoriques, nous avons tenté d'établir des liens entre la migration et le développement. Des rapprochements que s'approprient également des hommes politiques pour se penser sur une nouvelle forme de coopération entre les pays d'émigration (le Sud) et ceux de l'immigration (le Nord). Dans cette démonstration théorique et conceptuelle, nous nous sommes basés implicitement sur des études des migrations portant sur l'Afrique subsaharienne, spécifiquement sur l'Afrique de l'Ouest et particulièrement celles de la vallée du fleuve Sénégal (Mali, Sénégal et Mauritanie).

CHAPITRE I : REVUE SUR LES MIGRATIONS INTERNATIONALES

Dans cette revue, nous ferons ressortir quelques lectures faites sur les migrations ouest-africaines. En effet, les études sur ce thème sont nombreuses, mais nous nous sommes accentués sur celles qui concernent la vallée du fleuve Sénégal. Cela nous permet de rester dans un espace bien déterminé, propice à des analogies et à des comparaisons avec le modèle guinéen. En outre, il existe une énorme littérature sur les immigrés africains en France (intégration, racisme, banlieues, réussites, etc.), mais nous avons orienté nos lectures sur celle qui traite des liens entre les migrants et leurs terres d'origine. Christophe Daum, Catherine Quiminal, Mohamet Timéra et Philippe Lavigne sont nos principales références. Compte tenu de la quasi-absence de littérature sur la migration transnationale guinéenne, nous avons construit notre problématique autour de ces trois pays ouest-africains. En outre, nous nous sommes interrogés sur les nouveaux modèles de co-développement, que sont le jumelage et la coopération décentralisée, des outils nouvellement développés avec la décentralisation dans les pays subsahariens.

D'autre part, les migrations internes ouest-africaines sont généralement le point de départ des migrations internationales, elles ont principalement été développées par Ammassari dans le 2e sous-chapitre de son ouvrage. Ces migrations interrégionales - de loin les plus importantes - produisent aussi bien des impacts sur les régions d'origines que celles d'arrivée. Pour ces mouvements, pour le peu qu'ils furent abordés, nous nous sommes intéressés aux migrations volontaires et relativiser celles qui sont forcées, c'est-à-dire provoquer par des guerres civiles.

Pour élaborer cette problématique, nous avons opté pour une construction dialectique, du général au particulier. Ainsi, nous sommes partis des migrations internationales aux migrations guinéennes internes. Cette démarche nous permet de mieux saisir les mécanismes et les causes des migrations et leurs impacts sur les régions de départ et celles d'arrivée.

SOUS-CHAPITRE I : CONSIDERATIONS GÉNÉRALES DES MIGRATIONS INTERNATIONALES ET LE DÉVELOPPEMENT

L'intérêt suscité par le thème de "migration et développement" n'est pas nouveau. Les Nations-Unies se sont régulièrement penchées sur ce sujet depuis le milieu des années 1970, période durant laquelle les premières politiques migratoires furent formulées (ONU, 2002). En 1994, à la conférence internationale sur la population et le développement, on avait conclu qu'il fallait mieux maîtriser les migrations internationales afin d'en optimiser les bénéfices et d'en réduire les inconvénients. Un objectif repris par l'Assemblée générale des Nations-Unies en 2001, soulignant la nécessité d'une meilleure compréhension des causes des migrations internationales et leurs conséquences sur le développement. Par ailleurs, la 39e session de la Commission de la population et du développement des Nations-Unies, réunie à New York du 3 au 7 avril 2006 a débattu sur le thème "Migrations internationales et développement". Guengant (2006), dans son rapport issu de cette conférence a posé la question de l'impact des migrations. Dans ce rapport, il traite non seulement des nouvelles tendances des migrations internationales, mais aussi de leurs aspects démographiques et sociaux, ainsi que de leurs conséquences économiques pour les pays d'accueil et ceux d'origines. Il estime le nombre des migrants internationaux à 191 millions en 2005, soit deux fois plus important qu'en 1980. Cette augmentation serait très forte puisqu'elle se situe entre 2 et 3 millions par an depuis 1980, contre 600.000 dans les années 1960. Ces estimations fondées principalement sur des recensements généraux de populations peuvent inclure un certain nombre de migrants illégaux. Ceux-ci étaient estimés en 2005, à environ 10 millions aux États-Unis, et entre 7 et 8 millions en Europe. L'analyse des tendances récentes montre que les migrations Sud-Sud - longtemps les plus importantes - ont perdu leur prééminence au profit des migrations Sud-Nord (Ammassari, 2004). Ainsi, l'augmentation de 36 millions du nombre des migrants, notée entre 1990 et 2005, concernerait pour 33 millions les pays développés. Entre 1990 et 2005, les États-Unis auraient accueilli 15,1 millions de migrants supplémentaires, suivis de l'Allemagne et de l'Espagne pour 4 millions chacune ; des Émirats Arabes-unis pour 2 millions et du Royaume-Uni, pour1, 2 millions.

En France, en se référant au nombre des titres de séjours délivrés en 2000, le ministère de l'Intérieur et de la Sécurité estiment à 26.228 le nombre d'Africains en France, contre 27..367 en 1999, soit une baisse de 4,2 %. Ces titres représentent 38,7 % de l'ensemble des titres de séjour délivrés en 2000 (39,5 % en 1999). Ce pourcentage représente 83 % de Maghrébins et 10 % de Subsahariens, ressortissants en grande partie des pays anciennement colonisés par la France dont : Bénin, Burkina Faso, Cameroun, Centre-Afrique, Comores, Congo, Côte d'Ivoire, Djibouti, Gabon, Guinée, Madagascar, Mali, Mauritanie, Niger, Sénégal, Tchad et Togo.

Par ailleurs, Guengant (2006) rapporte que le plus grand nombre de migrants dans le monde n'est pas d'origine africaine, mais plutôt asiatique (chinoise : 35 millions, indienne : 20 millions, philippine : 7 millions) et latino-américaine, principalement mexicaine. Le rapport souligne également la complexité des relations entre migrations internationales et développement, tant pour les pays d'accueil que pour les pays de départ. Certes, les envois de fonds des émigrés dans les pays en développement sont en augmentation et représenteraient deux fois le montant de l'aide publique au développement, mais l'auteur note que les envois n'améliorent que le quotidien de quelques familles, et leurs effets sur la croissance économique à long terme des pays d'émigration restent difficiles à déterminer. En effet, il pense que l'impact des transferts de fonds n'est susceptible d'avoir un effet positif dans le pays d'origine que sous certaines conditions. Il faut en particulier que l'environnement économique y soit favorable, que le pays dispose d'un système juridique et financier fiable, et qu'il soit politiquement stable. Des critères qui sont cependant loin d'être atteints par un grand nombre de pays africains, notamment la Guinée (Kaba, 2008).

SOUS-CHAPITRE II : LES TRADITIONNELLES MIGRATIONS OUEST-AFRICAINES

L'histoire africaine est marquée par d'importantes migrations. Dans cette problématique, nous nous sommes penchés sur celles qui sont les plus récentes : celles qui se sont produites après les indépendances. En vertu des accords de circulation réglementée des personnes instaurés entre les nouveaux États indépendants, les migrations ont presque toujours obéi aux mêmes modèles. Les trajets et les causes restent les mêmes : pauvreté, chômage, sous-emplois, etc. Dans les sections et les sous-sections qui suivent, nous allons développer quelques modes migratoires et leurs effets sur des pays africains.

SECTION I : LES GRANDES MIGRATIONS OUEST-AFRICAINES

Une synthèse effectuée en 2004 par Ammassari à permis de saisir une approche plus globale de la migration régionale en Afrique de l'Ouest. Elle a repris les analyses et les synthèses de plusieurs chercheurs qui ont traité le thème de migration régionale. Elle a, à cet effet accentué ses études de terrain sur trois pays dont le Burkina Faso, le Mali et le Sénégal. Son rapport pose la question de savoir comment les bénéfices de la migration peuvent être optimisés pour ces pays. Pour elle, les migrations ont souvent été perçues négativement, tant dans les pays d'émigration que dans les pays d'immigration. Pourtant, les pays d'origine et les pays d'accueil, tout comme les migrants eux-mêmes, peuvent en tirer profit même si ces bénéfices ne sont pas toujours facilement quantifiables. Un des avantages pour les pays d'accueil est que l'immigration aide à faire face à la pénurie de main-d'œuvre. Pour les pays d'origine, un des bénéfices les plus cités est le rapatriement de fonds par les migrants. En effet, il est indéniable que ces transferts monétaires représentent des sommes considérables et une source importante de devises pour un grand nombre des pays en développement (Banque mondiale, 2003). En outre, pour Ammassari (2004), d'autres bénéfices de la migration internationale sont liés au transfert de capital humain et social par les travailleurs migrants. Mais, si la circulation des compétences a des nombreux avantages, le départ sans retour des migrants qualifiés- la fuite des cerveaux - est un phénomène plus problématique pour Camara (2003).

Par ailleurs, il reste encore difficile de définir le volume réel des migrations internationales en Afrique de l'Ouest, d'autant plus qu'au cours des dernières décennies on a assisté dans cette région à une forte augmentation des flux irréguliers (Adepoju, 2002 ; Fall, 2003). Selon les estimations de la Division de la population des Nations-Unies pour les pays de la CEDEAO, les migrants transnationaux sont passés de 2,5 millions en 1960 à 6,8 millions en 2000 (Zlotnik, 2003).

Ammassari (2004) estime que les premières migrations interrégionales de travail dans la région ouest-africaine datent de la colonisation. Ce sont des migrations forcées et effectuées dans les colonies françaises de l'intérieur - le Burkina Faso, le Mali, le Niger et le Tchad - afin d'accroître la disponibilité de la main d'œuvre dans les pays côtiers (Côte d'Ivoire, Sénégal et Cameroun) pour la production de cultures d'exportation. Après l'abolition en 1946 du travail forcé, les régions côtières où se concentrent les principales cultures d'exportation (cacao, café ou arachide) ont continué à attirer un grand nombre de personnes de l'intérieur en quête d'un travail mieux rémunéré. Les disparités régionales entre les pays côtiers et les pays enclavés, y compris le clivage entre les campagnes et les villes se sont intensifiées. Aussitôt suivirent des migrations interrégionales, dues au développement de l'économie des cultures d'exportation et à l'ouverture des mines (Amin, 1974). À Kaloum (Guinée) par exemple, la plupart des maisons à usage familial appartiennent à des familles d'origine sénégalaise affectées dans la ville lors des travaux d'urbanisation de la ville ou pour servir de dockers au Port maritime pour le transport des matières premières (bauxite, or, diamant, café, cacao, etc.), qui provenaient de l'intérieur du pays, pour être exporter en France (Touré, 2002).

D'autre part, à l'intérieur du continent africain, on assiste à des fortes migrations entre pays voisins, même si une bonne partie de ces migrations sont "accidentelles" et d'ordre colonial, étant donné le caractère assez artificiel des frontières. Ainsi, des nomades en quête de pâturages pour leurs troupeaux, de même que des ouvriers agricoles à la recherche d'un travail saisonnier traversent souvent les frontières. Contrairement à l'image véhiculée en Occident, les migrations économiques les plus importantes de cette partie du monde ne se dirigent pas vers l'Europe, mais s'inscrivent à l'intérieur de l'Afrique subsaharienne. Ces mouvements, qui plongent leurs racines dans une histoire territoriale et migratoire fort complexe (précoloniale et coloniale), entraînent une circulation très intense en termes d'échanges humains, économiques et culturels. Les principaux foyers de départ sont situés généralement en milieu sahélien, comme au Burkina Faso (un million d'émigrés), au Sénégal (40.000) et au Mali (40.000) (Ammassari, 2004). Leurs destinations sont surtout situées dans certains États côtiers, comme le Ghana, la Côte d'Ivoire et le Nigeria où, les revenus du pétrole ont attiré plus d'un million d'étrangers au début des années 1980 ; l'Angola où l'exploitation artisanale de l'or attire de plus en plus d'étrangers malgré les rapatriements et les mesures drastiques prises par le gouvernement pour lutter contre l'exploitation clandestine des minerais ; la République démocratique du Congo ou encore le Gabon (De Vletter, 1985). Mais ce modèle de migration circulaire, caractérisé par la facilité de passage d'un État à un autre et par la fréquence des retours dans le pays d'origine, subit actuellement les conséquences de la crise économique, de la montée des violences intra ethniques et de la propagation du sida. Un protectionnisme migratoire s'est installé à partir des années 1980 (instauration d'une carte de séjour en Côte d'Ivoire où le pouvoir « ivoirise » les emplois, expulsion d'étrangers en situation irrégulière au Nigeria, au Gabon et en Angola). L'Afrique du Sud est devenue depuis la fin de l'apartheid, le principal pôle d'attraction des migrants au sud du Sahara. En outre, les migrants ont toujours considéré l'Afrique occidentale comme une entité économique au sein de laquelle les marchandises et les hommes circulent librement. Ce qui a été officiellement reconnu en 1980, lorsque la CEDEAO a signé un protocole d'accord sur la libre circulation des biens et des personnes, d'où la mise en place du passeport CEDEAO à partir de 2005. Mais pour l'instant, dans la région ouest-africaine, la plupart des flux migratoires se font en dehors de tout cadre réglementaire car peu de pays ont une véritable politique migratoire et encore moins, appliquent rigoureusement les lois et les réglementations existantes en matière de migration interrégionale (Zlotnik, 2003).

Depuis le début du millénaire, les initiatives se sont multipliées pour coordonner les efforts et tenter de mieux gérer et réglementer les migrations internationales. En 2000, lors de la Conférence régionale ministérielle ouest-africaine sur la participation des migrants au développement de leur pays d'origine, les gouvernements des pays membres de la CEDEAO ont adopté la Déclaration de Dakar. Elle souligne le besoin d'harmonisation des politiques migratoires et de développement. Elle liste une série d'engagements que les Etats participants ont pris afin de maximiser les bénéfices découlant des mouvements des populations.

Sur le chiffrage des flux migratoires, dans la région ouest-africaine, c'est probablement la Côte d'Ivoire qui compte le plus grand nombre d'immigrés. En 1975, ils représentaient 26 % de la population active, dont presque la moitié - 726.000 - viendrait du Burkina Faso, 349.000 du Mali et 106.000 de la Guinée (Adépoju, 1988). Du fait de la crise ivoirienne, on assiste aujourd'hui à une réorientation des flux migratoires intra-régionaux vers d'autres pays jouissant d'une plus grande stabilité, notamment le Sénégal. Ce dernier pays est le seul dont la position dans le système migratoire ouest-africain n'aurait pas changé : il était et reste un pays à la fois d'immigration et d'émigration (Diatta et Mbow, 1999). Il a traditionnellement attiré des migrants en provenance des pays voisins dont la Guinée, la Gambie, la Mauritanie et le Mali. En outre, un grand nombre de Sénégalais continue d'emprunter les voies de l'émigration transcontinentale (Robin, 1996). Pour eux, comme pour d'autres ressortissants ouest-africains, les pays du Nord restent des destinations prioritaires, notamment les pays situés en Europe occidentale et les États-Unis.

Cependant, Robin (1994) souligne que les migrations Sud-Nord (intercontinentales) ne peuvent être considérées qu'en relation avec les migrations Sud-Sud (interrégionales) parce que les migrations directes vers un pays du Nord sont rares. Le durcissement de l'immigration dans les pays du Nord oblige nombre de migrants à transiter par un autre pays africain. Dans l'ensemble, dans les huit pays du REMUAO (Réseau Migration et Urbanisation en Afrique de l'Ouest), entre 1988 et 1992, plus de 6,4 millions de migrations internes et internationales ont été effectuées par environ 27 millions de personnes (Adepoju, 1998), d'où l'intérêt pour notre étude d'aborder la migration guinéenne par ces mouvements inter- africains.

SECTION II : LES MIGRATIONS OUEST-AFRICAINES ET INTER-CONTINENTALES

Après avoir appréhendé quelques modes migratoires interafricains, généralement étape préalable aux migrations intercontinentales, nous traiterons dans cette section, des migrations africaines transatlantiques. Nous développerons tout d'abord dans une première sous-section, quelques causes des migrations ouest africaines avant de voir l'organisation de ces mouvements à partir de la vallée du fleuve Sénégal à travers les écrits de Christophe Daum, Catherine Quiminal et Philippe Lavigne. Ces chercheurs ont commencé leurs études en amont du processus, c'est-à-dire des villages d'émigration vers le pays d'accueil, la France. Les causes (économiques, politiques, sociaux, démographiques...) et les conséquences de la migration sont largement abordées. Ces causes déterminent aussi les catégories des migrants. Nous verrons que cette migration est bien organisée chez les

Haalpular et surtout chez les Soninké. De la cellule famille, jusqu'au cercle communautaire, la venue d'un nouveau migrant est une préoccupation collective. Gardent-ils des relations avec leur famille ? Sont-ils contraints de reproduire les comportements sociaux de base et de respecter les hiérarchies sociales ? Peut-on les rapprocher de celles que connait la Guinée ? Autant des questions pour lesquelles nous pensons trouver des éléments de réponses dans les sous-sections suivantes.

SOUS-SECTION I : DYNAMIQUES MIGRATOIRES AUTOUR DE LA VALLÉE DU FLEUVE SÉNÉGAL

Certaines communautés de la vallée du fleuve Sénégal ont mis en œuvre des programmes d'investissement qui ont plutôt un caractère social : par exemple, les Soninkés ont réussi à mettre en œuvre des projets d'investissement pour créer des écoles, des centres de santé et des mosquées. Généralement, de telles initiatives connaissent beaucoup plus de succès que les programmes de développement pilotés directement par les Etats (Grillo et Riccio, 2003). Ils sont généralement réalisés sur la base des contributions des ressortissants d'une même localité, quel que soit leur lieu de résidence à l'étranger ; ce système est aussi très fréquent au sein des communautés peules de la Mauritanie.

L'émigration représente une source financière importante pour une grande partie des Sénégalais et pour le pays entier, compte tenu du volume des fonds qui sont transférés chaque année. Selon une étude, ces transferts étaient estimés à 270 millions $ en 2002. Etant de 25 millions $ en 1997, ils ont connu une progression extrêmement rapide, soit 11 fois de plus. En effet, durant ces trente dernières années, les transferts d'argent ont eu un très fort accroissement. Il n'y a pas d'informations précises concernant le montant annuel moyen des transferts par émigré. Cependant, des études (NIDI/Eurostat, 2000) indiquent que les émigrés vivant en France envoient en moyenne entre 1.000 et 1.350 $ par an et par personne, représentant dans certains cas entre 15 et 65 % de leurs revenus annuels (notamment pour les ressortissants de la vallée du fleuve Sénégal). Les entretiens que l'équipe Migrinter a eus avec des familles bénéficiaires indiquent par ailleurs que le montant moyen des envois s'élève entre 160 et 240 $ par transaction selon les zones de provenance des transferts (Gabon, Côte d'Ivoire, États-Unis, Italie, Espagne, France). Les transferts de fonds s'effectuent toute l'année, avec cependant plus de fréquences durant les fêtes religieuses musulmanes (Tabaski, Korité, Tamxarit), catholiques (Noël) et confrériques (mouride).

Étant donné que les transferts d'argent sont presque toujours réalisés en devises étrangères, les fluctuations des taux de change du FCFA par rapport aux autres monnaies peuvent avoir une très grande incidence sur les montants effectivement reçus par les destinataires. Les sommes en jeu sont considérables et les autorités sénégalaises sont conscientes de leurs enjeux, notamment de leur apport dans la balance de paiement. En 2002, ils représentaient 7 % du PIB et 82 % de l'Aide Publique au Développement (APD) du Sénégal, contre 6 % et 72 % respectivement en 2000 et 2001 (Diop, 2003). Ils correspondent également à 88 % des transferts privés totaux. Par rapport aux autres secteurs de l'économie nationale, les transferts des travailleurs sont passés en première place en 2002. Autant le volume de l'APD a diminué (de 240 milliards FCFA en 1997 à 208 milliards en 2002), autant le volume des transferts a augmenté, de 16 milliards FCFA à 169 milliards FCFA au cours de la même période (Hudson et Fall, 2003). Ces chiffres sont cependant à relativiser car, d'autres estimations sont plus modestes. En effet, les estimations de la Banque mondiale pour 2001 n'étaient que de $174 millions, équivalant à environ 127 milliards FCFA de l'argent transféré (GDF, 2003). De telles disparités entre les données sont assez fréquentes, notamment parce que les différentes institutions utilisent des définitions, des variables et des sources d'informations différentes.

SOUS-SECTION II : LES TRANSFERTS D'ARGENT INTER-AFRICAINS

Les transferts officiels nets des migrants ont beaucoup augmenté dans l'ensemble des pays appartenant à la CEDEAO. Ils sont passés de 589 millions de dollars US en 1994 à 1.511 millions de dollars US en 1999 (Ammassari, 2004). Mais tous les pays de la CEDEAO ne tirent pas le même profit des transferts migratoires. Par exemple, le Burkina Faso est longtemps resté le pays qui a le plus profité de ces transferts monétaires du fait de son long passé de pays d'émigration de main d'œuvre. Cependant, au cours des années 1990, les transferts des migrants vers ce pays sont dépassés par ceux vers le Cap Vert, le Mali et surtout le Nigeria. Au Nigeria, pendant la même décennie, l'augmentation des transferts migratoires est spectaculaire. Ils atteignent environ 1,301 millions de dollars US en 2000. Pourtant, du fait de sa très grande population, les transferts par habitant restent très modestes dans ce pays, à 11 dollars, contre 169 dollars au Cap Vert (Black et Tiemoko, 2003).

Pour mieux apprécier l'ordre de grandeur des transferts monétaires des émigrés pour les économies des pays d'origine, il faut les comparer soit avec les flux d'aide publique au développement, soit avec l'investissement direct étranger privé (IDE) qui apporte également des devises. Pour l'an 2000, pour tous les pays de la CEDEAO - sauf le Nigeria - le volume de l'aide publique a été nettement supérieur aux autres flux monétaires. Mais pour certains pays, comme le Bénin, le Burkina Faso, la Côte d'Ivoire, le Sénégal et le Togo, les transferts des migrants ont été plus élevés que l'investissement direct étranger.

Transferts officiels nets des migrants et flux d'aide publique au développement et d'investissement direct étranger dans certains pays de l'UEMOA et de la CEDEAO (en millions de dollars US, 2000)

PAYS	Transferts migrants	Aide publique développement	IDE
Bénin	70	239	30
Burkina Faso	66	336	10
Côte d'Ivoire	119	352	106
Ghana	32	609	110
Guinée	1	153	63
Mali	73	360	76
Niger	7	211	15
Nigeria	1301	185	1082
Sénégal	130	423	107
Togo	35	70	30

<u>Sources</u> Transferts des migrants (United Nations, 2003 ; Banque mondiale, 2002) ; aide publique au développement et Investissements directs étrangers (Banque mondiale, 2002).

On remarque à travers ce tableau que la Guinée est le pays qui a reçu le moins de transferts d'argent, seulement un million de dollars US.

Mais de façon générale, du fait de la baisse des investissements directs étrangers et d'autres sources de devises, les transferts des migrants ont un poids de plus en plus important dans la croissance économique des pays. Ils aident à rééquilibrer la balance des paiements et fournissent à côté de l'aide publique, des ressources très importantes pour le développement. Nous le remarquons à travers le tableau ci-dessous.

Transferts officiels nets des migrants en pourcentage avec d'autres flux monétaires dans certains pays de l'UEMOA et de la CEDEAO, 2000

Pays	Transferts	PIB	Aide	ID	Exp|Imp	P|hab
Bénin	3,1	29,3	233	11	9,4	11
B.Faso	2,9	19,9	667	20	9,6	1
C.Vert	13,1			32	19,3	169
C.Ivoire	1,1	33,8	112	2,6	2,7	
Ghana	0,6	5,3	29,1	1,3	0,9	2
Guinée	0,0	0,7	1,6	0,1	0,1	1
Mali	3,0	20,2	95,8	12	9,5	91
Niger	0,4	3,4	48,3	2,1	1,4	7
Nigeria	3,1	703	120	8,5	8,7	13
Sénégal	3,0	30,7	122	8,2	6,8	14
Togo	2,9	50,0	116	7,4	5,3	1

Source : Produit interne brut et transferts des migrants par habitant (United Nations, 2003) ; aide publique au développement et investissements directs étrangers (Banque mondiale, 2002) ; importations et exportations (FMI, 2001).

À remarquer qu'au Nigeria, qui est un cas tout à fait spécial, les transferts migratoires étaient toujours en 2000 sept fois supérieures à l'aide publique et 20 % supérieur à l'IDE. Le Cap Vert est le pays où les transferts des migrants constituent la part la plus importante du produit interne brut (PIB), soit environ 13 %. Pour d'autres pays traditionnellement de forte émigration, comme le Burkina Faso, le Mali et le Sénégal, les transferts représentent environ 3 % du PIB. Cependant, si l'on rapporte ces taux à la population, on constate qu'au Mali, les transferts représentent 91 dollars par habitant. Enfin, dans sept pays de la CEDEAO, les transferts des migrants constituent plus de 20 % de ce qu'ils reçoivent en aide publique au développement.

Les pays pour lesquels les transferts constituent une part assez limitée dans le PIB sont la Guinée, le Ghana et le Niger, paradoxe qui peut paraître surprenant puisqu'il s'agit des pays relativement à fort taux d'émigration. Mais, une enquête conduite en 1991 au Ghana a montré que 60 % des ses ressortissants résidant dans un autre pays de la région ne rapatriaient pas d'argent au pays (Anarfi et Ohene-Konadu, 1995). La plupart des migrants l'accumulaient afin de le transférer et de l'investir lors de leur retour. Une grande partie des transferts est aussi constituée de l'épargne pour l'achat des biens matériels, un transfert qui n'est pas pris en compte dans les statistiques officielles Condé et al. (1989) remarquaient qu'au début des années 1980, les transferts des migrants avaient aidé à annuler le déficit dans la balance de paiement du Mali.

L'équipe Migrinter a résumé l'impact des transferts d'argent pour certains PVD dont des pays ouest-africains. En voici la reproduction à travers un tableau, établi à cet effet par la Banque mondiale.

Montant transféré (Milliards U$), Transferts en % du PIB, Transferts par habitant ($). Les pays ouest-africains sont marqués en gras. D'autres pays subsahariens sont marqués en italique

No	Pays	10^9 US$	Pays	% du PIB	Pays	US$/hab
1	Inde	10,228	Lesotho	26,2 %	Liban	522,73
2	Mexique	9,920	Jordanie	22,9 %	Barbade	439,97
3	Philippines	6,164	Albanie	17,1 %	Jamaïque	406,92
4	Maroc	3,261	Nicaragua	16,0 %	Jordanie	402,20
5	Égypte	2,911	Cap-Vert	14,4 %	El Salvador	300,78
6	Turquie	2,786	El Salvador	14,1 %	R.Dominica	233,18
7	Liban	2,300	Liban	13,8 %	Albanie	218,75
8	Bangladesh	2,105	Jamaïque	13,6 %	Cap-Vert	181,45
9	Jordanie	2,011	Maroc	9,6 %	Croatie	159,09
10	Colombie	1,996	R.Dominicain	9,3 %	Maroc	111,68
11	R. Dominicain	1,982	Philippines	8,6 %	Équateur	110,16
12	El Salvador	1,925	Ouganda	8,5 %	Chypre	102,54
13	Brésil	1,775	Honduras	8,4 %	Mexique	99,80
14	Pakistan	1,461	Sri Lanka	7,4 %	Lesotho	99,52
15	Équateur	1,421	Équateur	6,8 %	Tunisie	95,57
16	Nigeria	1,3	Soudan	5,9 %	Honduras	81,82
17	Thaïlande	1,252	Géorgie	5,7 %	Philippines	78,72
18	Chine	1,209	Tunisie	4,6 %	Nicaragua	64,62
19	Sri Lanka	1,154	Bangladesh	4,5 %	Sri Lanka	61,71
20	Pologne	1,100	Arménie	4,5 %	Guatemala	54,79
21	Jamaïque	1,058	Sénégal	4,3 %	Paraguay	48,89
22	Indonésie	1,046	Barbade	4,2 %	Swaziland	48,18

23	Tunisie	0,927	Swaziland	4,1 %	Colombie	46,42
24	Soudan	0,740	Paraguay	3,9 %	Costa Rica	46,41
25	Pérou	0,716	Bénin	3,6 %	Égypte	44,65
26	Albanie	0,700	Croatie	3,6 %	Turquie	40,67
27	Croatie	0,700	Guatemala	3,1 %	Géorgie	34,81
28	Rép. de Corée	0,652	Nigeria	3,0 %	Arménie	30,32
29	Guatemala	0,641	Égypte	3,0 %	Pologne	28,50
30	Russie	0,600	Népal	2,6 %	Pérou	27,22
31	Honduras	0,540	Pakistan	2,5 %	Soudan	23,34
32	Ouganda	0,483	Colombie	2,4 %	Ouganda	21,18
33	Malaisie	0,367	Inde	2,1 %	Thaïlande	20,46
34	Algérie	0,350	Turquie	1,9 %	Sénégal	20,41
35	Nicaragua	0,336	Kirghizistan	1,9 %	Bolivie	15,88
36	Paraguay	0,264	Azerbaïdjan	1,8 %	Bangladesh	15,79
37	Lesotho	0,209	Bolivie	1,7 %	Malaisie	15,42
38	Sénégal	0,200	Mexique	1,6 %	Rép. Corée	13,78
39	Géorgie	0,181	Pérou	1,3 %	Bénin	13,59
40	Costa Rica	0,181	Côte Ivoire	1,1 %	Azerbaïdjan	12,84
41	Rép. Syrienne	0,180	Costa Rica	1,1 %	Algérie	11,18
42	Kazakhstan	0,165	Thaïlande	1,1 %	Kazakhstan	11,07
43	Venezuela	0,154	Rép.Syrienne	0,9 %	Rép.Syrien	10,84
44	Népal	0,147	Chypre	0,9 %	Pakistan	10,33
45	Bolivie	0,135	Kazakhstan	0,7 %	Brésil	10,30
46	Côte d'Ivoire	0,120	Indonésie	0,7 %	Inde	10,23

47	Barbade	0,118	Algérie	0,6 %	Nigeria	10,01
48	Myanmar	0,116	Pologne	0,6 %	Côte Ivoire	7,32
49	Azerbaïdjan	0,104	Malaisie	0,4 %	Venezuela	6,26
50	Arménie	0,094	Brésil	0,3 %	Népal	6,23
51	Bénin	0,087	Éthiopie	0,3 %	Kirghizistan	5,60
52	Cap-Vert	0,081	Russie	0,2 %	Indonésie	5,00
53	Chypre	0,078	Rép. de Corée	0,2 %	Russie	4,14
54	Afrique du Sud	0,077	Venezuela	0,1 %	Myanmar	2,40
55	Swaziland	0,053	Chine	0,1 %	Afri du Sud	1,78
56	Kirghizistan	0,028	Afrique du Sud	0,1 %	Chine	0,93
57	Éthiopie	0,018	Myanmar	--	Éthiopie	0,27

Sources : les données proviennent du site www.worldbank.org : World Development Indicators Database, août 2003 et d'autres sont issues du Manuel de statistiques de la CNUCED, 2003, sur le site : www.unctad.org.

Ces statistiques ont permis a l'équipe Popinter de s'interroger sur les enjeux sociaux du développement : que représentent les montants par habitant (et non par migrant) ? L'équipe pense que le Liban mis à part, les transferts correspondant à une activité économique à la fois bancaire et financière ne correspondent pas à la logique de la migration des travailleurs partis à la recherche d'emplois rémunérés. Les transferts des travailleurs jordaniens, indiens, bangladais, égyptiens depuis le Golfe, ceux depuis les États-Unis (République Dominicaine, Mexique, Salvador) ou depuis l'Europe (vers le Maroc, l'Albanie et la Croatie) semblent être les plus importants. D'autre part, rappelons qu'au Lesotho, 40 % des ménages tirent leur principal revenu des transferts des travailleurs miniers d'Afrique du Sud et, par ailleurs, la migration se traduit par un taux exceptionnellement élevé de femmes chefs de ménage : 40 % des ménages sont dirigés par des femmes dans ce dernier pays. En outre, les transferts représentent environ 1 mois de salaire moyen en Turquie (Tapinos et Garson, 1981) et 3 mois de salaire net au Maroc (GERA cité par Kharoufi, 2003). À Kayes, les transferts pourraient entretenir plus de trois personnes vivant au-dessus du seuil de pauvreté pendant un an (Azam et Gubert, 2002).

SOUS-CHAPITRE III : GÉNÉRALITÉS SUR LES MIGRATIONS SUB-SAHARIENNES TRANSNATIONALES

Les flux migratoires des Africains vers l'Europe ont connu plusieurs cycles : la présence des Noirs africains en France, avant les années 1950 est essentiellement liée aux deux Guerres mondiales. Pendant l'époque coloniale, la migration africaine touchait un nombre restreint d'individus. Néanmoins, celle-ci a permis l'installation ultérieure de vagues migratoires plus importantes. Entre 1960 et 1975, les migrants africains étaient des travailleurs sans qualification, souvent analphabètes et originaires des milieux ruraux. À partir de 1975, on note une forte migration d'étudiants, de demandeurs d'asile et de familles regroupées. Les migrants sont dorénavant plutôt d'origine urbaine (Schuerkens, 2003). En France, le recensement de 1990 indique 1.652.870 de migrants pour l'ensemble des nationalités d'Afrique, 178.133 personnes pour les ressortissants des pays d'Afrique noire francophone et 62.610 personnes pour les autres pays d'Afrique noire. A cette époque, sept pays comptaient plus de 10.000 ressortissants en France, que sont le Sénégal, le Mali, le Congo RDC (ex-Zaïre), le Cameroun, la Côte-d'Ivoire, l'île Maurice et le Congo Brazzaville (ministère de l'Intérieur, 1991).

Le passage d'une immigration de travail à une immigration de peuplement indique que la migration africaine n'est plus liée au seul facteur économique. Il s'agit maintenant d'un processus d'assimilation et d'intégration (Schuerkens, 2003).

SECTION I : DIVERSIFICATION DES FLUX MIGRATOIRES EN AFRIQUE DE L'OUEST

Ammassari (2004) a présenté dans un tableau des données sur les migrations des pays de l'UEMOA et de la CEDEAO vers l'Europe et les États-Unis.

Tableau I : flux migratoires des pays de l'UEMOA et de la CEDEAO vers l'Europe et les États-Unis (moyennes annuelles : 1995-2000)

Source : Black et al. (2004)

PAYS	Vers l'Europe	Vers les USA	TOTAL	Taux
Benin	306	46	353	0,01
Burkina Faso	528	21	549	0,01
Cap-Vert	2 514	951	3 465	0,84
Côte-Ivoire	2 046	377	2423	0,02
Gambie	1 008	196	1 204	0,10
Ghana	5 840	4 563	10 403	0,06
Guinée	965	98	1 063	0,01
Guin Bissau	884	89	973	0,08
Liberia	981	1 817	2 798	0,09
Mali	1 258	97	1 354	0,01
Mauritanie	583	48	631	0,03
Niger	180	212	392	0,00
Nigeria	7 204	7 736	14 940	0,01
Sénégal	4 894	480	5 374	0,06
Sierra. Leone	910	1 374	2 284	0,05
Togo	1 155	225	1 380	0,03
TOTAL	31 256	18 330	49 586	

Ce tableau montre que les courants migratoires les plus importants sont enregistrés à partir du Cap Vert, la Gambie, le Nigeria, le Ghana, le Liberia, le Mali, la Sierra Leone et le Sénégal. On constate des atlas migratoires issus des traditions coloniales : les anciennes colonies françaises vers l'Europe et, les colonies anglaises vers les USA et la Grande-Bretagne. Le Niger est l'un des pays présentant un taux d'émigration presque nul.

SOUS-CHAPITRE IV : BREVES ANALYSES COMPARATIVES DES MIGRATIONS SUBSAHARIENNES, MAGHRÉBINES ET D'AFRIQUE AUSTRALE

Le processus migratoire varie suivant les époques. Il commence à l'époque coloniale et s'accentue après les indépendances. Les relations entre la France et les régions de la vallée du fleuve Sénégal et le Maghreb ont des particularités importantes.

En effet, au Maghreb comme en Afrique francophone subsaharienne, c'est la colonisation française qui a mis en place les premières structures de la migration de travail vers la France. La dynamique migratoire s'accentue après les indépendances, favorisée par le contexte des mutations démographiques et sociales et, surtout par l'envoi de travailleurs pour reconstituer la main d'œuvre dans les industries et le bâtiment. En outre, au cours de la Deuxième Guerre mondiale, les colonies ont toutes participé à l'effort de la guerre et ont fourni des "tirailleurs" et des "pieds noirs". L'histoire entre la France et certains pays comme l'Algérie, le Sénégal et le Mali est cependant particulière. En 1996, ils sont environ 80.000 Algériens recensés sur le territoire français contre 36.000 Maliens que l'on rencontre généralement dans les régions industrielles auto-mobilières (Alsace) (Le Bras, 2007). Comme les Maliens, les Algériens sont très présents avec leurs familles dans les HLM (Habitat à loyer modéré), les foyers de résidence Adoma (ancienne Sonacotra), construits à l'époque spécialement pour accueillir les travailleurs étrangers en provenance de l'Algérie. D'autre part, certains Sénégalais nés à partir de 1946 résidant dans les communes de Saint-Louis, Dakar, Rufisque, Kaolack et Gorée ont bénéficié de la citoyenneté française grâce à la loi dite « Lamine Gueye ». Mais, ce phénomène n'a pas duré et la tendance à l'émigration était peu développée pour pouvoir inciter un grand nombre à venir en France.

Dans l'ensemble, les envois des migrants sont essentiellement consacrés à des réalisations matérielles (construction de maisons), mais surtout à l'entretien des ménages et à la mise en place de projets professionnels (commerces, achats des biens matériaux) - les revenus migratoires constituant une source vitale pour des milliers de foyers, créant ainsi une dépendance notoire par rapport à l'émigré. Les migrants maghrébins les utilisent aussi pour l'achat de terres cultivables. De part et d'autre (vallée du fleuve Sénégal et Maghreb), les liens des émigrés avec l'agriculture sont encore vivaces. D'autre part, aussi bien chez les communautés soninkés que celles maghrébines, le processus migratoire est bien organisé et semble intéresser les pouvoirs politiques qui voient dans ce phénomène un moyen d'équilibrer la balance de paiement et une source importante de devises, d'où la création des banques de transferts et d'investissements, malgré le recours massif des populations aux réseaux souterrains. Mais à la différence des Maliens et des Sénégalais, les émigrés maghrébins investissent peu dans des projets d'intérêts collectifs comme l'aménagement de pistes rurales, la construction d'écoles, de centres de santé, etc.

Comme dans d'autres régions africaines, la valeur des transferts des migrants en Afrique de l'Est n'est pas bien connue. Cependant, des auteurs pensent que la manne financière des transferts représente un flux financier important pour plusieurs familles de la région (Sander et al, 2003). Ils soulignent aussi que dans cette région, la migration domestique et internationale est fréquente. L'émigration sous-régionale entre pays frontaliers est aussi régulière alors que l'émigration dans des pays lointains est moins importante en comparaison aux pays ouest-africains et maghrébins. En effet, ils indiquent que les Est-africains ont tendance à émigrer dans les pays frontaliers et dans une moindre mesure, à l'étranger. La plupart des migrants partent en Grande-Bretagne, en Allemagne et aux États-Unis. Les transferts depuis ces pays seraient plus élevés que les transferts domestiques et intra-régionaux puisque les niveaux des revenus sont plus élevés (Sander et al, ibid.). Pour les transferts vers la région, les migrants ont aussi souvent recours à des réseaux informels.

SECTION I : STATISTIQUES DE MIGRANTS EN FRANCE (NOTAMMENT AFRICAINS)

Pour alimenter cette section, nous reproduirons et commenterons dans deux sous-sections les statistiques de présence étrangère en France que nous avons reçues du ministère de l'Intérieur et de la Sécurité, en juin 2007.

SOUS-SECTION I : PRÉSENCE ÉTRANGERE EN FRANCE SUIVANT LES NATIONALITÉS

Selon le ministère de l'Intérieur et de la Sécurité (2007), au 31 décembre 2000, la population étrangère résidant en France est composée principalement de :

37 % de personnes venant de l'Union européenne (U.E.)

35,7 % de personnes venant du Maghreb

5,9 % de personnes venant des pays européens (Turquie comprise) hors U.E.

5,8 % de personnes venant des pays africains francophones

4,7 % de personnes venant des pays asiatiques autres que le Cambodge, le Laos et le Vietnam (qui constituent 1,6 % des étrangers résidant en France).

L'évolution des sources d'immigration par continent par rapport à 1999 permet de constater une stagnation tendancielle de l'immigration européenne (- 0,2 %) face à une progression plus dynamique des nationalités issues d'Afrique (+2,1 %), d'Amérique (+4,4 %), d'Asie (+2 %) et de l'Océanie (+3,3 %).

Sur les 180 nationalités représentées, 139 progressent et 41 diminuent en nombre par rapport à 1999. Les augmentations les plus significatives en valeur absolue et en pourcentage pour les pays de la vallée du fleuve Sénégal et certains pays frontaliers de la Guinée sont les suivantes :

Mauritaniens : + 13,4 % (+1.170)

Maliens : + 4,9 % (+1.791)

Sénégalais : + 4,8 % (+1.910)

Ivoiriens : + 8,5 % (+1.551)

Cependant, dans ce tableau, ne figurent pas des statistiques portant sur les migrants guinéens, faute d'en avoir eu possession.

Suivant la répartition régionale de la population étrangère, les statistiques fournies par le ministère de l'Intérieur la présentent comme suit :

42 % de la population étrangère réside en Ile-de-France ; dont 11,4 % à Paris

11 % en Rhône-Alpes

9,5 % en Provence-Alpes-Côte d'Azur

3,8 % dans la région Nord-Pas-de-Calais

3,8 % en Languedoc-Roussillon

3,7 % en Lorraine

3,6 % en Alsace

3,1 % en Aquitaine.

Le taux dans les autres régions est inférieur à 3 % en moyenne. Toutefois, à l'intérieur de chaque région, on a constaté une certaine variation de la concentration étrangère :

* sur les 8 départements d'Ile-de-France, ceux de Paris, de Seine-Saint-Denis et des Hauts-de-Seine sont ceux où la population étrangère est la plus importante (58 % du total) ;

* en Rhône-Alpes, 54 % des étrangers résident dans le Rhône et l'Isère ;

* en Provence-Alpes-Côte d'Azur, 70,4 % des étrangers résident dans les Bouches-du-Rhône et les Alpes-Maritimes ;

* dans la région Nord-Pas-de-Calais, 82,6 % des étrangers résident dans le Nord ;

* en Lorraine, 86 % des étrangers résident en Moselle et Meurthe-et-Moselle ;

* en Languedoc-Roussillon, 69,6 % des étrangers résident dans l'Hérault et le Gard ;

* en Aquitaine, 48 % des étrangers résident en Gironde ;

* en Midi-Pyrénées, 50,7 % des étrangers résident en Haute-Garonne.

En général, ces statistiques ne concernent que les chiffres officiels. Cependant, la migration ouest-africaine compte beaucoup de migrants clandestins. On ne pourrait pas donc les considérer d'emblée pour établir des proportions de transferts suivant le nombre des résidents et ces statistiques seraient plus intéressantes si on avait des chiffres exacts et non pas en pourcentage.

SOUS-SECTION II : LE TRAVAIL DES AFRICAINS (NOTAMMENT SUB-SAHARIENS) EN FRANCE

Avoir de l'argent et envoyer une partie dans les régions d'origines nécessite d'avoir au préalable un travail, c'est pourquoi nous reproduisons ci-dessous quelques statistiques concernant le nombre d'autorisations de travail délivré pour les ressortissants de quelques pays africains se trouvant en France, en

2003. Nous présenterons en même temps le pourcentage d'évolution du nombre par rapport aux chiffres de 1999.

Tableau 2 : Statistiques sur le nombre d'autorisations de travail délivré aux étrangers en France, en 2003. Les chiffres concernant les ressortissants de la vallée du fleuve Sénégal et de la Guinée sont marqués au gras (ministère de l'Intérieur, 2000).

Nationalités	HOMMES	FEMMES	TOTAL	Pourcentage
Algériens	339 887	205 313	545 200	0,01 %
Marocains	263 484	181 045	444 529	1,77 %
Tunisiens	104 029	52 667	156 696	1,63 %
S\Tal Maghreb	707 400	439 025	1 146 425	0,90 %
Béninois	2 288	1 873	4 161	7,21 %
Burkinabés	1 035	844	1 879	3,78 %
Guinéens	3 560	2 998	6 558	12,85 %
Ivoiriens	8 732	9 588	18 320	8,47 %
Maliens	25 898	10 904	36 802	4,87 %
Mauritaniens	6 572	2 188	8 760	13,36 %
Nigériens	351	351	642	9,19 %
Sénégalais	24 693	15 193	39 886	4,79 %
Togolais	3 265	2 766	6 031	6,28 %
Bis-Guinéens	1 887	536	2 423	4,87 %
Cap-Verdiens	3 934	4 085	8 019	2,03 %
Gambiens	558	474	1 032	4,46 %
Ghanéens	1 495	1 428	2 923	5,85 %
Libériens	222	125	347	2,31 %
Nigérians	863	627	1 490	15,44 %
Sierra-Léonais	302	174	476	70,38 %

Dans ce tableau, des remarques s'imposent. Les statistiques présentées ne prennent en compte que les déclarations officielles. On peut imaginer que compte tenu du nombre de résidents de chacune de ces nationalités en France, il puisse exister des milliers de migrants dont le travail n'est pas déclaré. Pour les Guinéens par exemple, ils sont 6.558 déclarés (y compris les étudiants). Ce nombre a augmenté de 12.85 % sur un intervalle de cinq ans (1999-2003). Cette période correspond à la grande vague de l'émigration guinéenne depuis l'avènement de la deuxième République en 1984 et, à celle de l'arrivée de la première vague d'étudiants guinéens après la réouverture de la coopération culturelle franco-guinéenne en 1998. Si l'on tient compte de ces chiffres et, par rapport à l'élargissement des familles guinéennes où chaque migrant peut prendre en charge 8 à 10 personnes en moyenne (Barry, 2003), on peut estimer à environ 65.580 le nombre de personnes dépendantes des migrants guinéens en France. Mais ce chiffre doit être largement relativisé car en Guinée, rares sont les familles qui ne comptent pas au moins un migrant, de façon globale.

En outre, l'on constate que le nombre d'autorisations de travail délivrées aux femmes est dans certains cas supérieur à celui des hommes (exemples avec les Bissau-guinéens) ou que les chiffres se rapprochent considérablement. En Guinée et en Côte d'Ivoire, les différences - en faveur des hommes - sont très faibles. De toute évidence, il est plausible que la migration féminine (notamment guinéenne) prenne de plus en plus de l'ampleur. Cependant, malgré les constats d'Ammasari (2004) sur la disparition peu à peu des destinations traditionnelles des migrants - qui suivaient la voie de l'ancienne puissance colonisatrice, l'on remarque que les ressortissants des pays anglophones (Nigérians, Ghanéens…) et lusophones (Cap-Verdiens, Bissau-guinéens) sont peu présents dans le milieu professionnel français par rapport aux ressortissants de ses anciennes colonies.

SOUS-CHAPITRE V : PROBLÉMATISATION

L'impact de la migration que nous voulons mesurer pour le cas guinéen se base non pas sur un niveau macro, mais nous cherchons à mesurer les variations des changements sociaux, les transformations familiales et locales, observables au niveau des populations ainsi que les rapports de force entre les familles ayant ou non un migrant.

En somme, toute cette problématique portant sur les migrations des pays de la vallée du fleuve Sénégal nous emmène à nous poser des questions sur le rôle joué par les émigrés, leurs associations et les ONG associées pour le développement de la Guinée. À travers des rapprochements avec d'autres migrations, notamment maliennes - sur lesquelles il existe une importante littérature - nous tenterons de répondre aux questions suivantes : les émigrés guinéens, qui sont-ils ? Sont-ils utiles pour le progrès économique de leur pays et que sait-on de leurs relations avec leurs communautés d'origines, ainsi que leurs projets de retour ? Les populations locales sont-elles réellement associées à la réalisation des projets dits participatifs et quelles transformations sociales induisent ces migrations ?

D'une autre façon, on peut reformuler ces questions de la manière suivante : est-ce que l'existence des associations de migrants et des OSC associées a-t-elle un impact sur la vie des citoyens Guinéens ? Et quels sont leurs rôles, leur structuration, leurs ressemblances et dissemblances avec des associations de migrants d'autres pays ? Leur impact se limiterait-il seulement dans un cadre familial, ou aurait-il une incidence sur la vie communautaire ou à un niveau national ? Faut-il dans l'un ou dans l'autre cas parler de développement, ou tout simplement de l'amélioration des conditions de vie de quelques familles de migrants ?

Pour répondre à ces interrogations, il nous a paru nécessaire de faire appel à des approches socio-économiques et ethno-anthropologiques traitant de ces champs de recherches. Parmi les outils empiriques que nous avons utilisés pour recueillir des données, figurent l'entretien (dans ses différentes formes) et l'observation, et nous avons inscrit notre étude dans des théories pluridisciplinaires, dont la théorie de la nouvelle économie de la migration du travail, la théorie sociologique du travail, la théorie de l'enclave ethnique et la théorie de l'immigration, de coopération et du co-développement. Leur utilisation se justifie par le fait que l'approche de migration, coopération et co-développement par exemple, s'appuie sur plusieurs dynamiques :

- la revendication des immigrés à être reconnus comme des acteurs de développement ;

- l'accent mis sur le développement local et la décentralisation ;

- l'intervention des associations de migrants pour appuyer le développement de leurs villages et de leurs régions ;

- les partenariats entre des associations de solidarité internationale et des collectivités françaises dans le cadre de la coopération décentralisée.

C'est dans cette perspective que s'inscrit le rapport de Samir Naï (1997) sur "La politique de co-développement liée aux flux migratoires"'. Dans ce rapport, il reconnaît les dynamismes des associations des migrants et propose d'instaurer une mobilité accrue liée aux projets de co-développement avec les institutions internationales et des ONG de développement local.

Mais généralement, les théories suscitées essaient plutôt d'expliquer et de déterminer les causes des migrations, cependant que notre étude porte sur l'impact de celles-ci sur les pays d'origine quelque soit les causes et le processus qui les sous-entendent ; d'où leur limite pour notre étude. D'autre part, le contenu de la théorie de l'immigration, de la coopération et du co-développement est ambigu et dépourvu de réelle objectivité scientifique, elle est plutôt d'ordre politique et de ce fait, elle est très peu utilisée par les chercheurs. Nous avons alors cherché des théories utilisées par d'autres chercheurs dont les thèmes portent sur des migrations ouest-africaines (notamment celles de Quiminal, Daum, Lavigne, Ammassari...). Toutes fois, nous avons constaté que peu de théories économiques explicites figurent dans leurs écrits. Leurs ouvrages sont plutôt de nature anthropologique, basés sur des expériences d'anthropologues (notamment Balandier et Pollet) dont les séjours de terrain ont été plus longs. Dès lors, nous sommes tenus pour notre étude de considérer des approches pluridisciplinaires (sociologie, anthropologie, ethnologie, économie…) et d'utiliser différentes théories suivant chaque circonstance du terrain et de l'analyse. L'orientation de ces approches pour notre étude est donc claire : il s'agit d'aller dans le sens d'une reconnaissance des associations d'immigrés et des ONG associées comme acteurs de la coopération et de développement de l'Afrique sub-saharienne en général et, de la Guinée, en particulier.

SOUS-CHAPITRE VI : OBJECTIFS

L'objectif principal de l'étude est de mesurer l'impact de la migration sur le développement socio-économique des populations guinéennes et des familles de migrants à travers les transferts d'argent et de matériels et, les projets d'intérêts communautaires (écoles, centres de santé, forages…).

Comme indicateurs pour cette mesure, nous nous sommes basés sur les objectifs de développement de la Guinée, inscrits dans le Document stratégique de réduction de la pauvreté (DSRP), inspirés eux-mêmes des Objectifs Millénaires du Développement (OMD). Le DSRP est une obligation pour les pays pauvres très endettés depuis l'initiative PPTE en 2005, à la conférence de Paris pour réduire leur endettement. Il est la référence principale de développement pour la Guinée. Ses indicateurs sont d'ordres sociaux (santé, éducation, pauvreté, infrastructures de base, développement rural…). Il a remplacé le PAS (programme d'ajustement structurel) dont les critères étaient d'ordres macro-économiques, jugés trop interventionnistes. Nous verrons s'il existe une cohérence entre les projets (individuels et collectifs) des migrants avec le DSRP national guinéen. Le développement dont nous traitons dans cette étude s'appuie sur une approche "de renforcement des capacités sociales et humaines" et non sur la croissance et le développement macro-économique proprement dit. On pourrait donc plutôt parler d'une amélioration des conditions de vie des populations. Ce développement concerne les transformations que la migration peut induire au niveau familial, sociétal et même structurel dans la société guinéenne. En effet, les envois de fonds liés aux migrations internationales de travail dans le monde ont augmenté de manière spectaculaire depuis une dizaine d'années. La connaissance de ces flux financiers, officiels et souterrains, constitue un élément fondamental de la problématique adoptée dans cette étude. Or, malgré l'importance de cette question, ce sujet reste mal connu en raison de l'ambiguïté des termes et des concepts utilisés, de l'inadaptation des sources statistiques et de la généralisation des pratiques de change illicite. Ces transferts sont souvent le fait des émigrés. Souvent en partenariat avec des organismes internationaux de développement, ils se constituent en associations et tentent de participer d'une manière ou d'une autre à l'amélioration des conditions de vie de leurs communautés d'origines. À partir du cas guinéen, nous tenterons d'exposer le mode des transferts des fonds, leur utilisation sur le terrain, leur importance pour les bénéficiaires et les transformations sociales qu'elles induisent et, les rapports que ces structures entretiennent avec les pouvoirs publics d'une part ; et d'autre part, le fonctionnement et les limites des organisations de la société civile, associées au développement local.

DEUXIÈME PARTIE

CHAPITRE I : DÉROULEMENT DE L'ENQUÊTE[4]

Notre étude s'est déroulée sur deux espaces différents : français et guinéen. La rencontre avec des associations de migrants et leurs homologues en Guinée, ainsi que leurs familles a constitué la base du travail de l'enquête, de l'observation et de la vérification.

SOUS-CHAPITRE I : RENCONTRE DE MIGRANTS GUINÉENS EN EUROPE

Contrairement aux Soninkés qui a une forte communauté en France dont une grande majorité est concentrée dans des foyers de résidence "Sonacotra" (actuel ADOMA) et les HLM en Ile-de-France, les Guinéens sont éparpillés un peu partout en France à des faibles proportionnalités. Ils n'ont pas de foyers de repères à proprement dit. Si Daum, Quiminal et Timéra n'ont pas eu beaucoup de difficultés à rencontrer des communautés soninkés ; quant à nous, nous nous sommes heurtés au manque de regroupement particulier chez les Guinéens. Certes, on peut les rencontrer à l'occasion des réunions communautaires, mais à des proportionnalités très faibles. À elles seules, elles ne sont pas dynamiques pour mener des actions bénéfiques envers leurs régions d'origines. Elles sont souvent associées à d'autres ressortissants se trouvant dans d'autres pays européens et nord américains. Par leurs objectifs, les associations qu'elles forment sont diverses en Occident, et elles sont relayées en Guinée par une seule association pour celles appartenant à une même cellule communautaire ou villageoise. Cependant, un grand nombre des personnes interrogées au début de l'enquête disent ne pas appartenir à une association. Où fallait-il donc retrouver autant de ressortissants en Europe ? Le nombre rencontré en France et auquel on pouvait espérer avoir un échantillon représentatif était faible. Il nous fallait effectuer des déplacements dans d'autres villes européennes où l'on pouvait trouver d'autres groupes, de façon à les additionner pour obtenir un échantillon fiable et représentatif. Nous avions effectué des déplacements à l'intérieur de la France (Ile-de-France, Metz et Reims), en Belgique, en Espagne et en Allemagne.

---

[4] L'exposé détaillé des outils utilisés pour cette enquête fera l'objet d'une prochaine publication. Néanmoins, nous en donnons quelques éléments dans ce présent document.

SECTION I : VILLES ET LIEUX DE RENCONTRE AVEC LES MIGRANTS

En Europe, nous avons choisi certaines villes pour rencontrer des ressortissants guinéens. En Ile-de-France, nous avons rencontré certains à Paris, d'autres à Saint-Denis et d'autres encore dans certains quartiers de la banlieue (notamment Villeneuve St-Georges et Sarcelles). Le choix de Saint-Denis comme lieu principal de l'enquête se justifie entre autres par :

- le caractère hétérogène de la population étrangère et d'origine africaine : Il s'agit d'une population dont le nombre est important, 33 % de la population de Saint-Denis est d'origine africaine (R.G.P, 1999). Parmi les populations d'origine ouest-africaine, les communautés maliennes et sénégalaises figurent parmi les plus importantes. Une frange population de Guinéens y est présente depuis trois décennies. Elle remonte à l'exil des milliers de Guinéens qui avaient fui le pays sous le régime de Sékou Touré ;

- il y'a aussi le regroupement d'une vingtaine de familles d'origines guinéennes, et d'appartenances ethniques diverses : Peuls, Soussous, Malinkés... cette hétérogénéité ethnique a été un facteur qui a permis de renforcer notre choix.

Il existe aussi plusieurs familles guinéennes dans certains quartiers et dans d'autres communes comme Château Rouge, Barbés, les Epinettes, Pyramides, Aunettes, Évry, etc. Nous sommes également partis à la rencontre de certains jeunes se trouvant dans des résidences universitaires parisiennes et en Ile-de-France. La Guinée n'ayant aucun accord d'hébergement avec le CNOUS[5], les étudiants guinéens y trouvent difficilement de chambres. Une grande partie des étudiants a été rencontrée aux résidences universitaires de Nanterre et d'Antony.

En l'absence de données relatives sur les familles guinéennes, nous avions débuté nos recherches par l'identification des familles d'origine guinéenne résidant à Saint-Denis et dans certains lieux suscités. Nous avions réalisé ce travail avec l'appui des associations guinéennes qui ont voulu nous fournir des listes de certaines familles avec leurs adresses et leurs contacts. Ces informations ont été très importantes car elles nous ont permis d'établir une base de données sur les familles guinéennes. Ces premières rencontres ont conduit à des recommandations auprès d'autres familles.

---

[5] Centre National Des Œuvres Universitaires et Scientifiques

Cette démarche de nature qualitative nous a également permis de rencontrer d'autres migrants guinéens dans des villes et des quartiers comme Anderlecht et Matongué, à Bruxelles. Dans ces villes, la plupart des jeunes rencontrés nous avaient donné rendez-vous au restaurant "le Conakry ". À Barcelone, nous nous sommes intéressés aux Guinéens de Tordera, Santa Susanna, Santa Coloma et Pineda de Mar. En Allemagne, nous avons soumis nos entrevues à ceux de Brême. À Paris, les principaux lieux de rencontre avec les Guinéens furent les restaurants "le Conakry ", "le Fouta", le café "Paul " dans le hall de la station "Auber" du RER A, l'espace "Sacré-Cœur " à Montmartre. On a également rencontré des militants associatifs dans des maisons d'associations à Paris.

À Metz, la plupart des Guinéens étudient et travaillent à mi-temps. Regroupés au sein d'une association AEGM (association des étudiants guinéens de Metz), ils se connaissent et se fréquentent dans leur grande majorité. Ils organisent souvent des rencontres sportives et des cocktails de retrouvailles et, cotisent régulièrement de l'argent pour aider les nouveaux arrivants. On les rencontre le plus souvent aux résidences universitaires de Saulcy, Bridoux et Technopole, au foyer ADOMA à Borny, à la résidence Bain St-Martin. En plus des contacts fournis par des amis, les boîtes à lettres dans certaines résidences et dans d'autres foyers nous ont permis de repérer des ressortissants guinéens qui, par faute de temps ou par désintéressement ne viennent pratiquement pas aux réunions de l'association. Grâce également aux numéros de téléphone et aux mails fournis par le Président de l'association, nous avions pu fixer des rendez-vous avec les plus "ouverts". D'autres par contre, voyant l'intérêt novateur du thème ont cherché à nous contacter. L'enjeu étant de nous faire part de leur apport pour le développement de leurs terres d'origine. Ils voyaient une occasion pour se faire entendre par le biais de nos éventuelles publications.

Les associations des migrants basées à Conakry étant constituées de plusieurs sections se trouvant dans la sous-région et en Occident, vouloir se cantonner seulement à celles se trouvant dans quelques pays pouvait constituer un rétrécissement de notre champ d'investigation. Ces différentes sections sont parfois en concurrence sur le terrain et ne parler que de quelques-unes constituerait aux yeux de certaines une exclusion délibérée et une prise de position en faveur des associations contactées. Nous pourrions être taxés de ce fait de socio-centriste, nous avons alors diversifié notre horizon d'enquête.

SOUS-CHAPITRE II : LES ENQUETES EXPLORATOIRES ET LES ÉTUDES DE TERRAIN

Compte tenu de la diversité culturelle et de l'étendue territoriale de la Guinée, nous avions limité notre recherche exploratoire à un certain nombre de villes. Ce choix a été effectué en fonction des quatre régions naturelles qui composent le pays. En Moyenne Guinée, nous avions choisi trois préfectures car « cette région compte le plus grand nombre de migrants guinéens à l'étranger. Les Peuls qui peuplent la région étant par nature un peuple nomade et ayant subi trop de persécutions politiques au temps du premier régime, persécutions qui ont conduit un grand nombre à l'exil » (Devey, 1993). Dans l'ensemble, les villes explorées furent Conakry, Dubréka, Boké et Télémélé (Basse Guinée) ; Mamou, Labé et Koundara (Fouta Djallon) ; et Kankan (Haute Guinée).

SECTION I : RAISONS DU CHOIX DES VILLES EXPLORÉES

Certaines des villes explorées sont des véritables chantiers en construction et en aménagement, d'importants pôles de commerce sous-régionaux, des chefs-lieux de régions, des fortes densités d'habitation... Mais, il ne s'agissait pas pour nous de se concentrer uniquement sur des villes supposées "développées". Des préfectures comme Kankan, malgré leur grande potentialité en ressources humaines dans la fonction publique sont parmi "les moins avancées" du pays. Ce choix permet de faire une comparaison entre les préfectures dites "avancées" et celles dites "moins avancées", afin de mieux mesurer l'impact de celles supposées "avancées" sur la vie des populations. Pour cette comparaison, il a été question d'établir une relation entre migrant/ménage/ville en matière de dépendance, d'interdépendance, d'envois de fonds ; d'évaluer le nombre, la proximité et la fiabilité des réalisations d'intérêts communautaires (écoles, centres de santé et qualification du personnel, bibliothèques, forages…) financées ou cofinancées par des migrants. Certains détails liés aux plans des villes, à leur aménagement, au type d'habitat (banco, tôles), à leur désenclavement... n'ont pas été négligés. Nous n'avions pas oublié aussi certains aspects socioculturels comme l'organisation sociale, le mode de vie des habitants, leur habillement, l'alphabétisme, l'alimentation, les occupations journalières et agricoles, les revenus, etc.

À l'issue de ces études exploratoires, nous avons finalement décidé de réduire notre terrain et de le ramener à une ville où les paramètres ci-dessous semblent être plus marqués. Cette réduction nous a permis d'approfondir nos thématiques et de mieux approfondir notre recherche. La région retenue fut Télémélé. La rencontre avec des ressortissants de la ville en France et la participation à une étude de recueil des besoins des populations en vue de financer un projet de rénovation de l'unique lycée de la ville facilitèrent ce choix.

SECTION II : CATÉGORIES DES RÉPONDANTS

En plus des populations et surtout des familles de migrants, nous avions interrogé des élus locaux (maires, chefs de villages), des chargés de développement local au sein des ministères et des ONG, des migrants et leurs représentants en Guinée.

Les familles et les parents des migrants ont été rencontrés à leurs domiciles ; d'autres personnes susceptibles de nous fournir des informations ont été rencontrées pour certains, dans des cafés et des restaurants et, pour d'autres, dans des maisons d'associations et des lieux publics. Les visites des familles des migrants en Guinée nous ont permis d'observer le décor des salons et l'architecture des maisons et de saisir approximativement leur mode de vie (alimentation, tenues vestimentaires, etc.). Pour marquer leur différence de mode de vie avec les familles qui n'ont pas de migrants « (…) l'observation des lieux, des espaces, des bâtiments, des objets est une obligation » (Copans, 1994). En effet, chaque lieu communique des significations qui sont susceptibles d'être mises en acte dans le discours de l'interviewé. La situation commande des rôles et des conduites spécifiques. Dans son bureau, l'interviewé s'inscrit davantage dans un rôle professionnel qui facilite la production d'un discours soutenu et maîtrisé. À son domicile, la prégnance des lieux favorise un discours centré sur la vie quotidienne. « La forme la plus évidente de la description détaillée de la scène est de décrire les vêtements des acteurs, les objets qu'ils manipulent, le décor des lieux et leur interaction » (Arborio et Fournier, 1994).

SECTION III : L'ÉCHANTILLONNAGE

Compte tenu de la mobilité de certains interrogés comme les cambistes, nous pensions que l'échantillonnage sur place était le mieux adapté pour pouvoir interroger cette catégorie de répondants car, pour Matalon et Ghiglione (1991) : « lorsqu'on s'intéresse à une population restreinte pour laquelle il n'existe pas de base de données spécifiques (...), si l'on pense rencontrer ces catégories de personnes dans des endroits particuliers, il est possible de constituer un échantillon en se rendant sur les lieux et en procédant sur place à un tirage au sort parmi les personnes présentes ». Parmi cette catégorie, nous avions interrogé 10 cambistes et 5 transactionnaires. Mais compte tenu de l'ambiance qui règne dans ces milieux, nous n'avions pas eu le temps nécessaire pour interroger pleinement les sélectionnés. Les entrevues étaient souvent interrompues par la présence de clients que les interviewés ne voulaient en aucun cas négliger. Dans un coin de la rue qui leur sert de lieu de transaction, certains cambistes peu favorables à notre présence abandonnaient momentanément le lieu, notre présence les gênait. C'est pourquoi si l'échantillonnage sur place permet en principe d'obtenir des échantillons acceptables, la méthode se heurte à des difficultés pratiques importantes. Tout d'abord, « la plupart des endroits en question ne sont pas des lieux familiers, il faut donc obtenir l'autorisation d'y accéder, autorisation qui peut être refusée pour diverses raisons : crainte d'importuner une clientèle, méfiance à l'égard de l'enquêteur ou de l'objectif de l'enquête, etc. » (Matalon et Ghiglione, ibid.).

En effet, la rue représente pour un grand nombre de cambistes leur lieu de transaction. Ainsi, le cadre se prête mal en général à la passation d'un questionnaire, encore moins à des longs entretiens : on était le plus souvent debout et l'environnement était bruyant. C'est pourquoi nous n'avions utilisé que des questions très courtes de l'ordre de 10 à 15 minutes.

Les transactionaires ont été interrogés dans leur arrière-boutique qui leur sert également de lieu de transaction. Pour Western-Union (agence sous-traitante de la Société Générale de Banques en Guinée) et "Les Frères Dramés", nous avions rencontré leurs directeurs respectifs dans leurs bureaux.

Pour rencontrer certaines familles, nous avions eu des recommandations à partir de l'Europe, d'autres familles ont été identifiées sur les lieux de l'enquête par le biais de nos informateurs ou par l'intermédiaire des chefs de quartier. Nous avions interrogé une cinquantaine de familles : lorsqu'on utilise des méthodes non standardisées, des entretiens non directifs ou des entretiens structurés, il est inutile d'interroger un grand nombre d'individus. La lourdeur de l'analyse rend difficile l'exploitation systématique d'un nombre important d'entretiens. L'expérience montre que, « pour des thèmes habituellement abordés par ces méthodes, il est rare qu'on voie apparaître des informations nouvelles après 20 ou 30 interviews. C'est pourquoi il est inutile de prévoir un nombre important d'interviews : la qualité de la recherche n'en sera que très faiblement améliorée » (Beaud, 1998). Il n'est pas indispensable d'en fixer le nombre à l'avance, il a été préférable de programmer les entretiens au fur et à mesure qu'ils furent réalisés, et de s'arrêter lorsque leur utilité décroît visiblement. « Cette manière de faire l'enquête a en outre l'avantage de pouvoir modifier la consigne si on aperçoit qu'elle n'est pas bien adaptée aux objectifs poursuivis » (Beaud, ibid.).

TROISIÈME PARTIE

Au cours de cette troisième partie, nous ferons une présentation exhaustive des régions sur lesquelles a porté notre étude. Cette présentation est articulée autour des paramètres suivants : la géographie, l'histoire, le peuplement et surtout les activités économiques et l'organisation sociale. Chacun de ces paramètres imprègne par ses caractéristiques des mouvements migratoires. À travers par exemple des comparaisons sur l'organisation sociale des sociétés peules d'hier - fortement hiérarchisées - et celles d'aujourd'hui, nous mesurerons les profonds changements sociaux et les grands bouleversements hiérarchiques induits en partie par les effets des migrations. Nous verrons aussi comment les migrations déstructurent, maintiennent et recréent des nouveaux liens sociaux au sein des sociétés. Au-delà des aspects culturels (la pratique de l'islam, le respect du droit de naisse par exemple), les sociétés peules et celles de la vallée du fleuve Sénégal ont beaucoup des points communs, mais suffisent-ils pour que leurs migrants développent les mêmes stratégies de rapprochement avec leurs communautés ? D'autre part, à travers une étude comparative, nous ferons ressortir les caractéristiques socioculturelles de ces sociétés avec d'autres peuples de l'Afrique de l'Ouest, notamment les Soninkés du Mali et les Haalpulaar du Sénégal. Dans cette démarche comparative, nous établirons des comparaisons avec d'autres régions d'émigration guinéenne, sur lesquelles ont porté nos études exploratoires car, comparer son objet d'études avec un autre objet peut être extrêmement bénéfique. Durkheim fait de la méthode comparative la méthode sociologique par excellence. Quant à la dimension comparative de la sociologie wébérienne, elle n'est plus à démontrer.

Cette partie est divisée en trois chapitres. Le chapitre I est consacré à une présentation générale de la Guinée. Situer le pays sur lequel porte notre étude est nécessaire pour marquer sa proximité géographique et socio-historique avec les migrants des pays limitrophes, dont ceux de la vallée du fleuve Sénégal, sur lesquels il existe une littérature importante. Au cours de ce chapitre, nous situerons brièvement les régions sur lesquelles ont porté nos études exploratoires (chapitre II). Enfin, dans le troisième chapitre, nous ferons une analyse comparative entre nos régions d'études et celles issues de nos lectures. Cette analyse portera surtout sur les ressemblances et les dissemblances sur l'organisation sociale des dites sociétés. Comme la précédente partie, une conclusion générale viendra clore cette partie.

CHAPITRE I : CADRE D'ÉTUDE

Dans ce chapitre, il est question de présenter globalement la Guinée dans ses différents aspects : géographie, populations, histoire et politique. Nous verrons à travers cette présentation qu'il existe quelques rapprochements géographiques et historiques entre les populations guinéennes, maliennes et sénégalaises, deux pays de forte émigration volontaire. Dans le troisième chapitre, nous présenterons quelques traits socioculturels qui caractérisent les différentes ethnies guinéennes. Une conclusion essaiera de résumer ce chapitre et de présenter la véritable situation socio-économique de la Guinée qui peut expliquer parfois les causes de la migration.

SOUS-CHAPITRE I : CONSIDÉRATIONS GÉNÉRALES SUR LA GUINÉE

La Guinée est un pays de l'Afrique de l'Ouest. Elle est frontalière avec la Guinée Bissau au nord-ouest, le Sénégal et le Mali au nord, la Côte d'Ivoire à l'est, le Liberia et la Sierra Léone au sud. Elle est dotée d'une ouverture de 300 km sur l'océan Atlantique à l'ouest. Situé entre le 7e et le 18e parallèle, à mi-distance entre l'équateur et le tropique du cancer, le pays couvre une superficie de 245.857 km^2. La langue officielle est le français, la monnaie locale est le Franc Guinéen et son régime politique est de type présidentiel, copié sur le modèle français (ancien pays colonisateur).

Le pays est naturellement divisé en quatre régions. Dans ce cadre naturel, le massif du Fouta Djallon, domaine de l'élevage et du bovin sépare une plaine côtière appelée Basse côte, très humide, propice aux cultures du riz, de palmiers à huile et de bananiers, et la Haute Guinée juxtaposant dépressions au nord (bassin de Siguiri) et moyennes montagneuses au sud-est (monts Nimba, Simandou), plus sèche, elle fournit surtout du mil et du manioc. Le climat est chaud, mais tempéré par l'altitude, et comporte une saison sèche et une saison de pluie expliquant l'extension de la forêt dense au sud, favorable à la culture des produits d'exportation (café, cacao, hévéa, etc.).

La population est estimée en 2004 à environ 9.000.000 d'habitants. Elle est formée de diverses ethnies - Peuls, Malinkés, Soussous, Forestiers - et s'accroît à un rythme modéré. Malgré l'importance de l'exode rural, elle est employée à prés de 80 % dans l'agriculture (Devey, 1993).

Depuis 1990, date de l'adoption de la Loi Fondamentale, la Guinée est soumise à des lois sur la décentralisation. Le pays fut divisé en 8 régions administratives, 35 préfectures et 303 communautés rurales de développement. Les 8 régions administratives sont : Conakry, Boké, Kindia,

Mamou, Labé, Faranah, Kankan et N'Nzérékoré. La capitale Conakry est subdivisée en 5 communes dont Kaloum, Dixinn, Matam, Ratoma et Matoto.

Le 02 octobre 1958, la Guinée accède à l'indépendance. Sékou Touré, alors très populaire dans son pays comme dans toute l'Afrique, en devient le premier Président. Avec Kwamé Nkrumah, Président du Ghana, ils militèrent pour la décolonisation totale de l'Afrique. À partir de 1961, la dénonciation de complots transforma le régime en des représailles sanglantes.

SOUS-CHAPITRE II : LA GUINÉE INDÉPENDANTE

Après son indépendance marquée par une brutale rupture avec la France, le pays se tourna vers le bloc socialiste. Sékou Touré mis aussitôt en place un régime de Parti unique. En 1961, la Guinée fonda avec le Mali et le Ghana l'Union des États africains, une fédération qui ne vit que deux ans. « Cible de plusieurs tentatives d'assassinat, Sékou Touré accuse la France de comploter contre lui et rompt toute relation avec elle, en novembre 1965. Quant aux rapports de la Guinée avec ses voisins, la Côte d'Ivoire, le Niger, le Sénégal et le Burkina-Faso, ils restèrent tendus jusqu'en 1978. C'est vers ces pays "ennemis" que vont se réfugier une grande partie des migrants guinéens fuyant les répressions » (Bah, 2004).

L'isolement du pays, conjugué à une économie mal planifiée, mena la Guinée à la faillite et contraint son Président à assouplir le régime. Il entreprit alors des nombreux voyages diplomatiques dans le but de rétablir ses relations avec d'autres pays et de trouver des investisseurs pour exploiter les richesses minières considérables du pays. En 1975, les relations politiques avec la France - sous la Présidence de Valery Giscard D'Estaing - sont rétablies, mais sans grand succès sur le plan économique. En 1982, comme tous les pays du Tiers monde, la Guinée fut marquée par des grandes crises de solvabilité et d'endettement.

Après la mort de Sékou Touré en 1984, "le Gouvernement intérimaire" fut renversé par un groupe de militaires dirigé par le colonel Lansana Conté, qui prend la tête du Comité Militaire de Redressement National (CMRN) et se proclama Président de la République. Il amnistia les prisonniers politiques, s'attacha à démanteler le système socialiste, renforça le pouvoir de l'armée et se rapprocha de la France et de ses voisins. En 1985, en pleine réforme, "Lansana Conté échappe à une tentative de coup d'État" (Barry. 2000). À la fin de l'année 1985, la Guinée s'ouvre au libéralisme économique en déréglementant les investissements. C'est la période des ajustements structurels avec l'arrivée du FMI et de la Banque mondiale.

D'autre part, voisine du Liberia et de la Sierra Leone, la Guinée a accueilli des nombreux réfugiés venant de ces pays en situation de guerre civile, et a subi à son tour en 2000, des incursions rebelles à ses frontières Est, sévèrement réprimées par l'armée nationale.

De 1993 à 2008, plusieurs élections pluripartites - contestées par l'opposition - confirmèrent Lansana Conté dans ses fonctions. Des révoltes populaires en 2007 conduisent à des répressions mortelles de la part des militaires, très attachés au pouvoir politique. Plusieurs civils furent tués. A la mort du Général en décembre 2008, le groupe des jeunes militaires qui s'emparèrent du pouvoir commit plusieurs crimes civils et des règlements de compte. La fin du régime du Capitaine Dadis Camara et l'arrivée au pouvoir du Général Sekouba Konaté conduisent le pays à des élections en juin 2010. Alpha Condé fut élu.

SOUS-CHAPITRE III : LES MIGRATIONS GUINÉENNES

La migration guinéenne n'a pas encore fait l'objet d'études approfondies. Les études sur l'émigration internationale sont inexistantes. Cependant, les migrations internes ont connu quelques relatives publications, notamment celles du ministère du Plan dans le cadre du REMUAO, et du laboratoire Popinter dirigé par Yves Charbit (université Paris V) à partir de 2004 sur la région de Kanfarandé. Nous nous appuierons sur ces publications pour traiter dans ce sous-chapitre des migrations guinéennes internes (section I) et trouver une approche pour celles internationales (section II). Nous parlerons de la migration interne, non pas pour expliquer les mouvements massifs des populations des campagnes vers les villes, mais pour tracer les voies qu'empruntent généralement les migrants pour commencer leur parcours, qui se termine pour certains en Occident. Contrairement à l'émigration malienne où l'on enregistre des migrations des ruraux de la région de Kayes directement vers la France après un bref séjour à Bamako, les migrants guinéens - pour les non-intellectuels - passent d'abord une très grande partie de leur temps dans les grandes villes, principalement Conakry, le temps de se faire de l'argent pour « négocier » un visa ou envisager de faire commerce dans d'autres villes africaines (Abidjan, Dakar, Banjul et de plus en plus Luanda), pour continuer enfin leur périple en Occident à des prix élevés (frais de visa, traversées méditerranéennes, infiltration dans les territoires espagnoles au Maroc, etc.).

SECTION I : LES MIGRATIONS GUINÉENNES INTERNES ET LEURS CONSÉQUENCES

La politique gouvernementale en matière de recensement de la population présente une absence quasi complète des phénomènes migratoires. Toutefois, depuis 1990, quelques actions en la matière ont été entreprises. Ces efforts ont abouti à la formulation et à l'adoption d'une politique de recensement de la population en mai 1992 qui a fait l'objet d'un document dénommé « Programme National de Population ». Malgré cela, l'émigration n'est pas encore prise en compte et échappe totalement aux politiques nationales qui ne considèrent pas ce phénomène comme une réponse des populations face à la pauvreté (Popinter, 2004). D'autre part, suivant une politique sous-régionale de recensement général des populations de l'Afrique de l'Ouest envisagée par la CEDEAO dans le cadre de REMUAO, le recensement effectué par le ministère du Plan pour la circonstance avait permis de collecter en 1996, des données indiquant des rapports entre le lieu de naissance et de résidence en 1996 de certaines catégories de la population guinéenne, afin de mieux connaître les migrations internes et régionales. Cette étude a permis de mesurer les flux migratoires à l'intérieur du pays entre 1983 et 1996. Les résultats expriment que sur l'ensemble du territoire, la population est constituée à 80 % d'individus non migrants. On dénombre d'autre part, environ 1.600.000 migrants, soit 22,7 % de la population totale avec une majorité d'hommes. La pyramide d'âge de la population migrante varie entre 20 et 45 ans. Les raisons de cette mobilité varient également suivant la pyramide d'âge : scolarité chez les jeunes, recherches d'emplois et amélioration des conditions de vie de la famille et nuptialité chez les adultes. Entre 1983 et 1996, Conakry (la capitale) et la Guinée forestière ont enregistré plus de migrants avec un taux respectif de 52,8 % et 27 %. La ville de Conakry attire les migrants à cause de son statut de capitale économique et politique, et la Guinée forestière à cause de ses potentialités commerciales. Sur cette période, les centres-villes seraient les lieux de destination privilégiés des migrants. Dans la capitale, ils seraient même majoritaires à 53 % et représentent par ce pourcentage la zone d'immigration la plus forte du pays. Les migrants sont des analphabètes à 73 %. Parmi ces derniers, les femmes seraient les plus nombreuses (82,6 % contre 62, 4 % d'hommes).

Les auteurs du rapport ont distingué deux types de migration interne : la migration/durée de vie et la dernière migration. Ils ont considéré comme migrant/durée de vie, tout individu dont la préfecture de résidence diffère de celle de sa naissance. En 1996, ils auraient dénombré 1.040.184 individus résidant hors de leur préfecture de naissance. Cela traduit pour eux un faible niveau de la migration interne. Ils indiquent que les préfectures de Boké,

Coyah, Fria (Guinée Maritime), Kérouané et Beyla (Guinée Forestière) sont des zones d'immigration moyenne ; Boké doit ce regain par la présence sur son sol de la Cité minière de Kamsar et Fria à celle de Friguia. Les zones d'implantation des sociétés minières attirent des migrants. Ces préfectures seraient par conséquent bénéficiaires dans leurs échanges avec les autres. Par contre, des préfectures comme Télémélé, Boffa (Guinée Maritime) ; Pita, Dalaba (Fouta Djallon) ; Kouroussa (Haute Guinée) ; Kérouané et Kissidougou (Guinée Forestière) sont des zones d'émigration à cause de la faiblesse des revenus des habitants et/ou des conditions climatiques dégradantes. Elles seraient largement déficitaires dans leurs échanges (ministère du Plan, 1996).

Parlant de l'immigration, le rapport indique que 500.000 personnes provenant de l'étranger ont été enregistrées en Guinée entre 1983 et 1996. Elles viendraient en grande partie des pays frontaliers dont le Liberia (36 %), la Sierra Leone (32 %), la Côte d'Ivoire et le Sénégal (12 %). Leurs principaux lieux de destination sont Yomou (29 %), Guéckedou (28 %) et Macenta (20 %) en Guinée forestière d'où arrivent des milliers des réfugiés. Suivent avec un écart moins important Forécariah (13 %), Lelouma (11 %), N'Nzérékoré (9 %), Lola (8,9 %) et Pita (8,8 %). Malgré son statut de capitale, Conakry abrite à peine 6 % des résidents venus de l'étranger.

Sur les conséquences de la migration interne, les auteurs du rapport pensent que ce phénomène peut occasionner un déséquilibre démographique, un vieillissement et une féminisation de la population au niveau des zones de forte émigration. D'autre part, des dégradations socioéconomiques peuvent être observées au niveau des zones de forte immigration.

Passchier s'est penché sur une autre forme de l'impact des migrations guinéennes internes dans son DEA en 2003, dirigé par Yves Charbit (Popinter) : l'influence de la migration sur les connaissances et pratiques de santé. Il a notamment étudié le cas des migrants urbains de retour à la sous-préfecture de Kanfarandé, située dans la préfecture de Boké, en Guinée Maritime. Il pense que les migrants de retour apportent des innovations dans les pratiques sanitaires et améliorent de ce fait les conditions de vie des populations.

Les migrations guinéennes internationales n'ont pas encore fait l'objet d'études, cependant nous pouvons dégager quelques causes avancées par certains auteurs.

SECTION II : QUELQUES CAUSES INTERNES DES MIGRATIONS GUINÉENNES

Lors du recensement général de la population en 1996, mené par le ministère du Plan, les enquêteurs ont effectué des études portant sur quelques indicateurs sociaux (pauvreté, chômage, analphabétisme, etc.). Les études ont été complétées en 2002 par la même équipe. Nous pensons que ces paramètres contribuent à pousser les gens à émigrer.

En effet, d'après ces résultats, 40 % de la population guinéenne vit en dessous du seuil de pauvreté. Pour mieux lutter contre la pauvreté et améliorer les conditions de vie des populations, le gouvernement a décidé de concevoir et de mettre en œuvre une approche intégrée du problème en élaborant une stratégie devant servir de cadre pour l'ensemble des politiques et programmes de développement. C'est le Document-cadre de stratégie de lutte contre la pauvreté, imposé par les institutions internationales (FMI et Banque mondiale) en remplacement des PAS dans le cadre de l'initiative des pays pauvres très endettés (PPTE). Ceci a supposé au préalable une bonne analyse de la pauvreté dans ses dimensions économiques et sociales. Il ressort du document que la pauvreté couvre plusieurs dimensions d'ordre quantitatif (niveau des revenus par exemple) et qualitatif (accès aux services de base). Les chiffres les plus significatifs présentés dans leur rapport analysent la pauvreté en Guinée sous les aspects suivants : zone d'habitation, revenus, accès aux services de santé, pandémie du sida, accès à l'éducation, genre, etc. Toutes les analyses font ressortir que l'incidence de la pauvreté est deux fois plus élevée en milieu rural (52,5 %) qu'en milieu urbain (25 %). En 1994, l'incidence de la pauvreté était de 62 % en Haute Guinée ; 51 % en Moyenne Guinée ; 42 % en Basse Guinée ; 33 % en Guinée Forestière et 7 % à Conakry. L'extrême pauvreté touche 18 % de la population rurale contre 0,3 % à Conakry et 5,6 % dans les autres centres urbains. On constate également que la consommation des 20 % des gens les plus pauvres représente à peine 7 % de la consommation totale ; 20 % des gens les plus riches consomment par contre 47 % du total.

Les taux de mortalité infanto-juvénile sont de 148,7 pour mille en zones urbaines contre 210,6 pour mille en zones rurales. Le taux de séroprévalence au sida est passé de 1,4 % en 2001 à 2,8 % en 2002. La pandémie touche toutes les couches socioprofessionnelles. L'analyse genre de la pauvreté montre que les femmes sont les plus vulnérables : sur les 80 % des pauvres vivant en milieu rural, 53,39 % sont des femmes.

Parmi les facteurs de la pauvreté cités par l'équipe, figure la gestion centralisée qu'a connue le pays durant des longues années. On note également que la pauvreté tient en partie aux inégalités observées dans l'allocation des ressources humaines. Par exemple, on relève qu'avec moins de 20 % de la population guinéenne, Conakry emploie 48 % des médecins, 51 % des sages-femmes et 39 % des infirmières du pays. En termes d'accès aux facteurs de production, on observe une très grande disparité entre les milieux urbains et les milieux ruraux. Il en va de même pour les moyens de transport en milieu rural où seuls 0,4 % des ménages possèdent une voiture comparé aux 11 % à Conakry et 6 % dans les autres centres urbains (EIBC, 1994). L'enclavement de certaines zones et le coût élevé des transports apparaissent aussi comme des facteurs importants de pauvreté. Les difficultés d'accès au crédit, la dégradation de l'environnement sont aussi relevées comme des facteurs de pauvreté.

À travers les articles de Sylla (2000) et Touré (2004), on constate d'autre part que les causes des migrations guinéennes ont varié d'une époque à une autre. Sous le premier régime politique (1958-1984), les causes étaient surtout d'ordres politiques (emprisonnements, exécutions sommaires...). Sous le deuxième régime (1984-2009), les causes sont plutôt d'ordres économiques (précarité, pauvreté…), de mauvaise gouvernance (corruption, népotisme, mauvais choix économique de l'État) et éducatifs (manque de matériels et de programmes scolaires adéquats, favoritisme), etc.

SECTION III : QUELQUES MOTIVATIONS PARTAGÉES DES MIGRANTS GUINÉENS

Nous avons évoqué dans la section précédente quelques causes internes de la migration guinéenne. Nous approfondissons cette réflexion pour extrapoler quelques motivations de ces migrants. On peut se demander par exemple l'impact des ajustements structurels sur la vie des populations guinéennes et le visage que présente le marché de l'emploi et le système éducatif guinéen qui, peuvent pousser tant de personnes à trouver en la migration l'ultime solution de sortie de crise.

En effet, l'option libérale prise au sortir de l'ancien régime sous l'ordonnance N°91/002/PRG/SGG du 8 janvier 1991, la suppression de l'embauche automatique à la Fonction publique, l'application des réformes indispensables à la relance de l'économie guinéenne à partir de 1985 ont mis des milliers de Guinéens au chômage. Dès lors, le problème de travail est devenu très épineux pour le gouvernement qui espérait pouvoir le résoudre en comptant sur le secteur privé. Cependant, les efforts de ce secteur restent largement en deçà des espérances. Noyau dur du programme d'ajustement structurel (P.A.S), la réduction du nombre des agents de l'État (de 90.000 en 1985 à 52.000 en 1996), couplée avec l'arrivée de plus de 40.000 jeunes diplômés a fortement aggravé le chômage en Guinée (AGUIPE, 2005), et cela s'est accompagné de grandes conséquences comme celle des inégalités de chance d'insertion professionnelle entre les sortants des branches techniques et ceux des branches des sciences humaines et sociales (BARRY, 2004), et a engendré par conséquent des fortes migrations. Le recrutement récent des milliers de jeunes diplômés à la Fonction publique n'a pas freiné leur engouement à émigrer en Occident.

En outre, l'observation actuelle du marché du travail montre que divers éléments caractérisent la situation de l'emploi en Guinée. On peut citer entre autres :

- des niveaux élevés du taux de chômage et de sous-emplois présentant un effet disproportionné considérable pour les jeunes ;

- un glissement de plus en plus marqué du marché du travail vers le secteur informel, peu productif ;

- une dégradation de la qualité de l'emploi due à une substitution d'emplois de meilleure qualité par des emplois de moyenne qualité se trouvant principalement dans le secteur informel. À cet effet, certains diplômés trouvent refuge dans le secteur informel, qui emploie près de 80 % de la population active non agricole (E.I.B.G, 2001).

Ces éléments caractéristiques du marché du travail guinéen expliquent en partie l'ampleur du déficit social accusé par le pays. Cette déficience est surtout observée au niveau des deux plus grands groupes sociaux du pays, à savoir les jeunes et les femmes qui représentent respectivement 40 % et 51 % de la population guinéenne.

Le système éducatif est quant à lui confronté à d'énormes difficultés et souffre, selon le Démocrate (N° 186) de nombreux maux dont entre autres :

- sa lourdeur : centralisé, soumis à des multiples tiraillements dans sa gestion et à des nombreuses tracasseries administratives, excessivement sensible à la politique, à la corruption et au favoritisme, ce système manque de souplesse pour évoluer, réagir aux besoins et dépasser les cloisonnements ;

- son ouverture toujours insuffisante sur la vie et sur l'entreprise : les efforts visant à démontrer le dynamisme et les débouchées concrètes des voies de formations continuent à manquer d'impact. Une telle méconnaissance des différentes voies de formation et des professions auxquelles elles conduisent est à l'origine du fait qu'un grand nombre des jeunes se dirigent soit trop rapidement vers une voie de formation inadaptée à leurs attentes, soit négligent les possibilités qui peuvent leur être offertes par les différentes voies de formation (AGUIPE, 2000).

Pour mieux illustrer ce chômage des jeunes sortant des institutions d'enseignement supérieur guinéennes (IES), prenons l'exemple de deux facultés : la faculté des Lettres et des Sciences humaines (FLSH) et l'Institut Polytechnique de Conakry (IPC), travail auquel nous nous sommes attelés pendant notre mémoire de fin d'études supérieures en 2004, à l'université de Conakry.

En effet, de 1997 à 2003, la FLSH a enregistré 1405 sortants contre 816 à L'IPC (MESRS, 2003). Selon les statistiques disponibles à l'AGUIPE, à BCEIP, dans certains organismes, ONG et entreprises privées en Guinée, seulement 557 sortants de la FLSH ont été embauchés dans le secteur privé au courant de cette même période, soit à peu près les 1/3 des sortants. Pour ceux de l'IPC, il y'avait 816 durant la même période dans le secteur privé.

À la Fonction publique (FP), les statistiques d'embauche des sortants de la FLSH et de l'IPC sont matérialisées à travers les quatre séries de concours de recrutement organisées par le ministère de l'Emploi et de la Fonction Publique (MEFP) de 1997 à 2003. Au total, durant cette période, la Fonction publique guinéenne a totalisé 8.277 embauches dont 2.943 sortants de la FLSH et 3.165 de l'IPC (MEFP, 2003).

Face à ces situations, des mesures ont été certes enregistrées, mais le mal du chômage en Guinée a progressé plus vite que les efforts entrepris pour l'enrayer. Chaque année, depuis deux décennies, plus de 300 jeunes sortants de la FLSH se présentent sur le marché de l'emploi avec des diplômes inadaptés aux besoins du marché de l'emploi (AGUIPE, 2000). Ces nouveaux candidats à l'emploi se heurtent à la lourde cohorte tout aussi importante de ceux des aînés qui attendent. Trop de jeunes sortants de la FLSH arrivent encore sur le marché avec une préparation professionnelle insuffisante et une mauvaise connaissance des outils de travail comme l'informatique. Dans ce pays, les emplois pour les sortants de la FLSH sont quasi-inexistants et le peu qui existe au sein des ONG est très précaire. La plupart des embauchés recensés le sont en qualité de contractuels de courte durée et sont souvent mal rémunérés. Ce qui fait que ces contractuels peuvent à tout moment se retrouver au chômage. En Guinée, nous assistons à un type de chômage tantôt croissant, tantôt décroissant. Compte tenu de la taille des entreprises existantes, celles-ci n'emploient que des sortants ayant une expérience professionnelle ou une formation pratique très solide. Plusieurs grandes entreprises, ONG et autres institutions qui auraient pu embaucher des diplômés arrivent avec un personnel à moitié expatrié et, celles de type "familial" ne recrutent généralement que dans le cercle très fermé des amis et des membres de la famille (Barry, 2004).

Également, d'après des données recueillies au ministère du Plan, il ressort que la Guinée connaît des crises qui semblent être des déséquilibres du fonctionnement de la politique libérale adoptée par l'État à partir de 1985. La crise actuelle est marquée par la chute de la production et la cherté des denrées de première nécessité, et cette crise ne semble pas disparaître d'après les seules lois du marché par le biais du secteur privé, prônées par les théories libérales.

En bref, à l'issue de notre recherche en 2004 sur l'intégration socioprofessionnelle des sortants de la FLSH et de l'IPC, nous avions constaté que nombreux sont ces jeunes guinéens sortis des IES en quête du premier emploi, mais qui sont confrontés à un chômage structurel et "d'exclusion", caractéristique des économies libérales. Le chômage structurel résulte de l'inadaptation de l'offre à la demande. Cette offre change en fonction de l'évolution de la technique et de la technologie. Et la demande devrait s'adapter à ce changement, mais en Guinée, cette politique d'adaptation est loin d'être appliquée, raison pour laquelle nous assistons à une migration massive des jeunes vers l'Occident en quête d'une "vie meilleure".

Les premiers salons de l'emploi en Guinée (juin 2007) et en France (novembre 2012) avaient réuni plusieurs grandes entreprises publiques et privées guinéennes. Mais peu de recrutements ont été enregistrés. Le mal guinéen est que la plupart des nouveaux investissements directs étrangers viennent avec un personnel étranger, souvent européen, gabonais, camerounais ou sénégalais. Le code d'investissement guinéen n'impose pas un quota suffisant de travailleurs nationaux qualifiés, par respect probable du code de travail prôné par la CEDEAO.

SECTION IV : MOUVEMENTS ASSOCIATIFS ET RAPPORTS ENTRE LES GUINÉENS DE L'EXTERIEUR ET CEUX DE L'INTERIEUR

Les relations entre les Guinéens de l'intérieur et ceux de l'extérieur n'ont pas toujours été faciles. Elles sont si souvent teintées d'hostilités que certains migrants les paient par des représailles et hésitent d'entreprendre tout contact pouvant les rapprocher davantage de leur société d'origine.

En France, les jeunes immigrés et ceux issus de l'immigration entretiennent des relations timides et ont du mal à s'accommoder ensemble sur la vision des associations des migrants. Nous verrons que les jeunes issus de l'immigration ont été à l'origine de la création des associations des jeunes, rompant du cout avec les associations traditionnelles (sous-section I). Les anciennes migrations vers l'Occident ont permis le regroupement d'une importante diaspora guinéenne. Malgré la compétence technique de certains migrants, ils ont du mal à se faire accepter au pays (sous-section II).

SOUS-SECTION I : LES JEUNES IMMIGRÉS ET ISSUS DE L'IMMIGRATION FACE À LA SOCIETÉ D'ORIGINE

Si les rapports entre les émigrés adultes avec leurs sociétés d'origine restent intenses et bénéfiques, les rapports que les jeunes issus de l'immigration entretiennent avec leurs communautés d'origine font l'objet de représentations fortement stigmatisées qui nourrissent des perceptions situées sur un large spectre divers et varié. Confrontés au problème d'ordre éducatif de leurs progénitures, certains chefs de familles que nous avions interrogés estiment que la problématique de l'intégration des jeunes doit être circonscrite à l'horizon indépassable de l'intériorisation des manières de penser, de faire et d'agir africaines ; bref de l'intégration à la culture des parents. Tout comportement et pratique ne s'inscrivant pas dans la logique des pères peut être perçu comme déviant ou marginal. Cette situation alimente et nourrit des rapports souvent hostiles entre les jeunes et les parents, voire l'ensemble des communautés immigrées et, les empêchent par conséquent d'être solidaires comme leurs parents et/ou leurs aînés à leurs communautés d'origine (Barry, 2005). Ces rapports souffrent de représentations stéréotypées. La figure du jeune « perdu, de nulle part, déraciné » au sens fort des termes ne fait aucun doute pour ces jeunes. La plupart des jeunes que nous avions interrogés s'accordent à employer ces termes et leur collent souvent celui de « marginal ». Des frontières symboliques entre les jeunes nés en France et ceux qui sont venus viennent compléter ces représentations stéréotypées. Pour ces jeunes, les immigrés dans leur grande majorité établissent des frontières symboliques entre ceux qui sont nés ici (en France) et ceux qui sont nés là-bas (en Guinée) ou qui sont venus en France à un âge relativement avancé. Ces derniers considèrent les premiers comme des « enfants de France » sur lesquels on ne peut pas compter pour le développement de la Guinée. Les représentations stéréotypées sur le jeune né, éduqué et socialisé en France sont solidaires du mythe répulsif qui s'est construit pendant et après la période coloniale et accentué durant les premiers âges de l'immigration guinéenne. Les vieux clichés sur « l'occidental individualiste » sont véhiculés et instrumentalisés. Ils permettent de construire la figure du marginal composite : jeune issu de l'immigration est synonyme de "Foté"[6] et ceux qui sont nés et socialisés en Afrique seraient par contre des « bons enfants ».

Les associations classiques d'immigrés ne semblent pas attirer beaucoup des jeunes issus de l'immigration. Selon les jeunes qui se sont prononcés sur ce sujet, ces associations se sont écartées de ce qui devrait être leur préoccupation fondamentale. Ils ne veulent plus être « des faire-valoir » auprès des administrations françaises, mais ils souhaitent plutôt être associés aux prises de décisions.

Par contre, pour certains jeunes, le mouvement associatif représente un moyen d'échapper à l'isolement social et ils considèrent les associations comme un mode de sortir de la marginalité à laquelle ils sont parfois confrontés. Ces associations qui se développent de plus en plus dans les quartiers à forte immigration bouleversent les formes de structuration et d'organisation sociale. L'action de ces associations, malgré leur diversité, a dans leurs objectifs de participer au développement de leur pays. Ces différentes actions individuelles et collectives des jeunes sont plus ou moins solidaires des stratégies que développent leurs parents pour une amélioration des conditions de vie de leurs communautés d'origine.

En somme, le lien avec le pays d'origine, le degré de connaissance de la culture des parents et le dynamisme des associations communautaires sont entre autres, des facteurs déterminants pour la participation des jeunes issus de l'immigration au développement de la Guinée.

SOUS-SECTION II : LA PLACE DE LA DIASPORA GUINÉENNE

Le seul ouvrage consacré à la diaspora guinéenne est celui de Djibril Kassomba Camara (2004). En effet, selon lui, la Guinée possède un certain nombre d'atouts : en plus des ses potentialités naturelles, le pays peut compter sur une population relativement assez jeune dont une frange importante réside à l'extérieur. Elle comprend des hommes et des femmes qui ont quitté le pays pour des raisons diverses : quête d'une formation meilleure ou de fortune, fuite devant les représailles politiques...

« Estimée à près de trois millions d'individus, la diaspora guinéenne est dispersée dans tous les continents. La plupart de ses membres ont acquis sans le moindre concours de la Guinée une formation, un savoir-faire, une expérience et parfois une fortune » (Camara, 2004). Cette situation a paru prendre fin en avril 1984, avec l'arrivée au pouvoir des militaires.

---

[6] Le Blanc

L'événement a suscité beaucoup d'espoir au sein de la diaspora guinéenne. Un nombre important de ses membres se sont retournés en Guinée au lendemain du changement, prenant des initiatives dans plusieurs domaines d'activités. Il en est résulté un désenchantement pour certains et des questionnements pour d'autres. En effet, malgré son importance numérique, la diaspora guinéenne reste trop divisée en des multiples groupes ethniques et régionalistes qui s'ignorent les uns les autres. « Jusqu'ici, elle semble s'être limitée aux actions ponctuelles d'information, de sensibilisation, de contestation et voire de revendications. Les retours au pays sont dans l'ensemble restés individuels ». Or, pour Camara (2004, op.cit), tant que la diaspora n'aura pas un pied-à-terre en Guinée, l'impact de ses multiples entreprises restera insignifiant. Il convient pour la Guinée, d'engager des négociations avec les pays abritant des Guinéens afin de libérer des moyens d'action à leur profit et faciliter la réalisation de leur projet de retour, pense-t-il.

QUATRIÈME PARTIE

Cette quatrième partie est consacrée à la présentation et à l'interprétation des résultats recueillis sur le terrain. Pour cette interprétation, nous avons privilégié les approches socio-anthropologiques. À travers ces approches, nous verrons comment les envois et les réalisations des migrants déstructurent et changent les rapports sociaux entre les populations locales et les familles des migrants. D'autre part, vu l'absence de données sur l'émigration guinéenne, nous nous sommes inspirés des autres migrations ouest-africaines, notamment sénégalaises et maliennes. Néanmoins, nous essaierons de relativiser ces rapprochements, car malgré quelques ressemblances « le caractère contingent des rapports propres aux terrains et à la nature des objets étudiés fait que la configuration empirique de l'enquête est part nature impossible à standardiser. Le chercheur doit se préoccuper de son propre terrain » (Coulon, 1992). Aussi, « les terrains les plus connus, les populations les plus citées et les œuvres les plus lues, sont au bout d'une ou de deux générations objets d'un réexamen » (Copans, 1999).

Dans cette interprétation, les lectures des ouvrages produits sur l'interactionnisme par l'Ecole de Chicago nous a beaucoup inspiré car il faut dire que l'interactionnisme symbolique accorde une place prépondérante à l'acteur social en tant qu'interprète du monde qui l'entoure et par conséquent, met en œuvre des méthodes de recherches qui donnent priorité au point de vue des acteurs. Le but de l'utilisation de ce courant est d'élucider les significations que les acteurs eux-mêmes mettent en œuvre pour construire leur monde social et créer des nouveaux rapports suivant leur statut et leur implication dans des intérêts communautaires. Pour cette analyse, nous étions tenus de restituer fidèlement les réalités du terrain et les dits des répondants car « les recherches en sciences sociales doivent s'efforcer de ne pas dénaturer le monde social, ni d'escamoter les interactions sur lesquelles repose toute la vie sociale. Il faut préserver l'intégrité du monde social afin de pouvoir l'étudier et prendre en compte le point de vue des acteurs sociaux, puisque c'est à travers le sens qu'ils assignent aux objets, aux individus, aux symboles qui les entourent qu'ils fabriquent leur monde » (Coulon, 1992). Nous avons complété leurs points de vue par des observations de vérification et de découverte sur le terrain.

Quelques jours après notre arrivée en Guinée, nous prîmes contact avec les différentes personnes physiques et morales dont nous pensions être nécessaires pour notre recherche. Nous nous rendîmes aux ministères de l'Administration du Territoire et de la Décentralisation (MATD), des Transports et de l'Éducation avant de solliciter quelques agences de transfert d'argent, des transactionnaires, des cambistes, des familles de migrants, d'ONG de développement local, etc. C'est après ces contacts que nous avions entrepris une longue tournée de recherches à l'intérieur du pays pour rencontrer encore d'autres familles de migrants, mener des observations sur leurs réalisations individuelles et collectives et interroger les populations locales sur leurs perceptions face à ces réalisations. Toutes les données récoltées ont été confrontées à celles recueillies auprès des migrants interrogés en Europe. L'ensemble a été soumis à une vérification de terrain et à un recoupement sociologique basé sur le témoignage des responsables d'associations communautaires et sur des études consacrées aux OSC lors de mon stage à SACCO. L'appréciation des impacts de la migration étant complexe, sa compréhension nécessite la prise en compte de plusieurs paramètres.

En effet, au MADT, nous avions été confrontés à la lenteur du système administratif. Il a fallu des multiples démarches pour avoir une simple autorisation de recherches, indispensable cependant pour une descente sur le terrain. Selon le ministre dudit département, son ministère ne dispose pas encore des données objectives et suffisantes sur l'impact de la migration sur le développement du pays. C'est un domaine non exploré, et seule une descente sur le terrain pourrait nous aider à recueillir des données sur ce sujet. Cependant, aux ministères des Transports et celui de l'Education, à l'Aéroport et au Port autonome, on nous a refusé tout entretien et toute donnée relative au sujet.

Cette quatrième partie est divisée en six chapitres au sein desquels nous traiterons du rôle des migrants et des associations guinéennes sur le développement des régions d'origine. Nous expliquerons aussi les mécanismes de fonctionnement des associations guinéennes en France et leurs représentations sur le terrain, ainsi que les rapports qu'elles entretiennent avec les pouvoirs publics français et guinéens. Nous verrons le rôle et la place de la diaspora dans ces rapports, souvent délicats. Nous exposerons les résultats tirés des études exploratoires en France et en Guinée. À travers des approches théoriques et des comparaisons avec d'autres migrations (notamment celles de la vallée du fleuve Sénégal), nous ferons ressortir les spécificités de la migration guinéenne transatlantique.

CHAPITRE I : LES GRANDES PÉRIODES DES MIGRATIONS GUINÉENNES

Pour cette d'analyse, nous avons commencé par exposer le processus migratoire guinéen afin de situer l'importance du phénomène pour la société concernée, avant de voir les dynamismes associatifs et leurs apports sur le bien-être des familles des migrants et sur le développement décentralisé entre autres.

SOUS-CHAPITRE I : HISTORIQUE DES MIGRATIONS GUINÉENNES

Pour ce processus migratoire, nous partirons de l'indépendance en 1958 pour retracer les grands moments de l'émigration guinéenne. Dans cette partie, il sera question d'établir un atlas des migrations guinéennes. Il varie d'une période à une autre. Jusqu'en 1984, on transitait par les pays frontaliers pour émigrer en Europe. A partir de 1984, l'ouverture des frontières permit des nouvelles destinations, diverses et variées. On connaissait le naïvetanat jusqu'en 1965, suivi ensuite des séjours temporaires dans les centres urbains, généralement à Conakry. Vient après l'émigration économique dans les pays frontaliers, un processus qui se termine généralement par un voyage transatlantique. Nous verrons aussi que les causes et les trajectoires diffèrent selon les catégories professionnelles et le statut socio-économique des migrants.

SECTION I : LES DIFFÉRENTES PHASES DE L'ÉMIGRATION GUINÉENNE

En Guinée, on a principalement connu quatre périodes migratoires après l'indépendance. La première concerne le séjour des premiers boursiers guinéens en France de 1956 à 1961. En dépit de l'interruption des relations diplomatiques entre les deux États, la France avait maintenu ses relations culturelles avec la Guinée, et des étudiants guinéens continuaient d'effectuer des séjours d'études après l'obtention du baccalauréat au pays. Ce système a continué jusqu'à la création de l'Institut polytechnique de Conakry en 1965 et l'implication supposée ou réelle de la France dans des complots dénoncés par le régime politique guinéen. Cette première génération de migrants concernait surtout des intellectuels et une poignée de familles des dignitaires du régime. À partir de 1961, date du « premier complot dénoncé » et jusqu'en 1984, c'est la période des grandes migrations vers le Sénégal, la Côte d'Ivoire, la Sierra Léone et le Liberia. Les raisons de ces premières migrations sont d'ordres économiques, mais surtout politiques. Terrorisés par des pendaisons publiques et des longs séjours au camp Boiro suite à des complots réels ou imaginaires dénoncés fréquemment par Sékou Touré, plus de deux millions de Guinéens s'exilèrent. À cette époque, les déplacements vers l'extérieur étaient très surveillés, presque interdits. Pour circuler librement dans le pays, il fallait avoir impérativement une autorisation de sortie ou de rentrée, au risque de passer quelques jours dans les prisons. Tous les pays frontaliers étaient assimilés à des ennemis pouvant dissimuler des impérialistes contre le régime politique de Conakry. Si fait que ceux qui réussissaient à sortir du pays ne revenaient que rarement. Et comme la France avait coupé ses relations diplomatiques avec la Guinée, excepté quelques poignées de personnes audacieuses - qui passaient par Dakar ou Abidjan - rares sont les Guinéens qui venaient en France. À partir de 1961, les boursiers furent orientés vers des pays socialistes (ex-URSS, Cuba, Autriche, Pologne, Hongrie) et le Maroc. Ce sont des boursiers qui se retournaient aussitôt en Guinée à la fin de leur formation.

La troisième période est celle de 1984-1998 : elle correspond au retour des émigrés guinéens après la mort de Sékou Touré. En effet, au lendemain de sa mort, les militaires instaurèrent un Comité militaire de redressement national (CMRN) et invitèrent les Guinéens de l'extérieur à se retourner pour servir le pays et fructifier leurs activités grâce aux nouvelles lois économiques. L'arrivée du FMI et de la Banque mondiale engagea le pays dans des grandes réformes politiques et économiques, orientées vers le libéralisme et la démocratie. Cependant, après les élections présidentielles de 1990, beaucoup de Guinéens retombèrent dans le désespoir et reprirent aussitôt le chemin de l'exil, conséquences des PAS (licenciements, chômage...). Depuis, des milliers de jeunes quittent chaque année le pays pour s'orienter directement vers les pays occidentaux. Les étudiants sont de plus en plus nombreux et, d'autres jeunes se dirigent vers des pays asiatiques et du Golfe (Chine, Arabie Saoudite, Israël..) et d'autres encore, vers d'autres pays africains (Gambie, Angola, Afrique du Sud et Gabon). Ces derniers mouvements constituent la quatrième période de la migration guinéenne.

SECTION II : CONTEXTE ET ATLAS MIGRATOIRES GUINÉENS

Les migrations guinéennes transnationales ont souvent obéi au contexte sociopolitique. Elles suivirent différents processus : Le naïvetanat pendant la période coloniale, le séjour à Conakry, l'exil politique dans des pays frontaliers pendant le premier régime et l'émigration économique vers l'Europe depuis 1985.

SOUS-SECTION I : LE NAIVETANAT

Avant l'indépendance, les migrations guinéennes suivaient un rythme saisonnier à cause des activités agricoles en Casamance (Sénégal) auxquelles se livraient des Guinéens.

Le naïvetanat débuta dés la fin de la Première Guerre mondiale. Il fut investi par des travailleurs Bambaras. Ce n'est qu'après les années de démarrage (1920-1925) que des Peuls du Fouta-Djallon entrèrent en action. Les conditions climatiques, les mauvaises récoltes, les sauterelles obligèrent beaucoup de personnes à pratiquer le naïvetanat ; mais ce sont les grands bouleversements sociaux que le Fouta commença à sentir dès le début de l'ère coloniale qui occasionnèrent des déplacements massifs. La libération des "captifs" et des "Peuls-de-brousse" bouleversèrent la structure sociale de la région. Les "nobles et les aristocrates" montrent une grande réticence à cultiver la terre, celle-ci fut alors délaissée. Les crises commerciales et la rareté du caoutchouc pour payer les impôts coloniaux achevèrent de battre en brèche les derniers remparts du mode de vie traditionnel d'autosubsistance du Fouta : «... la vente du bétail, la migration temporaire furent les principales alternatives » (Baldé, 1976).

« Le naïvetanat vers le bassin arachidier fut la principale destination de la migration. Le développement de la culture de l'arachide, d'abord au Kayor, puis plus au sud, au Siné-Kaloum demandait une main d'œuvre importante qui dépassait les capacités locales. Il fut largement fait appel à la main d'œuvre venue des régions voisines pendant la période de culture et de récolte » (Lavigne Philippe, 1974).

Une fois au Sénégal, le navétane se dirige vers la région qu'il a choisie - non de façon hasardeuse - pour passer l'hivernage. Parvenu au lieu, chaque navétane cherche un jatigi. La forme la plus caractéristique des aménagements est celle dénommée mbidann où le navétane nourri et logé, travaille uniquement son champ, mais verse après la vente de la récolte une somme convenue à l'avance à son jatigi. Il y'a aussi les Firdu ou Gosan qui restent sur les lieux, le temps de se procurer un peu d'argent frais, en s'employant à déterrer les graines d'arachide ; ils cherchent rarement à se faire héberger. Ils se couchent à la belle étoile, font eux-mêmes la cuisine ou mendient leur nourriture. La récolte terminée, ils retournent aussitôt chez eux pour s'occuper de leurs propres champs.

A leur retour, les navétanes ramènent des produits récoltés (fonio, mil, arachides) et surtout des habits et de l'argent qu'ils distribuent aux membres de leur famille pendant les fêtes religieuses (Tabaski par exemple).

« À chacun de mes retours, la famille, les tantes et les oncles m'attendaient et, dés mon arrivée, je distribuais aussitôt les cadeaux. J'en gardais peu pour moi, car ils sont nombreux et je me plaisais à satisfaire leurs besoins » se confie un vieux paysan de Koundara.

La régression du naïvétanat commencée en 1956 fut accélérée par l'indépendance politique en 1958. L'accession de la Guinée à l'indépendance eut pour conséquence de réduire, voire d'empêcher le naïvétanat en provenance du Fouta. Des barrières douanières furent dressées entre la Guinée et le Sénégal. En effet, les deux nouveaux gouvernements manifestèrent la ferme intention de stopper cette migration massive de main d'œuvre et de l'utiliser pour promouvoir le développement interne de leur secteur agricole. Celui de la Guinée pratiqua une politique de fixation des navétanes dans la région de Koundara, qui se prête à la culture de l'arachide. Il confia aux agents du Service national de la douane et aux miliciens, la surveillance des frontières. Cependant, ni le renforcement du cordon de surveillance, ni la vigilance de la milice populaire n'ont pu empêcher les "fuites", à travers les sentiers de la brousse, à la faveur de la nuit, de tous ceux qui étaient décidés à aller chercher fortune au Sénégal. Une enquête de l'Aménagement du territoire sénégalais estimait en 1968 entre 15.000 et 20.000, le nombre des saisonniers (en majorité des Guinéens) qui étaient venus en 1967, apporter leur appui aux paysans des bassins arachidiers du Sénégal (Claude Cros, 1968).

Dans l'étude de Baldé (1976), tous les navétanes qu'il avait interrogés se disaient originaires du Fouta, mais à des régions différentes : 32 % provenaient de Labé, 22 % du Mali Yembéré, 17 % de Gaoul-Koundara, 16 % de Tougué et 13 % de Pita. Le contingent le plus important viendrait donc de Labé et du Mali, régions qui fournissaient à elles seules la moitié de l'effectif. Le nombre relativement important de navétanes de Gaoual n'a rien de surprenant, car le Sénégal, à travers la Haute-Casamance a toujours exercé une forte attraction sur les populations frontalières de l'ancien diwal de Labé. Les ressortissants de Pita sont les moins nombreux. On dit pourtant que les gens de Pita sont majoritaires à Dakar. Peut être, leur migration s'oriente-t-elle de préférence vers les villes où ils sont particulièrement actifs dans le petit commerce et la boucherie. L'absence d'éléments originaires de Dalaba, Mamou et Télimélé peut étonner. Il est bien connu en Guinée que les Peuls des ces régions émigraient de préférence en direction de la Sierra-Léone.

En bref, on peut dire d'une manière générale qu'il s'est opéré une sorte de spécialisation régionale de l'orientation de la migration. Les habitants de Labé, Mali, Koundara, Pita et Tougué vont surtout au Sénégal ; ceux de

Dalaba et Mamou en Sierra Léone ; et ceux de Kindia et Télimélé poussaient leurs bœufs en direction de la mer. Parmi les navétanes interrogés par Baldé (ibid.), pas un seul n'est originaire du centre urbain. Tous citent des villages (missiidé) ou des hameaux (fulasso) comme régions d'origine. Ce sont tous des paysans dont les activités sont basées sur l'agriculture, l'élevage et l'artisanat. Cette provenance (du missiidé ou du hameau) et les activités des navétanes s'expliquent à l'époque par le fait que, maîtres et anciens captifs se soumettaient maintenant aux mêmes activités.

Les navétanes monnayaient leur argent dans le premier marché frontalier à un taux très faible et faisaient rentrer la liquidité, en cachette. Les risques de confiscation de leurs biens par les gardes-frontières ou les taxes douanières élevées limitent leurs achats à des articles de stricte nécessité (habits) et facilement transportables.

Les principales motivations des navétanes sont la recherche de l'argent pour s'acheter des habits, se marier, acheter du bétail, payer l'impôt…comme au temps des premières migrations des Soninkés en France. L'engouement pour les habits résultait de l'ambiance politique en Guinée. Les gens, pour assister aux assemblées et, surtout aux répétitions et aux bals organisés par le Parti, doivent porter certains types d'habits : trois poches, camisoles, chaussures à boucles… Or, la plupart de ces habits ne peuvent s'obtenir qu'en dehors du pays. Et la Guinée, ne fabrique pas et n'importe pas une quantité suffisante de ces articles pour empêcher les gens de se rendre dans les pays limitrophes en vue de se les procurer. Le système économique était de type socialiste où toutes les entreprises étaient nationalisées ; les importations étaient très limitées et beaucoup des besoins internes restaient insatisfaits.

D'autre part, beaucoup de navétanes accordent à la migration une fonction éducative. Sa finalité, c'est la connaissance du monde dans sa diversité et son évolution et, des relations humaines. "Quiconque n'a pas subi la migration ne peut être considéré véritablement comme un homme" aiment plaisanter des anciens navétanes à Koundara.

En outre, les formes des migrations diffèrent selon les époques et les circonstances : elles sont des réponses aux différentes crises successives qui ont secoué le Fouta. À chaque type de crise correspond une forme particulière de migration. La défaite de Bokar Biro fut suivie par le départ pour la Sierra-Leone d'un nombre important d'éléments de sa troupe ; la tentative avortée de soulèvement d'Alfa Yaya provoqua l'exil de ses plus fidèles partisans, dans la région de N'Gabou (située actuellement en Guinée-Bissau). L'entrée en application du Décret de l'abolition de l'esclavage domestique et l'obligation faite aux chefs de carré (jongallé) de s'acquitter de l'impôt ouvrirent une crise économique et déclenchèrent un processus migratoire aux effets cumulatifs. En outre, les épreuves de deux Guerres mondiales approfondirent la crise. Le Fouta Djallon participa à l'effort de la guerre et des "tirailleurs" furent incorporés dans des troupes françaises. La période de l'entre-deux-guerres est marquée par un désarroi des Peuls-de-brousse, qui émigrèrent dans tous les sens afin d'éviter une nouvelle incorporation. La suppression en 1946 des travaux forcés apporta un soulagement. Le retour du libre marché dans les années 1960 causa la hausse du prix des produits importés et occasionna une reprise du naïvétanat. Le déclin de ce système commença en 1956 avec la mise en application de la Loi-cadre. La mécanisation de l'agriculture permit de maintenir la production. L'accession à l'indépendance de la Guinée, du Sénégal et du Mali eut pour effet d'accélérer ce processus de fin.

SOUS-SECTION II : DU VILLAGE VERS LA VILLE

Le voyage vers Conakry est minutieusement préparé par le migrant et sa famille. Jusqu'en 1975, Conakry n'était pas encore peuplée et les villages ne connaissaient pas l'exode rural. Les jeunes constituaient une main-d'œuvre importante pour les travaux champêtres. La rigueur du système socialiste et l'éducation de masse permirent de maintenir un grand nombre dans les campagnes. Les valeurs traditionnelles et la vie communautaire étaient encore très fortes. Les premiers migrants constituaient des pionniers et des modèles de réussite à chacun de leur retour au village. A partir de 1970, les centres urbains accueillirent les premières vagues des jeunes. Mais pendant cette phase, les migrations étaient envisagées comme un aller-retour entre la ville et les campagnes. Conakry, la capitale était considérée comme "un eldorado" par les ruraux. Les migrants se retournaient à chaque saison au village pour aider les parents pour les cultures saisonnières et l'entretien des enclos. Comme à l'époque du naïvétanat, ils ramenaient des cadeaux à la famille et aux proches, mais sur le plan social ils « avaient plus de considération que les navétanes parce que les intéressés venaient de la capitale. Conakry, jouissait de son charme de ville "perle de l'Afrique de l'Ouest" à cause de sa propreté, de ses belles corniches et de ses grandes plages. Elle fascinait les ruraux », confie un chef de famille de Coronthie (Conakry). Mais, en dépit du nombre important des arrivées dans la capitale, on était encore loin des grandes vagues de l'exode rural.

A partir de 1970, Conakry devient la principale destination des jeunes et l'émigration temporaire se mue en migration semi-définitive. Le commerce ambulant fut leur principale activité. Les migrants sont des jeunes célibataires, qui font du commerce saisonnier, sans se fixer définitivement. Les principales motivations restent les mêmes que celles des navetanes :

aider la famille pour l'achat des produits d'entretien sur les marchés hebdomadaires, acheter des habits, payer l'impôt et la dot. C'est une migration de gens non qualifiées, condamnées aux emplois subalternes et surtout aux métiers (mécaniciens, horlogers, couturiers…). Du fait de leur faible revenu, ils habitent dans des petites chambres chez des particuliers, souvent de façon groupée en communauté appelée Suudu chez les Peuls. Les membres sont généralement originaires d'un même village, et le Suudu porte le nom de celui-ci : Suudu Marga par exemple (les parents de Marga). Pour un même village, il y'avaient plusieurs suudu, s'efforçant de s'établir les uns prés des autres et formant une communauté plus large. Le Suudu constitue un véritable centre d'accueil pour tous les habitants du même village qui rejoignent Conakry. Le migrant, avant de quitter le village sait où il va loger et, dés son arrivée, il se dirige vers le Suudu dont les membres l'accueillent aussitôt. Le migrant campe provisoirement à Conakry, dans le Suudu, en vue de retourner chez lui dans un avenir plus ou moins proche, ou bien le plus souvent, en attendant d'avoir des meilleures conditions de vie pour s'installer définitivement.

On peut alors distinguer la famille temporaire, peu stable à Conakry, dont les membres (surtout les femmes) retournent de temps en temps au village afin d'assister les grands-parents de l'épouse et de l'époux dans les activités agricoles et les tâches ménagères ; et la famille sédentarisée, installée en grande partie à Dixinn Foulah ou Dixinn Bora. Les enfants des familles sédentarisées sont scolarisés et adoptent généralement le mode de vie des Soussous urbanisés. On les appelle des "Foula-sosso"[7].

Ce système ressemble également aux premières migrations des Soninkés en France. Les premiers arrivés se font un devoir d'accueillir les autres. Ils leur trouvent un emploi ou se font remplacer par le jeune frère à l'usine, une fois à la retraite. Ils s'installent suivant des liens tissés au village et reproduisent les mêmes hiérarchies que celles de leurs régions d'origine. On les a installés en banlieues dans des HLM ou dans des foyers de travailleurs. Leurs fils scolarisés à l'école de la République ont adopté les codes de vie occidentaux. Ces différents systèmes s'apparentent au mode d'entraide décrit par Portes (1987) à travers la théorie de l'enclave ethnique. Les faibles qualifications des jeunes migrants et la discrimination les éloignent de certains emplois. Les réseaux jouent un rôle d'accueil et un système d'appui pour avoir un emploi. L'enclave ethnique se caractérise par un regroupement spatial d'un groupe d'immigrants et par une stratification interne. Leurs activités commerciales leur permettent de cotiser régulièrement de l'argent afin d'entretenir la clôture du village, nécessaire aux cultures domestiques (maïs, manioc, taro, patate, igname, arachide, piments…) à l'intérieur des

---

[7] Peuls urbains ayant adopté la culture des Soussous autochtones

concessions, les sountourée. Ces cotisations permettent également de financer des entraides (kilé) pour la récolte du riz dans les champs (ghuéssa) et les rizières (loorirée).

Généralement, les premières vagues des migrations chez les autres ethnies (notamment les Malinkés) sont souvent basées sur les caractéristiques de cette approche.

SOUS-SECTION II : DE CONAKRY VERS LES AUTRES VILLES AFRICAINES

Une fois à Conakry, les nouveaux arrivants pratiquaient des petits métiers (mécanique, horlogerie, bijouterie…) et se livraient surtout au petit commerce. En effet, une fois dans la capitale, les anciens trouvaient un maître-formateur pour ces nouveaux arrivants ou ils les apprenaient à faire le commerce et à se débrouiller tout seul, par la suite. Cela commence par la vente de bonbons à la menthe sur des petits paniers que les petits marchands déambulent dans les grands marchés ; ou encore à faire du cirage de chaussures sur les trottoirs. Ils logeaient chez leur hôte (un frère, un proche parent ou un voisin du village) et lui confiaient l'argent gagné. Chez les jeunes malinkés, ils se trouvaient associer parfois au commerce des pièces détachées ou à la vente dans boutique d'alimentation. Ils restaient généralement chez un proche parent (oncle, frère « khôrô »).

« La plupart des grands commerçants que vous connaissez aujourd'hui en Guinée ont pratiqué ces petits commerces et ces petits métiers » se confient certains opérateurs économiques, aujourd'hui de grandes renommées à Conakry.

Après avoir fait quelques économies, les jeunes envisageaient une aventure vers d'autres villes africaines dont Dakar (Sénégal), Abidjan (Côte d'Ivoire) ou Freetown (Sierra Léone). Contrairement aux grands commerçants et aux intellectuels, les jeunes migrants ne fuyaient pas les exactions du régime, mais émigraient simplement pour des raisons économiques.

En effet, à partir de 1970, les retombées de la crise du pétrole et les crises de solvabilité de la monnaie guinéenne (le syli)[8], ainsi que les mauvais choix économiques avaient entraîné le pays dans une paupérisation et beaucoup de Guinéens émigraient vers les pays limitrophes pour se soustraire de la crise. La prospérité relative de certaines villes (particulièrement Abidjan) et l'importance valeur monétaire du CFA à l'échelle internationale attirèrent un

---

[8] Symbolisé par l'éléphant

grand nombre des jeunes guinéens, de la même façon que Conakry les avait attirés autrefois.

Le "complot des enseignants" marqua le début de la migration des intellectuels. Plusieurs enseignants qui avaient fui la Guinée exercent aujourd'hui leur profession en Côte d'Ivoire et au Sénégal, d'autres pays francophones. Le complot dit "Petit Touré" fut le point de départ de la migration des commerçants. Ces derniers désertèrent le pays et partirent investir leur capital dans des pays étrangers. En 1985, l'instauration du libéralisme économique par la deuxième République permit le retour d'un nombre important de ces opérateurs économiques.

«(...), Aujourd'hui, le plus grand nombre des opérateurs économiques guinéens appartiennent à cette classe des personnes qui avaient fui le pays et ont réussi à faire fortune à l'étranger. Ils contrôlent tous les grands secteurs du marché guinéen. Très influents dans la vie politique, ils ont ouvert des grands centres commerciaux et emploient beaucoup de personnes ». Ces retours ont permis de renforcer le secteur privé et à apporter des devises grâce à leurs importations.

SOUS-SECTION IV : DES GRANDES VILLES AFRICAINES VERS L'OCCIDENT

Les migrations guinéennes transnationales sont un processus pensé en amont. Après quelques années passées dans la capitale, les jeunes marchands migrent dans un premier temps vers des pays plus prospères comme la Côte d'Ivoire et le Sénégal : « pour des raisons principalement économiques, la Côte d'Ivoire a toujours été un important pays d'accueil et de départ des migrations ouest-africaines vers d'autres régions de l'Afrique subsaharienne ou vers d'autres continents" (Bredeloup, 1995).

Aussitôt quelques conditions réunies dans ces capitales (argent de poche, prix du billet d'avion, frais de demande ou de négociation de visa...), ils regagnent l'Europe ou les États-Unis par divers moyens : bateaux, avion, traversée clandestine de la Méditerranée, infiltration dans les territoires espagnols de Ceuta ou Melilla. Aujourd'hui encore des « nombreux jeunes déscolarisés partent du pays : vers les pays voisins et ensuite vers l'outre-Atlantique. Les jeunes qui sont passés par l'école dédaignent les travaux manuels et trouvent en la migration la seule alternative pour sortir du chômage chronique. Pendant plusieurs décennies, les capitales africaines ont ainsi servi de tremplins pour les migrants guinéens » (Camara, 2004).

Ces atlas migratoires (campagnes – Conakry - capitales africaines -outre-Atlantique) s'expliquent en grande partie par des causes économiques et de prestige social. En effet, leur explication ressemble aux causes des migrations soutenues par la théorie sociologique de la migration et du développement. Selon cette théorie, la recherche de revenus plus élevés serait le facteur le plus déterminant parmi les causes des migrations. Schuerkens (2006) qui s'appuyait sur les pensées de Hoffmann-Nowotny (1973) explique ce phénomène par l'hypothèse des marxistes qui soutiennent que la main-d'œuvre qualifiée migre vers les pays où les salaires optima et la productivité existent. Et en général, ce genre de migration a un impact insignifiant sur le développement des pays d'origine : « chez les peuples de la vallée du fleuve Sénégal, la convergence vers la France a été le fruit à la fois de recrutements des entreprises, du rôle des "passeurs" et des aventures individuelles après la période de naïvétanat, dû à la chute de la production. Des petits groupes d'individus d'entraide se sont ainsi constitués. On se regroupe entre originaires d'un même pays, d'une même région, d'un même village, pour reconstituer un espace de vie décent. Avec la généralisation de l'émigration, ces réseaux deviendront plus structurés (Lavigne, 1974). Contrairement aux Soninkés, chez les Guinéens, l'arrivée en France est en général précédée par un premier séjour à Conakry.

SECTION II : LES MIGRATIONS GUINÉENNES TRANSNATIONALES

Généralement, les processus migratoires et leurs causes sont identiques pour les pays subsahariens, à des différences plus ou moins minimes. Si par exemple, la migration malienne en France concernait au début des jeunes ouvriers, d'origine rurale et dont les causes sont principalement dues à des sécheresses et, encouragée par les politiques françaises de migration, la migration guinéenne transnationale ne fît normalement amorcée qu'à partir des années 1965 avec des spécificités particulières. Dans ce chapitre, nous ferons ressortir quelques-unes de ces spécificités (sous-section I) et nous évoquerons l'installation des Guinéens en France (sous-section II). Nous dégagerons aussi quelques causes qui sous-entendent ces mouvements et leurs dynamismes, dans une troisième sous-section.

SOUS-SECTION I : SPÉCIFICITÉS DES MIGRATIONS GUINÉENNES

Les premiers mouvements migratoires transfrontaliers guinéens sont essentiellement dus aux exactions politiques du premier régime, qui avaient conduit plus de deux millions de Guinéens à l'exil :

« En 1984, on estimait prés de deux millions de Guinéens vivant à l'étranger sur environ 5 millions d'habitants » (Touré, 2004). Avec ces mouvements, on a connu une fuite massive des ressources humaines qualifiées. Cette saignée importante des cadres et d'employés qualifiés a longtemps réduit les capacités compétitives de l'administration guinéenne qui recèle cependant d'énormes ressources à gérer. En effet, la proclamation de l'indépendance de la Guinée le 02 octobre 1958 a été saluée avec enthousiasme par l'élite africaine vivant sur le continent. De leur côté, des Guinéens servant dans l'administration des colonies françaises et dans l'armée, travaillant ou étudiant dans la Métropole ont pu rejoindre le pays afin de se mettre à la disposition de leur gouvernement. Mais, la situation politique et économique du pays s'est fortement détériorée à partir de 1965. Afin d'éviter des emprisonnements, des jugements sommaires, voire des liquidations physiques, des milliers d'ingénieurs, d'opérateurs économiques, des techniciens qualifiés ont fui la Guinée pour s'installer ou transiter dans les pays voisins, avant de s'exiler en Occident.

D'autre part, le système d'enseignement supérieur mis en place n'a pas beaucoup favorisé la formation de compétences capables de prendre la relève et d'opérer les transformations économiques, nécessaires à la valorisation des immenses richesses du pays. L'enseignement a souffert de manque d'enseignants compétents, de programmes d'enseignement de qualité et de ressources matérielles suffisantes. Bien que le changement de 1984 ait apporté de l'espoir qui a permis le retour de certains émigrés guinéens, beaucoup rechignèrent de rentrer au pays, de peur de nouvelles représailles. A partir de 1990, avec l'instauration du multipartisme, le flux des retours des ressources humaines a accusé un coup de ralentissement lorsque le paramètre de l'alignement politique est devenu la mesure de l'acceptation ou du rejet des cadres de la diaspora. Les luttes politiques tournant à des règlements de compte marqués par des actes de violence, de casses de maisons sans indemnisation, de l'arbitraire, de la précarité du système administratif et éducatif n'ont ni favorisé la tendance de retour définitif, ni encore stopper la volonté de certains de tenter leur chance en outre-Atlantique. Si fait qu'aujourd'hui, un flux considérable de jeunes bacheliers et étudiants guinéens prennent d'assaut les ambassades et consulats accrédités dans le pays à la quête d'un visa pour «…se sauver de l'école guinéenne. Une école abandonnée dans un état de délabrement total. La cause en est que les dignitaires du pouvoir soustraient soigneusement par égoïsme et favoritisme leurs progénitures pour les prestigieuses écoles et universités étrangères au détriment de la majorité des jeunes du pays, cependant plus méritants » s'offusquent des jeunes étudiants à Conakry.

Les jeunes diplômés issus de familles qui n'ont pas de « bras longs » dans l'administration publique et privée pour avoir un premier emploi cherchent permanemment des alternatives. La suppression de l'embauche automatique dans la Fonction publique et le faible développement du secteur privé ne favorisent pas l'emploi des diplômés. Les universités guinéennes sont devenues des fabriques de chômeurs ouvrant largement la voie à la pauvreté et surtout à l'insécurité et à la violence. Les jeunes chômeurs pensent trouver en la migration l'ultime solution à leur dilemme.

À l'Ambassade de France, nous rencontrions chaque jour en cette période de juillet-septembre, des centaines de Guinéens parfois sous le soleil et la pluie à l'attente d'une réponse de leur demande de visa, souvent négative. Ces étudiants guinéens empruntent le chemin de l'exil dans le but d'acquérir une formation de pointe pour un lendemain meilleur. Une formation qu'ils présument ne pas obtenir dans leur pays, faute d'adéquation entre la formation et les besoins du marché sous peu qu'il existe, mais aussi faute de non-compétitivité de l'enseignement qui y est dispensé. À partir de 1998, avec la reprise normale de la coopération culturelle franco-guinéenne, ils commencèrent à grossir les rangs des étudiants étrangers en France.

SOUS-SECTION II : PROCESSUS ET INSTALLATION DES GUINÉENS EN FRANCE

Si pour les Sénégalais et les Maliens il est plus facile de repérer un échantillon conséquent dans les foyers de résidence Sonacotra (actuel Adoma) ; pour les Guinéens, il est difficile de les localiser. A Paris, on les rencontre en groupes sur le boulevard Saint Martin, aux restaurants "le Fouta" et "le Conakry", au bar-café "Paul" dans l'Est parisien ; au restaurant "le Conakry" à Anderlecht, au café "Sport Welten" à Brême et au "Shop" à Tordera (Barcelone) qui accueillent chaque soir une importante communauté guinéenne. Dans ces lieux, le terme diaspora prend tout son sens : « pour conjurer leur dispersion, les Guinéens viennent entretenir des relations fraternelles et cultiver une certaine solidarité. C'est ici que l'on peut rencontrer un ancien condisciple, un ami perdu, un parent venant de la Guinée, et où l'on peut avoir des nouvelles plus fiables du pays ». Dans ces locaux, on commente les nouvelles du pays, on fait et on défait l'histoire de la Guinée, on fustige ou on soutient la mouvance présidentielle ou l'opposition, on évalue à l'infini les chances de réussite du gouvernement ; on se prépare à un hypothétique retour. C'est dans l'un de ces lieux que nous avions rencontré un migrant, originaire de Kankan (que nous allons nommer Ousté) appartenant à la première génération de la diaspora guinéenne en France. Après 46 ans de séjour et des multiples tentatives de retour avortées, il s'est résigné à vivre sa situation "d'exilé". À travers son récit de vie, nous avons tenté de retracer l'historique de l'installation des migrants guinéens en France. Nous avons confronté son récit à plusieurs témoignages,

témoignages que nous avions recoupés avec d'autres entretiens et l'histoire de la Guinée sur ses différentes relations avec la France.

En effet, après la Deuxième Guerre mondiale, les premiers migrants guinéens en France étaient constitués de boursiers et de quelques familles proches du pouvoir politique :

« Pour la première année en France, nous étions seulement 3 boursiers, sélectionnés dans des secteurs d'ingénierie et, destinés à l'école des Arts et Métiers de Paris » confie Ousté.

D'après Barry (2000), au moment de l'indépendance en 1958, la Guinée comptait 400 étudiants inscrits dans des universités à l'étranger, faute d'université sur place. À cette date, « le pays ne comptait que 11 cadres ayant fait des études supérieures avec un seul licencié en Droit. Les 5 premiers bacheliers sont admis en 1953 (contre 15 en 1958) » (Rivière, 1996). En 1962, s'ouvre à Conakry l'Institut polytechnique d'enseignement supérieur pour la formation des ingénieurs. Mais cette coopération culturelle franco-guinéenne fut interrompue en 1961, suite au "complot des enseignants". En effet, le président avait fustigé l'attitude des enseignants qu'il accusait d'être ralliés à l'impérialisme français. Après le retrait administratif de la France suite au "Non" au référendum de 1958, la France avait néanmoins maintenu ses relations culturelles par l'accueil des boursiers guinéens à Paris. A la suite de ce "complot", quelques boursiers furent soupçonnés de complicité avec l'État français et Sékou Touré leur demanda un repenti « de foi » en acceptant de rentrer en Guinée. Beaucoup parmi ceux qui acceptèrent cette proposition ne sont jamais revenus en France où certains avaient pourtant laissé leur famille. Ils finirent leurs jours dans les geôles du camp Boiro, "morts de tortures ou de diète noire" (Diallo, 1994). Accusée d'ingérence dans les affaires internes de la Guinée, la France arrêta la seule coopération qui la liait encore à la Guinée.

« La diaspora guinéenne a souvent servi de pomme de discorde entre leur pays d'origine et leur pays d'accueil. Des nombreux conflits entre la Guinée et des pays tiers sont nés à propos des Guinéens de l'étranger. Le plus marquant de ces conflits est celui qui a opposé pendant longtemps la Guinée à la France au sujet des binationaux. (…), On les faisait passer pour des ennemis de la Guinée » (Camara, 2004).

Pour combler le manque en ressources humaines, surtout dans l'enseignement, d'autres boursiers furent envoyés dans des pays socialistes (ex-URSS, Hongrie, Autriche, Roumanie, Pologne et Bulgarie) et dans des pays amis, du bloc des Non-alignés (notamment l'ex-Yougoslavie et le

Cuba). Ces boursiers retournaient servir le pays à la fin de leur formation car, le système de surveillance très strict, inspiré du KGB et la rigueur des conventions ne leur laissaient pas trop de marge pour faire des détours dans d'autres pays. Le patriotisme et le panafricanisme affichés par Sékou Touré aidant, la grande majorité servira dans l'administration guinéenne. Le complot de 1960 marquera le début d'une série de plusieurs autres complots réels ou imaginaires dont les conséquences détermineront la nature des relations entre Guinéens de l'intérieur et sa diaspora. Pris de peur, des milliers de Guinéens commencèrent à quitter clandestinement le pays.

En effet, depuis l'ère de la glaciation sekoutouréenne - de 1958 à sa mort en 1984 - la communauté guinéenne a été divisée en deux entités : les Guinéens de l'extérieur, qualifiés d'"anti-Guinéens" et les Guinéens de l'intérieur qui ont enduré le martyre de la dictature. Durant les vingt-cinq années de règne du premier régime, des milliers de personnes, de toutes conditions et de tout âge ont regagné l'extérieur du pays, traversant parfois la brousse et la forêt pour fuir la répression ou pour échapper aux régressions économiques. Un flux migratoire amplifié par la multiplicité des pays frontaliers, au nombre de six (Sénégal, Mali, Guinée-Bissau, Côte d'Ivoire, Liberia et Sierra Léone). Leader des économies ouest-africaines dans les années 1960, le Sénégal est alors le premier pays d'accueil des Guinéens. En 1970, la Côte d'Ivoire exerce une forte attraction, et Abidjan prend le relais de Dakar : « Ceux qui réussissaient à se soustraire de la vigilance des gardes frontalières transitaient par le Sénégal ou la Côte d'Ivoire. J'étais avec un ami qui nous a logés chez son oncle, un exilé. Après deux années passées à Dakar, son oncle nous a aidés pour avoir des visas pour la France afin d'y continuer nos études », explique un autre expatrié. Depuis, il existe une forte communauté guinéenne au Sénégal et en Côte d'Ivoire. A la même période, cédant aux assauts de la sécheresse, l'immigration massive des Soninkés vers la France commençait au Mali.

Ceux qui avaient séjourné dans des pays de transit accueillaient les nouveaux arrivants et les assistaient dans leurs démarches de migration. Au-delà des aspects économiques, les raisons de transiter par le Sénégal et la Côte d'Ivoire peuvent s'expliquer par des stratégies politiques. En effet, en raison des embrouilles entre Sékou Touré et les présidents L.S Senghor et Houphouët Boigny, les Guinéens pensaient être à l'abri de poursuites et d'une éventuelle extradition. Par contre, Sékou Touré entretenait des relations plus que fraternelles avec les présidents Modibo Keïta du Mali, Doe du Liberia, Siaka Steven de la Sierra Leone et les autorités politiques de la Guinée-Bissau. Cela pouvait faire penser à certains qu'ils couraient un risque de se réfugier dans ces pays. D'ailleurs, en 1980, la Sierra Léone avait expulsé un nombre important de Guinéens. D'autre part, le Parti pour la

Libération de la Guinée-Bissau et du Cap-Vert, le PAIGC et son leader Amical Cabral avaient leur base à Conakry, ce qui laisse penser que toute demande d'extradition formulée par l'État guinéen était susceptible d'être satisfaite par ces pays.

La première association des étudiants guinéens en France (AGEEF) fut créée en 1961. Elle regroupait environ 500 étudiants à travers toute la France. Sa section à Paris comptait plus de 250 étudiants. Mais le véritable groupement de jeunes guinéens fut créé en 1966, il regroupait des jeunes guinéens boursiers et des étudiants ayant transité par d'autres pays africains pour venir continuer leurs études dans la Métropole. Ce dernier groupement était une section de l'association des Étudiants d'Afrique noire en France et au sein de laquelle, siégeaient des jeunes guinéens. Ces structures avaient forgé chez certains des caractères syndicaux et leur a ouvert la porte du militantisme politique.

« La première assemblée de ce groupement s'est tenue le 24 décembre 1966 dans une chambre d'étudiant à la Cité universitaire internationale de Paris. Les premières assemblées générales eurent lieu à la résidence universitaire d'Antony » explique Ousté.

« À la première assemblée, des Guinéens de toutes les régions étaient venus très nombreux et, comme on manquait de structures adéquates pour nos réunions, je regroupais les jeunes dans ma chambre universitaire que je partageais avec des amis qui avaient des problèmes d'hébergement », précise Ousté. La solidarité entre les Guinéens affichée aujourd'hui par les associations existait déjà.

Les objectifs du groupement étaient d'ordre culturel et d'entraide mutuelle. "Guinée Football Club" créé en 1970 durera jusqu'en 1976, période pendant laquelle, les membres organisèrent chaque année le tournoi "Amical Cabral" avec une participation de Camerounais, de Sénégalais, de Maliens, de Marocains, de Tchadiens, etc. Cette compétition fut remplacée par "le tournoi des cinq nations" avec l'inscription d'équipes françaises, allemandes et danoises.

La première association des ressortissants guinéens en France - d'envergure nationale - fut créée le 5 avril 1978 à Paris. Son siège était situé sur la rue Vaugirard, au 6e arrondissement, chez un particulier.

Déjà en 1960 a été créé le Regroupement des Guinéens de l'extérieur (RGE) dont le siège se trouvait à Abidjan. Il avait pour vocation le regroupement des Guinéens de l'extérieur aussi bien en Afrique qu'en Europe. Cette structure n'avait pas perduré, elle se vite estompée après le « débarquement portugais » à Conakry du 22 novembre 1970. Débarquement qui consistait à libérer des Portugais emprisonnés par Sékou Touré et avait pour but de « renverser le régime ». La première avait réussi, mais la seconde s'est terminée par une répression sanglante et la pendaison de plusieurs « comploteurs » et, des jugements de contumace à l'encontre des membres du RGE dont Houphouët Boigny s'empressa de dissoudre.

Au même moment, existaient au Sénégal et en Côte d'Ivoire des associations guinéennes plus structurées qui soutenaient les actions du RGE. Autant d'associations en « terres ennemies » qui renforçaient les soupçons de Sékou Touré sur l'implication de sa diaspora et de ces pays dans des tentatives pour renverser son régime et servir de base arrière aux impérialistes français. D'où une certaine méfiance et l'arrogance des Guinéens de l'intérieur à l'égard des Guinéens de l'extérieur, montés spécialement pour, par une idéologie marxiste et patriotique prônée par le régime en place.

Avec la normalisation des relations franco-guinéennes en 1975 - grâce à la médiation d'André Lewin et la volonté politique du Président V.G D'Estaing - les autorités politiques guinéennes impulsèrent un nouveau rapprochement avec les Guinéens de l'extérieur par les services de son ambassade en France. En 1978, fut créé à cet effet l'Amical des Jeunes Guinéens de France (AJGF). Des représentations et des implantations furent instaurées en France, notamment à Reims, Lyon, Toulouse, Grenoble, Nantes, Marseille, Bordeaux, Lille... Toutes fois, une partie de la diaspora vécut mal le rapprochement avec le pouvoir central de la Guinée, « lequel a passé tout son temps à traquer les Guinéens de l'extérieur » selon les détracteurs. Cette frange qualifiait ce rapprochement de piège tendu, d'où des fluctuations, des divisions et des désistements au sein même du bureau exécutif. Cette association organisa avec l'ambassade la première visite de Sékou Touré à Paris en 1978. Elle continua ses activités jusqu'en 1984, date de la mort du président et la prise du pouvoir par le CMRN.

« Dés le retour de V.G.D'Estaing de la Guinée en 1978, Sékou Touré m'avait confié sa volonté de construire à Paris un Centre culturel pour nous permettre de nous réunir loyalement. Malheureusement, ce Centre n'a jamais vu le jour et jusqu'aujourd'hui le combat de voir une telle structure nous préoccupe » raconte notre interlocuteur.

En 1986, l'Amical des Ressortissants Guinéens en France fut remplacé par le Bureau de Liaison des Associations des Ressortissants Guinéens en France (BLARGF). Celle-ci prépara à son tour la première visite officielle du président Lansana Conté en France, en 1987. En 1996 fut créée la

Coordination des Associations Guinéennes de France (CAGF) sous l'impulsion de quelques personnes chargées d'accueillir le premier ministre guinéen M. Sidya Touré en visite officielle en France. La CAGF regroupe une dizaine d'associations. Des possibilités de regroupement des associations des Guinéens en Europe commencent à être envisagées avec la création du ministère de l'Intégration africaine et des Guinéens de l'étranger. La plupart des anciens membres de l'Amical militent aujourd'hui au sein de l'Association des Cadres et Techniciens Originaires de la Guinée (ACTOG), grâce à laquelle ils ont effectué plusieurs missions d'enseignement en Guinée dans le cadre du TOKTEN. Parallèlement à ces associations d'envergure nationale, il a existé des associations régionales, notamment Télémélé Solidarité. Malgré le caractère apolitique des associations guinéennes d'envergure nationale, elles ont toutes été créées sous l'impulsion des autorités politiques, dans un but de recevoir un représentant de l'État en déplacement à Paris, au départ. Elles font offices de représentativité de la communauté guinéenne en France dont à besoin tout homme politique en visite dans un pays où le sien compte une forte communauté.

Pendant les premières périodes des migrations guinéennes, les lettres et les remises constituaient l'unique moyen pour communiquer avec les proches de l'intérieur et leur envoyer de l'argent. Il n'existait pas de banques et des agences de transfert, ni officielles, ni souterraines. Et comme il était difficile de convertir les devises étrangères en Syli - monnaie locale - on trouvait d'abord une équivalence en francs CFA dans les pays frontaliers pouvant quant à eux être monnayés plus facilement à Conakry auprès des commerçants qui en avaient besoin pour l'achat de marchandises à l'étranger. Cependant, des problèmes sont souvent enregistrés avec ce genre de transaction : les gardes frontalières pouvaient soustraire la remise ou les biens.

Malgré la diversité de nos sources de recherches, on ne dispose pas de statistiques fiables sur le nombre de Guinéens en France durant les vingt-cinq années de règne de Sékou Touré. À cette époque, il était difficile de comptabiliser le nombre de Guinéens qui y vivaient. La plupart fuyaient la dictature et les personnes trouvaient imprudent de se faire enregistrer aux services consulaires, au risque de se faire repérer.

A la prise du pouvoir par les militaires en 1984, nul ne pouvait chiffrer avec précision le nombre d'émigrés guinéens. Néanmoins, une enquête menée en 1984 et publiée dans la revue "Politique Africaine N° 36" (repris par Camara, 2004) estimait à environ deux millions de Guinéens vivant à l'étranger. Ces statistiques se répartissent comme suit :

Côte d'Ivoire : 630.000

Sénégal : 590.000

Liberia : 230.000

Sierra Léone : 220.000

Mali : 90.000

Guinée-Bissau : 50.000

190.000 autres étaient repartis dans d'autres pays africains (Nigeria, Togo, Gambie, Ghana, Zaïre, etc.) et en outre-Atlantique (France, Belgique, Espagne, Canada, USA…) pour un total de deux millions avec une population intérieure estimée à environ 5 millions (Camara, 2004). Soit prés d'un Guinéen sur trois vivait à l'étranger. A partir de 1985, d'autres se retournèrent pour occuper d'importantes fonctions ou pour mener des activités commerciales importantes. Plusieurs anciens exilés furent nommés ministres, et des grands commerçants qui ont fait fortune dans la sous-région ouvrirent des grands commerces. Mais l'espoir du changement tant attendu tourna pour certains à la désillusion et provoqua de nouveau une forte émigration à partir de 1990, date des premières élections présidentielles, très contestées. Le nouveau code d'investissement de 2000, censé attirer les Guinéens de l'extérieur n'a pas suffi à stopper l'émigration massive.

SECTION III : LES NOUVELLES CAUSES DE L'ÉMIGRATION GUINÉENNE

La politique n'est pas la seule cause de l'émigration massive des Guinéens car, malgré la politique d'ouverture des nouvelles autorités envers la diaspora, les Guinéens continuent en grand nombre à prendre d'assaut les ambassades et même des embarcations de fortune pour émigrer en Occident.

Les causes des départs sont nombreuses et variées. En effet, la migration constitue pour la majorité des Guinéens interrogés, la réponse à une série de questions dont on peut regrouper en deux grandes catégories : les causes endogènes ou facteurs de départ et les causes exogènes ou facteurs d'attraction.

Parmi les principaux facteurs endogènes, nous avons :

- les dissensions politiques qui ont entrainé la peur et l'insécurité ;

- la mauvaise gouvernance entraînant le népotisme, la corruption et le clientélisme ;

- le commerce, tradition séculaire des populations du Fouta et de la Haute Guinée, principales zones d'émigration ;

- la pauvreté galopante ;

- le manque de perspectives professionnelles et le chômage ;

- la décadence du système éducatif, etc.

Parmi les causes exogènes, nous avons retenu :

- la perspective d'une plus grande liberté et d'une plus grande sécurité à l'étranger ;

- la disparité des revenus entre les pays d'accueil et la Guinée ;

- les meilleurs débouchés en main-d'œuvre à l'étranger ;

- le meilleur développement technologique ;

- le niveau de vie plus élevé dans les pays d'accueil ;

- la sécurité sociale et sanitaire plus attractive ;

- l'assurance d'une bonne formation pour les enfants, etc.

En effet, aux causes politiques de la migration sous le premier régime, se sont ajoutées des causes économiques et conjoncturelles. Dans les années 1970, « le total des salariés guinéens se chiffrait à 2,5 % de la population guinéenne, les cadres supérieurs à 0,07 % et les cadres techniques à 0,18 %» (Rivière, 1976, cité par Barry, 2000). Depuis, il n'y a pas eu un accroissement significatif du nombre de salariés dans le secteur moderne. Les faibles performances économiques auraient plutôt entraîné une croissance de l'économie informelle. Les chiffres de l'AGUIPE (2000) indiquent que la structure de l'emploi repose sur trois secteurs :

1)- la Fonction publique avec 58.147 emplois ;

2)- le secteur privé moderne avec 20.625 emplois ;

3)- le secteur informel sédentaire avec 69.808 emplois ;

4)- à ces secteurs, s'ajoutent d'autres emplois précaires : les emplois cachés et ceux des apprentis, soit 55.710 emplois.

Cette situation laisse à croire que la précarité et le sous-emploi sont les caractéristiques du marché de travail guinéen, autant des facteurs qui poussent les personnes à émigrer.

La découverte dans la soute d'un avion de la Sabena en 1999, des corps de deux adolescents guinéens, Fodé Tounkara et Yaguine Koita, confirme la tendance à émigrer par tous les moyens.

Suivant les statistiques de délivrance de visas par l'Ambassade de France en Guinée, le Consulat aurait délivré en 2004, 800 visas étudiants et 1.200 en 2005. Mais dans le groupe de 2004, seuls 500 se seraient inscrits dans des universités françaises. De même, en 2005, seuls 600 se seraient présentés aux établissements d'accueil. Soit pour chaque année, seulement 1 étudiant sur 2 qui se présente à l'université après l'obtention de leur visa. Que deviennent les autres ? D'où encore les difficultés à ouvrir un registre exact de la présence des jeunes étudiants en France à partir des statistiques de délivrance de visas dans les consulats. De façon officielle, il n'existe encore aucun chiffre sur le nombre de Guinéens en France. À défaut des statistiques fiables, on doit se contenter d'estimations qui prétendent que le nombre de Guinéens vivant à l'étranger constitue prés de 30 % de la population guinéenne (estimée à 9 millions en 2000), soit 3 millions. En France, ils seraient entre 12.000 et 15.000 environ. Ces chiffres sont discutables car d'aucuns pensent qu'ils sont en deçà du nombre exact.

D'autre part, en comparant les chiffres de la migration d'avant et d'après Sékou Touré, on se rend compte que les incitations de retour et la fermeture du camp Boiro n'ont pas suffi à ralentir les flux migratoires. Le nombre estimé de migrants d'aujourd'hui (3 millions) est presque le même que celui de 1984 (2 millions) en suivant une proportionnalité avec le nombre d'habitants (5,5 millions en 1984 contre 9 millions en 2003, RGP). Simplement de nos jours, les causes économiques ont remplacé les causes politiques car les nouvelles mesures économiques inspirées du libéralisme mises en place par le CMRN en 1985 eurent des conséquences drastiques. Avec les PAS, ce fut le licenciement de fonctionnaires, la fin des embauches automatiques à la Fonction publique, le désengagement de l'État du secteur productif, la privatisation des entreprises productives, etc.

Ces dernières, faute de moyens et de gestion rigoureuse tombèrent pour la plupart en faillite et fermèrent leurs portes (AGUIPE, 1999). D'où le chômage chronique, le sous-emploi, la précarité, le développement du secteur informel et des inégalités socioprofessionnelles (Barry, 2004). Touré (2000) estime que c'est la période d'adaptation difficile au nouveau système capitaliste qui est la cause des désagréments. Il pense que les populations et l'État guinéen étaient mal préparés pour accueillir ce changement si brusque qu'il ne pouvait engendrer que des conséquences sociales graves. Le changement a été brutal. Passer d'un système socialiste où les produits de premières nécessités sont gratuitement distribués, à un système qui exige beaucoup de rigueur est souvent dur. Brusquement, le chômage a explosé et les gens qui obtiennent de diplômes ne trouvèrent plus du travail.

Le point culminant de cette émigration, version « économique » est atteint à partir des années 1990, et accentué en 1998 d'après des croisements entre la date de sorties de plusieurs migrants interrogés en Europe. La première date correspond aux premières élections présidentielles organisées au pays, époque pendant laquelle beaucoup comprirent que le changement tant attendu tarderait à venir et que l'alignement politique pourrait conditionner toute réussite tant administrative qu'économique. Les personnes retournées après le rappel des Guinéens de l'extérieur par le nouveau régime reprirent aussitôt le chemin. L'année 1998 correspond quant à elle à la réouverture de la section culturelle de l'Ambassade de France en Guinée qui consacra la venue d'une première vague importante d'étudiants guinéens. Elle correspond aussi aux casses des maisons à Kaporo Rails. Plusieurs migrants rencontrés en Espagne et en Allemagne nous disent revenir ou venir pour la première fois à cette période. D'aucuns avaient « serré la ceinture » pour se faire construire une maison dans la zone. Mariés, ils avaient décidé d'y vivre avec leur nouvelle famille. Malgré le désespoir, l'amertume, la rancœur suscités après ces événements, ils décidèrent de refaire le chemin pour tenter une nouvelle chance. Dans le même temps, la guerre civile en Sierra Leone et au Liberia, rendait aléatoire certains échanges transfrontaliers. Le Sénégal, la Côte d'Ivoire et le Mali constituent encore les principales zones de transit.

Cette nouvelle sortie massive fut facilitée par l'ouverture de nouveaux consulats européens (Suisse, Grande-Bretagne, Belgique…) et par la découverte de nouvelles pistes d'entrée en Europe, notamment celles du détroit de Gibraltar et les enclaves espagnoles de Ceuta et Melilla, au Maroc. En effet, un nombre important emprunte le détroit de Gibraltar et les côtes siciliennes dans des embarcations de fortune (où en 1998, les autorités avaient annoncé la mort de 5 passagers guinéens lors d'une traversée). Après deux à six mois dans des camps de réfugiés espagnols ou italiens, ils regagnent l'intérieur du continent européen où des compatriotes se chargent de les accueillir.

Mais à la différence des Maliens, il n'existe pas encore un réseau guinéen d'accueil des nouveaux arrivants bien formaté. Souvent la décision d'émigrer est prise par la seule personne en situation d'émigration. Elle nourrit seule le désir de partir, effectue des démarches - souvent en cachette - , avertit ou surprend ses proches dés l'obtention du visa et, alerte quelques connaissances en Europe de leur prochaine arrivée. En terre d'accueil, les nouveaux arrivants passent quelque temps chez des amis : « je préfère rester chez des amis en attendant (…), que d'aller chez un parent ». Ils soutiennent être mieux servis par les amis que par les parents. Ils évitent par là les éventuelles "vantardises" des proches qui pourraient se vanter d'avoir contribué à leur éventuelle « réussite ». D'où le renforcement d'un individualisme de plus en poussé chez les migrants guinéens. D'autre part, si chez les Maliens, les nouveaux arrivants sont contrôlés et orientés par les aînés, chez les Guinéens, chacun essaie de se créer un chemin une fois sur place, selon les circonstances, les opportunités et les conditions d'accueil, d'où la grande liberté qu'ont les migrants d'adhérer ou non aux associations. D'ailleurs, la plupart ne trouve pas d'intérêt à y adhérer. Au lieu d'être des associations de substitution à la communauté d'origine pour contrôler et faire participer obligatoirement les membres au développement des sociétés d'origine (comme chez les Soninkés), généralement les associations guinéennes sont plutôt des organisations d'assistanat social pour les migrants membres.

SECTION IV : LES NOUVELLES DESTINATIONS DES MIGRANTS GUINEENS

Pour les zones de départ et de destination, nous avons décelé deux formes de migration en Guinée : la migration interne et régionale - de loin la plus importante - et la migration transnationale. Pour la première forme, les principales zones d'émigration sont la Moyenne Guinée, alors que les zones d'immigration sont Conakry et la Basse Guinée.

Quant à la migration internationale, elle a pris une ampleur plus massive depuis l'ouverture du pays à l'extérieur en 1984, suite à l'avènement de la deuxième République. Les principales destinations sont l'Afrique de l'Ouest (Côte d'Ivoire, Sénégal, Gambie et Mali) ; l'Afrique Centrale et Australe (Angola, Gabon) ; l'Afrique du Sud ; l'Europe (France, Belgique, Allemagne, Hollande, Suisse, Espagne) ; l'Amérique (USA, Canada et Mexique) ; les pays arabes et asiatiques (Maroc, Arabie Saoudite et Chine).

Ces destinations ont varié d'une époque à une autre suivant les perspectives économiques des pays d'immigration et la situation sociopolitique en Guinée. Au temps de la colonisation, on pratiquait le naïvétanat, la destination privilégiée était le Sénégal pour les cultures vivrières, notamment l'arachide. Avec l'essor économique de la Côte d'Ivoire, les Guinéens y ont trouvé un refuge pour fuir les exactions politiques commises par le premier régime. Depuis, ces deux pays sont devenus des zones de transit pour les migrants guinéens en partance pour l'Europe.

SOUS-CHAPITRE II : LES ASSOCIATIONS DE MIGRANTS GUINÉENS

En France, nous avons dénombré plus de cent associations guinéennes. Leurs objectifs statutaires se résument principalement à l'envoi de matériels hospitaliers et scolaires, à la construction d'infrastructures communautaires (écoles, centres de santé, forages…), au développement local, au partage d'expériences culturelles avec la société d'accueil, etc. Ces objectifs recouvrent donc plusieurs domaines : santé, éducation, développement local…Toutes sont reconnues par la Loi 1901 et 80 % d'entre elles procèdent par élection pour désigner les membres de leur bureau exécutif. Parmi les membres des différents bureaux, les postes de président, de secrétaire général et de trésorier sont omniprésents dans toutes les associations. Le poste de trésorier est généralement confié à une femme.

Un grand nombre de ces associations ont des représentativités à Conakry. Nous verrons dans les chapitres suivants, le fonctionnement de ces associations aussi bien en France qu'en Guinée, ainsi que les ONG associées.

SECTION I : CLASSIFICATION ET FONCTIONNEMENT DES ASSOCIATIONS GUINÉENNES

De par leur nom et leur étendue géographique, on peut classer les associations guinéennes en huit catégories : les associations inter-villageoises ou communautaires (sous-section I), les associations préfectorales (sous-section II), les associations régionales (sous- section III), les associations nationales (sous-section IV), les associations féminines (sous-section V). D'autres associations sont baptisées suivant la nature de leurs activités ou suivant leur lieu de résidence (sous-sections VI et VII). Nous avons aussi des associations politiques (sous section VIII) et culturelles. Pour chacune de ces associations, nous présenterons un exemple type tiré par hasard parmi les associations du même genre afin de différencier leur fonctionnement par rapport aux autres types d'associations.

À la fin de ce sous-chapitre, nous présenterons une liste non exhaustive des associations guinéennes recensées en France (section IX). Néanmoins, dans l'ensemble, on note moins d'associations issues de la Guinée Forestière par rapport à celles des trois autres régions.

SOUS-SECTION I : LES ASSOCIATIONS INTER-VILLAGEOISES ET COMMUNAUTAIRES

Ce type d'associations regroupe des ressortissants d'une même communauté habitant dans une même zone géographique (de plusieurs villages et districts). Elles portent le nom de la CRD d'origine ou font référence à une appellation socio-historique commune. Comme il est difficile d'avoir un nombre important de personnes venant d'un même village dans une seule et unique ville européenne (la proportion serait très faible), les militants associatifs réunissent des personnes venant d'une même collectivité plus large. Il peut s'agir de deux ou de plusieurs districts. Souvent, les militants appartiennent à une même ethnie ou partagent des valeurs et une histoire communes. L'occupation des espaces suivant un ordre ethnique naturellement préétabli en Guinée est un facteur qui prédispose à ce genre d'organisations. Ces associations s'occupent surtout de la rénovation et de la construction d'écoles, de centres de santé et l'ouverture de pistes rurales. En effet, dans certaines localités, il n'existe pas d'établissement secondaire pouvant accueillir les jeunes une fois le cap du CEEP (Certificat d'études élémentaires et primaires) franchi. Les jeunes admis sont obligés d'émigrer au centre-ville ou de parcourir des longues distances pour poursuivre leurs études. Tous n'ont pas la chance d'être accueillis au centre-ville, d'où des abandons importants. Certains migrants ont bien connu cette situation pendant leur scolarité. Pour pallier à ces conditions d'études précaires, les militants de la zone s'associent pour construire une école ou un collège. Cependant, la construction de lycée est encore réservée à l'État et au secteur privé. La prise en charge du personnel enseignant est très coûteuse. Vu le nombre important de districts associés, les zones choisies sont souvent situées à proximité d'un marché, d'un terrain de football ou d'une place publique symbolique, de sorte à atténuer les querelles de distance que peuvent engendrer ce genre de réalisations d'intérêts communautaires. Il en est de même pour les centres de santé ou la construction de forages. Mais, il se pose souvent le problème de personnel car si les associations sont capables de financer la construction de telles structures, il est difficile pour elles de recruter et de rémunérer le personnel, nécessaire au fonctionnement. Elles sollicitent alors l'apport de l'État ; des sollicitations qui restent souvent sans suite. On peut voir dans certaines localités, des écoles et des centres de santé tombés en ruine, faute de personnel et de pérennisation ; sujet de découragement pour beaucoup des militants. Mais, les réalisations les plus importantes de ces associations restent la construction de mosquées, qui elles, ne demandent pas trop de moyens d'entretien et de fonctionnement. D'autre part, si la construction d'une école peut parfois être sujette d'altercations, celle des mosquées est souvent partagée par la majorité, soit parce que tous les militants sont profondément attachés à la religion, soit parce que personne ne veut être stigmatisé par la société pour la construction d'un édifice religieux, trop prisé par les populations locales.

Cependant, malgré l'importance accordée au financement des édifices religieux, nous n'avons vu mentionné dans le statut d'aucune association ce genre d'objectif. En outre, pour celles se trouvant en Guinée - hormis celles qui sont érigées en ONG - cet aspect figure souvent dans leurs priorités. Les objectifs des associations-ONG sont définis suivant les buts recherchés par les bailleurs de fonds car il est peu probable d'avoir une subvention publique et même privée pour construire des mosquées. Tout de même, cela peut intéresser des grandes « fortunes » issues de la localité et des pays du Golfe.

Les principales ressources de ces associations sont constituées des cotisations des membres et d'importants dons privés. Il arrive souvent qu'une riche personne issue de la localité - basée à l'intérieur ou à l'extérieur - prenne entièrement en charge la construction d'une mosquée. Les rivalités entre les localités aidant, on assiste à une prolifération de construction de mosquées.

Parmi ce type d'associations, citons en exemple l'association des ressortissants de Bissikirima (ARB). Selon le président de ladite association, elle aurait participé à la construction et à l'agrandissement du collège et, à l'installation d'une bibliothèque dans le village.

Comme la plupart des associations, elles manquent de rigueur structurelle et souffrent du désintéressement de la part des pouvoirs publics.

SOUS-SECTION II : LES ASSOCIATIONS PRÉFECTORALES

Les associations préfectorales regroupent des personnes d'une même préfecture ou ayant des affinités - historiques ou culturelles - avec la préfecture en question. Ce sont généralement des personnes originaires des centres-villes, les autres préférant militer au sein des associations inter-villageoises dont ils sont originaires. Elles portent le nom de la préfecture, comptent plus d'adhérents et bénéficient d'une crédibilité plus large auprès des bailleurs de fonds et des collectivités de coopération décentralisée. Elles figurent parmi les premières associations à être agréées en France. Leurs activités se résument principalement à l'envoi de fournitures scolaires et hospitalières et, à la rénovation de salles de classe. Les destinataires de ces fournitures sont surtout les écoles secondaires, les centres de santé situés en milieu urbain où on suppose que les intérêts sont plus partagés. Au-delà de leur intérêt communautaire, ces structures peuvent susciter une source de défi et de concurrence envers les préfectures voisines, d'où l'intérêt pour les militants de réunir plus de ressources pour réaliser leurs desseins, au risque de rester à la marge du développement local. Dans leurs différentes assemblées, on entend souvent comparer leurs réalisations à celles des autres associations proches de leur localité, ou que l'on tente de s'inspirer des modèles des voisins.

En France, ces associations multiplient les demandes de subventions auprès des collectivités décentralisées de solidarité internationale. Mais elles sont peu formées au montage de projets associatifs et elles obtiennent par conséquent peu de résultats satisfaisants. Elles ont aussi des difficultés pour recouvrir les cotisations des membres. L'absence de sanctions et de reconnaissance morale pour les plus actifs empêche encore de mobiliser d'importants fonds de la part des migrants. Ces associations ont souvent aussi des problèmes internes liés à la mauvaise gestion des ressources.

En guise d'exemple, citons l'association des ressortissants de Mamou (ARK) créée en 2000. Elle avait bénéficié d'un financement de la région d'Ile-de-France en 2007 pour l'adduction d'eau dans 5 villages et la rénovation d'une école primaire au centre-ville de Kindia (Guinée Maritime). D'autres associations préfectorales ont obtenu en 2012 des financements du FORIM (Forum des organisations issues de la migration) pour des réalisations d'intérêts communautaires liées aux Objectifs millénaires du développement (OMD). Ces associations sont celles de Mamou, Télémélé, Tougué…

SOUS-SECTION III : LES ASSOCIATIONS RÉGIONALES

Elles portent des dénominations des régions naturelles qui composent la Guinée (exemples : association des ressortissants du Fouta Djallon, association des ressortissants de la Forêt…). Elles le sont uniquement par le nom, car leurs activités sont centrées sur des localités plus restreintes, voire un district. Les buts affichés sont d'ordre général et peu précis. L'objectif est de rassembler plus de personnes autour des idéaux pour lesquels un public plus large puisse se reconnaître.

L'association humanitaire de la Guinée Forestière (AHGF) est un exemple. Parmi ses objectifs, on peut lire : « envoi de matériels hospitaliers et scolaires en Guinée Forestière ». Mais aucune réalisation n'a encore été déclarée par l'association. Les associations régionales n'enregistrent pas beaucoup d'adhésions individuelles. Très sensibles à la politique, elles ne suscitent pas un grand intérêt pour le développement local. Elles disent être des appuis aux associations préfectorales qui sont censées les composer. Les personnes préfèrent militer au sein des associations locales (inter-villageoises ou préfectorales) où elles pensent être plus proches de leurs communautés.

SOUS-SECTION IV : LES ASSOCIATIONS NATIONALES

Ce sont des associations fédératives qui regroupent plusieurs associations préfectorales. Parmi elles, nous avons la Coordination des associations guinéennes de France (CAGF).

La CAGF a été créée en 1996, à l'occasion de la visite du premier ministre guinéen à Paris, M. Sidya Touré, avec le soutien de l'Ambassade de la Guinée. Elle s'est fixé pour but de doter les associations guinéennes d'une instance représentative auprès des autorités politiques françaises et guinéennes. Parmi ses objectifs, on peut lire entre autres :

- promouvoir les projets portés par les associations envers la Guinée ;

- favoriser le rapprochement entre les Guinéens de l'extérieur et ceux de l'intérieur, et maintenir une solidarité entre la communauté guinéenne en France.

Parmi les actions réalisées en Guinée, d'après son président, on peut citer le soutien à :

- la restauration du site négrier de Benty, à Forécariah en 2003 par l'association Créneau de Samou ;

- la construction d'une école primaire dans la région de Kindia par l'association Mont Gangan ;

- la construction de deux salles de classe de niveau primaire dans la région de Boké en 2004 par l'association les Amis de Kakandé ;

- l'envoi en Guinée d'équipements médicaux par l'association Mission Itinérante, etc. (LAF, 2006).

En outre, la CAGF a obtenu la labellisation d'« opérateur d'appui aux associations porteuses de projets » au sein du FORIM ; label qui l'a permis d'accompagner des associations guinéennes pour monter des projets et d'obtenir des financements. Plusieurs organisations guinéennes issues de la migration (OSIM) ont obtenu cet appui et des financements depuis 2011.

Les principales ressources de l'association sont constituées des cotisations des associations membres (50 euros chacune/an), des subventions publiques et des dons privés. À caractère apolitique, elle est dirigée par un bureau exécutif dont les membres sont élus pour une durée de deux ans renouvelables. Elle tient des permanences et convoque souvent des AG. Sur la base de la liste détenue par l'association, on a dénombré 150 OSIM guinéennes.

Cependant, cette coordination fait l'objet des vives critiques. D'une part, on la traite de régionaliste et un penchant pour la politique. D'autre part, on l'accuse de détournements (notamment en 2007, dans « l'affaire association Mont Gangan »). Le Conseil des sages a eu à gérer des dossiers conflictuels de ce genre.

Cependant, il est difficile de qualifier ses responsables de régionalistes car depuis sa création, les différents présidents qui s'y se sont succédé sont pour la plupart originaires des régions différentes. Les divisions internes, l'absence de ligne directrice claire, le manque du soutien de l'Etat guinéen… la freinent dans la réalisation de ses grands objectifs. L'association manque aussi de moyens car la plupart des associations membres ne paient pas leurs cotisations.

En juin 2007, nous avons assisté au renouvellement du bureau exécutif dont le mandat était arrivé à terme. Cette rencontre a été qualifiée de « honteux » tant les affrontements directs entre membres et candidats, le désordre et les appels au boycott étaient grands. De ces divisions, deux bureaux parallèles furent créés au sein de l'association : d'une part, les nouveaux élus et d'autre part, le bureau sortant qui avait contesté les résultats et s'obstinèrent à quitter les commandes.

Une autre association fédérative est la FAGAF. Elle fut créée en 2002 par des chefs de famille qui se retrouvaient chaque soir pour lire le coran dans une mosquée parisienne. L'objectif de départ était de trouver un lieu propice à leur lecture. En 2007, elle regroupait plus de 10 associations. Elle assiste des étudiants pour trouver des stages professionnels et à envoyer des outils didactiques (cahiers, ordinateurs…) à l'université de Labé et à des écoles élémentaires de Mamou. Elle organise régulièrement des conférences portant sur des thèmes d'actualité : « coopération et investissement en Guinée », « associations et co-développement », etc. Elle s'est finalement érigée en

ONG. Mais certains la traitent de régionaliste car, on ne compte au sein de son Conseil d'administration que des associations originaires du Fouta Djallon et on prête à ses dirigeants des ambitions politiques, basées sur des critères ethniques.

SOUS-SECTION V : LES ASSOCIATIONS FÉMININES

Naguère quasi-absentes sur la scène associative guinéenne, les associations féminines ont fait leur apparition à partir de 2004. Généralement constituées de femmes mariées, leurs objectifs sont centrés sur l'amélioration des conditions de vie des femmes et la scolarisation des filles en Guinée d'une part, et sur la défense des droits et l'alphabétisation des femmes en France, d'autre part. Depuis que l'État français a placé les questions des femmes immigrées au centre de l'intégration et la réussite des enfants issus de l'immigration, les associations féminines sont encouragées et soutenues financièrement. Toutes fois, les associations féminines guinéennes ne sont pas encore très dynamiques et leurs activités sont plus orientées en terre d'accueil que celle d'origine où, elles semblent rencontrer quelques réticences pour leur affirmation. La culture guinéenne étant peu habituée à ce type d'associations, elles sont plutôt phagocytées par des « sérés »[9]. Le manque de temps et des moyens des adhérents sont en outre des facteurs qui retardent leur évolution.

L'association Femmes Unies pour le Développement de la Guinée et de l'Afrique (FUDGA) existe depuis 2002. Elle a pour objectifs d'accompagner les femmes dans leurs démarches d'intégration en France et d'appuyer des initiatives de création de coopératives en Guinée.

En outre, il y'a d'autres associations défendant aussi des droits des femmes, mais dont les dirigeants sont essentiellement constitués d'hommes (exemples : l'association pour la promotion de la femme guinéenne et Séré Hermakonon). Ce sont généralement des associations « opportunistes » qui jouent sur l'intérêt que peut susciter leur objet pour les institutions financières, le genre étant un sujet qui intéresse de plus en plus les bailleurs de fonds.

SOUS-SECTION VI : LES ASSOCIATIONS PROFESSIONNELLES

Elles rassemblent des cadres, des techniciens et des universitaires exerçant dans les domaines de la recherche, la santé, l'enseignement, etc. On peut retrouver leurs membres aussi bien au sein des associations communautaires

---

[9] Groupements de femmes

ou régionales qu'au sein des associations fédératives. Les militants ont pour la plupart des ambitions professionnelles et politiques en Guinée et pensent s'y insérer plus facilement par le biais de l'association. L'association des cadres et techniciens originaires de la Guinée (ACTOG) est la plus connue parmi elles.

En effet, l'ACTOG fut créée en 1986 pour répondre aux demandes du PNUD et de l'Etat guinéen pour la mise en œuvre du projet TOKTEN. Elle est souvent citée en exemple par nos répondants sur l'efficacité de ses interventions dans les services de l'enseignement supérieur et hospitalier. Cette efficacité est marquée par :

- le transfert de connaissances à travers des cours et des ouvrages didactiques dans les institutions d'enseignement supérieur et technique ;

- le transfert de matériels, d'équipements hospitaliers dans des services de santé, à la demande des hôpitaux ;

- la participation à des états généraux sur l'éducation en Guinée, etc.

La Guinée fut l'un des premiers pays à pouvoir bénéficier du projet TOKTEN en partenariat avec le PNUD qui finance des séjours de cadres dans leur pays d'origine afin de les faire participer au développement scientifique et technique, au lieu et à la place d'expatriés, très coûteux. Le système consiste à recruter des cadres en activité dans des pays développés et à financer leur séjour professionnel dans leur pays d'origine, soit pour donner des enseignements au niveau supérieur, soit pour prêter leurs services dans des centres hospitaliers qui en éprouvent le besoin, ou encore pour répondre à des besoins administratifs (élaboration des politiques de gouvernance, participation à des journées de réflexion...). Pour le PNUD, ils seraient les mieux placés pour satisfaire les demandes de leur pays en la matière. En Guinée, le programme a permis de financer le séjour professionnel de plusieurs cadres, notamment Ousté, qui nous a raconté comment se déroule une mission TOKTEN :

« J'ai été choisi pour donner des cours d'économie aux universités de Conakry et de Kankan. Je percevais 100 dollars par jour, une somme importante et suffisante pour satisfaire largement mes besoins sur place. Cette somme me permettrait de garder un train de vie au-dessus de la moyenne, de financer les travaux de construction de ma villa, de subvenir aux besoins de ma famille et de quelques proches. Mais les jalousies décelées chez les fonctionnaires locaux et la reprise des commandes du programme par le ministère guinéen de la Coopération incitèrent à baisser ce rabattement à 70 dollars par jour. La reprise du système par les autorités guinéennes entraîna une gabegie dans la gestion et engendra des détournements des fonds accordés par le PNUD. Finalement, l'institution décida de suspendre le programme TOKTEN envers la Guinée. Depuis l'ACTOG mène des démarches sans cesse pour la reprise du programme ».

En outre, « les autres pays comme le Mali et le Sénégal qui se sont inspirés du modèle guinéen continuent de bénéficier du fonds onusien des transferts des connaissances expatriées envers les pays d'origine » ajoute un dirigeant de l'association.

D'autre part, d'après quelques membres du bureau exécutif, l'ACTOG aurait participé aux réformes de l'enseignement supérieur et envisage d'autres actions envers la Guinée, dans le domaine de l'enseignement technique et professionnel.

Une autre association professionnelle qui intervient en Guinée par l'envoi de matériels ophtalmologiques est l'association d'Ophtalmologie Franco-Guinéenne (AOFG), créée en 1994. Nous avions visité un centre ophtalmologique à Conakry que l'association a équipé, au sein de l'hôpital « Les Flamboyants », sis à Simbaya, dans la commune de Ratoma. Une équipe venant de la France y effectue chaque année des consultations pour lutter contre la cécité. Le Centre est très fréquenté par des patients venus de toutes les régions de la Guinée.

SOUS-SECTION VII : LES ASSOCIATIONS ESTUDIANTINES

Les associations estudiantines existent dans toutes les provinces de la France où l'on peut compter un nombre important d'étudiants guinéens. Elles ont commencé à avoir de l'ampleur à partir de 1998, suite à la première vague d'étudiants guinéens en France après la reprise de la coopération culturelle franco-guinéenne. Parmi elles, l'association des jeunes guinéens de France (AJGF) est l'une des plus actives.

L'AJGF a été créée en 1997. En 2007, elle a fusionné avec deux autres associations, représentatives des jeunes guinéens d'Ile-de-France (notamment l'association des jeunes guinéens d'Ile-de-France, AJGIF et l'association des jeunes guinéens et sympathisants en France) pour former un seul bureau. Le nouveau bureau exécutif est composé de neuf membres élus et de plusieurs commissions. Ses principaux objectifs sont :

a) - inciter les jeunes guinéens à s'intéresser à l'avenir de la Guinée ;

b) - participer au développement socio-économique et culturel de la Guinée par des manifestations culturelles et des projets de développement ;

c) - créer des partenariats avec des entreprises afin de faciliter l'insertion professionnelle des jeunes guinéens aussi bien en France qu'en Guinée.

Parmi ses objectifs, on remarque que l'association inscrit son cadre d'action dans les deux milieux : en France et en Guinée où, elle a créé en 2008 une association représentative, dénommée « GUINEE FUTURE ». Cette dernière se charge de recueillir les dons envoyés par l'association et procède à leur redistribution sur le terrain, ainsi qu'au suivi des projets cofinancés par l'association.

L'AJGF fut créée à l'initiative de quelques jeunes issus de l'immigration guinéenne. En effet, lorsque des parents immigrés ont estimé la nécessité de rapprocher leurs enfants à la communauté guinéenne, ils organisèrent des rencontres entre leurs progénitures. Devenant de plus en plus nombreux et jugeant nécessaire de planifier des activités culturelles, ils mirent sur place un bureau exécutif, constitué essentiellement de jeunes franco-guinéens avec une large majorité de jeunes femmes. Aussitôt, plusieurs journées culturelles furent organisées. Deux années plus tard, on enregistra l'arrivée des premiers jeunes immigrés au sein de l'association qui finirent par substituer ceux issus de l'immigration dans les instances dirigeantes. Depuis, cette jeune association compte à son actif plusieurs actions orientées aussi bien en France qu'en Guinée, notamment l'organisation de "Miss Guinée France", le premier salon d'emplois guinéo-guinéen à Paris, la rénovation d'infrastructures scolaires en Guinée, des tournois de football, des conférences, etc.

Les principales ressources de l'association sont constituées de leurs activités culturelles, rares sont les membres qui s'acquittent de leurs cotisations.

Mais cette association est encore cataloguée pour ses activités culturelles qui ne concerneraient qu'une frange de jeunes migrants. Parmi les associations des jeunes, on peut citer aussi le Conseil National des Jeunes Guinéens de France (CNJF) avec laquelle l'AJGF partage des objectifs communs.

SOUS-SECTION VIII : LES ASSOCIATIONS POLITIQUES

Les grandes formations politiques guinéennes ont chacune une représentation dans les grands pays européens, notamment en France. La représentation a pour objectifs de véhiculer et de faire la propagande des idéaux du parti. Les représentants sont élus pour des mandats de deux à quatre ans. Comme les autres associations, elles organisent des réunions en Assemblée générale, comptent des membres actifs et permanents, des sympathisants qui s'acquittent régulièrement de cotisations mensuelles ou annuelles. D'autre part, elles semblent être appuyées financièrement par des réseaux parallèles qui trouvent des intérêts en Guinée. La plus grande partie de leur budget de fonctionnement viendrait de ccs réseaux. Leurs leaders ont pendant longtemps séjourné en Europe, y ont fait une grande partie de leurs études et s'y se sont exilés pendant le premier régime pour fuir les poursuites de Sékou Touré. D'après des témoignages, certains de ces leaders ont même été condamnés par contumace en Guinée pour leur éventuelle participation à des complots, notamment celui des enseignants de 1961, mais le débarquement du 22 novembre 1977 est l'un des exemples les plus cités par nos répondants. Pendant leur séjour en Occident, ils auraient tissé des relations qui leur permettent d'avoir des grands soutiens.

Les représentations tiennent périodiquement des AG en présence d'un grand nombre des militants. En outre, la loi française autorise la tenue de réunions de partis politiques étrangers sur le territoire, si fait que la liberté leur est accordée de tenir des réunions dans des structures publiques, souvent octroyées sur simple demande ou louées pour la circonstance. Mais, à la différence des associations, ces représentations n'ont pas des actions publiques concrètes orientées vers la Guinée.

Pour l'une d'elles, le Bureau fédéral de Paris organise des galas de football, des soirées dansantes, des conférences, etc. Leur programme de fonctionnement est décidé en A.G, mais souvent entériné par le Bureau central à Conakry.

Les événements qu'elles organisent représentent un double objectif pour les associations politiques. D'une part, c'est une occasion pour se solidariser avec les électeurs en vue d'une forte adhésion à leurs idéaux, et d'autre part, c'est une opportunité pour s'affirmer aux yeux de la communauté internationale.

Au cours de ces évènements, les représentants des cinq plus grands partis interrogés affirment avoir participé aux changements intervenus en Guinée, soit en participant directement aux manifestations, soit en conduisant des délégations auprès des institutions politiques européennes pour les inciter à durcir les sanctions sur la Guinée en matière de coopération et d'aide, soit encore en aidant financièrement les syndicats guinéens sur place. Leurs interventions permettent également de dénouer le statut juridique de séjour de leurs militants, en situation de refugiés politiques en Europe.

Un grand nombre des militants associatifs partagent leur engagement entre la vie associative et le militantisme politique. On y retrouve toutes les catégories socioprofessionnelles (étudiants, retraités, intellectuels, asilants, etc.). Mais sur la place publique, ils placent l'intérêt associatif au dessus des engagements politiques.

En effet, «(…) lorsque les gens te voient te battre pour un Parti, on te considère comme un opportuniste et un individualiste, alors que dans l'association, tu passes comme un humaniste, soucieux de l'avenir de la communauté » nous confie un militant à Paris.

Ce paradoxe semble exister chez les Guinéens. Individuellement, les gens auraient plus d'intérêts avec les partis politiques au sein desquels ils espèrent bénéficier à la longue d'une place dans l'administration publique de leur pays en cas de victoire de leur Parti. Mais souvent, ils affichent une préférence publique pour le mouvement associatif où ils pensent être plus proches de leur communauté, et mieux serviables. Ce paradoxe a été soulevé par Hunt (1997). Entre les préférences individuelles et l'intérêt communautaire, les communautés affichant une solidarité organique affichent les préférences collectives aux dépens des intérêts personnels pour mieux marquer leur adhésion aux causes communautaires. « Ce fait devient si coercitif, que tout éloignement au profit d'une structure politique est vécu comme une trahison par les pairs et, est souvent sanctionné par l'exclusion ou le bannissement de l'intéressé » (Hunt, ibid.). Ce paradoxe apparaît au sein de la diaspora guinéenne. Bien que la plupart des militants associatifs adhèrent à un parti politique, l'on se méfie ou l'on s'interdit toute connotation politique au sein des associations. Tout comportement contraire fait l'objet de vives tracassions entre les membres et se terminent par des polémiques, souvent transférées sur les sites internet d'information en ligne. En quelque sorte, « pour la diaspora guinéenne, la politique devient l'interdit-nécessaire, une préoccupation majeure dans les "coulisses" et l'ingrédient caché dans la place publique » pensent d'autres militants.

Malgré cela, certains migrants affichent et assument ouvertement leur engagement politique et, d'autres ont une préférence honnête pour le mouvement associatif. Les premiers pensent que la politique est partie intégrante de leur engagement et qu'il est impossible de la scinder de tout activisme communautaire. Par contre, pour le deuxième groupe, la politique guinéenne n'aurait pas encore fait beaucoup des heureux, surtout lorsqu'on appartient à la diaspora. Ils redoutent la trahison, l'ingratitude… qui souvent font offices au sein de ces formations politiques. Dans ce deuxième groupe, on retrouve des anciens membres de partis politiques, probablement déçus par les défaites répétitives de leur formation aux différentes élections en Guinée. Ils ne croient plus à une victoire politique par la voie des urnes.

Comme pour les associations, l'adhésion politique de la plupart des militants est fonction de l'appartenance ethnique du leader : « Les adhésions reproduisent les mêmes modèles que ceux du pays : selon l'appartenance géo-ethnique du leader », remarque un interlocuteur à Metz. Nous avons décelé cet état d'esprit chez un grand nombre des personnes interrogées sur cette question. Des propos du genre : « Si on prend le pouvoir, toute notre communauté aura telles ou telles infrastructures » sont très présents. D'où des divisions et la multiplication des associations fédératives, orientées vers les différentes communautés ethniques.

Parmi les formations politiques fortement présentes en France, nous avons le Conseil Supérieur des Guinéens en France (CSGF), section du Parti de l'Unité et du Progrès (PUP) ; l'Union des Forces Républicaines (UFR), l'Union pour le Progrès et le Renouveau (UPR) (fusion UNR-PRP), le Rassemblement du Peuple Guinéen (RPG), l'Union des Forces Démocratiques de Guinée (UFDG) et l'Union des Forces Républicaines de Guinée (UFRDG). Toutes ont été présidées au départ par des anciens exilés, opposés au régime de Sékou Touré.

En bref, les représentations des formations politiques peuvent jouer deux rôles différents : si elles sont objectives, elles peuvent induire des changements au pays d'origine par leur influence auprès des institutions européennes ; par contre, si elles reproduisent certains comportements inhérents au pays d'origine (adhésion ethnique, querelles internes...), elles peuvent provoquer des divisions et des tensions entre les communautés guinéennes qui, sont de plus en plus profondément divisées.

SOUS-SECTION IX : AUTRES ASSOCIATIONS GUINÉENNES EN EUROPE

On a recensé dans certaines villes européennes des associations guinéennes qui fonctionnent de la même manière que celles que nous avons énumérées dans les sections précédentes. Néanmoins, nous avons pensé nécessaire de reproduire le fonctionnement de l'une d'elles car, si celles de la France se concentrent plus ou moins sur le développement des localités d'origine, celles des autres pays - notamment en Allemagne - ont encore un rôle basé davantage sur l'assistanat social que sur le développement du pays d'origine. À Brême par exemple, le mouvement associatif couvre l'ensemble des communautés guinéennes, c'est pourquoi le nom qu'il porte désigne un regroupement de plusieurs communautés différentes, mais unifiées à travers des objectifs communs. « Djama » est une expression linguistique utilisée dans les trois principales langues vernaculaires de la Guinée. Elle signifie un regroupement de plusieurs personnes ou communautés partageant les mêmes valeurs et les mêmes objectifs.

L'association des ressortissants guinéens de Brême, "DJAMA" compte plus de 90 membres. Nous avions assisté à l'une de leurs assemblées ordinaires qui se tient le 1er dimanche de chaque mois. Ils étaient 32 militants, présents dans un restaurant de masse. D'après leur président, pour chaque réunion, elle peut regrouper une trentaine de personnes car aucun migrant ne veut être à la marge de l'association compte tenu de l'importance qu'elle peut jouer dans certaines circonstances administratives, notamment avec les autorités allemandes de l'immigration (l'Allemagne et la Suisse étant les pays qui expulsent le plus de Guinéens dans l'espace européen). L'association est constituée en grande partie de jeunes immigrés âgés de 24 à 45 ans, en moyenne. Ces jeunes ont en général un niveau de scolarité du secondaire ou ont été alphabétisés à travers des cours d'adulte dans leur pays d'origine ou celui de transit. Cependant, rares sont des étudiants guinéens que l'on peut rencontrer dans la ville. L'Allemagne étant un pays germanophone, le peu d'étudiants guinéens qui s'y orientent résident plutôt à Berlin ou à Hambourg. Par contre, en Allemagne de l'Est, on peut rencontrer des Guinéens sédentarisés, certaines familles proches du premier régime s'y se sont installées, facilitées par les relations entre l'Allemagne "soviétique" et la Guinée.

"Djama" est l'une des associations guinéennes en Europe (hormis les associations estudiantines) qui compte davantage de jeunes. Cela peut s'expliquer par la récente immigration massive des Guinéens en Allemagne de l'Ouest. Dans la ville de Brême, 15 sur 23 des jeunes interrogés affirment vivre en couple mixte ou en situation de concubinage avec une Européenne, contrairement à ceux de la France et de la Belgique, où les jeunes sont plutôt célibataires, et en Espagne où les immigrés ont laissé leurs épouses et leurs enfants au pays - les conditions de regroupement familial étant plus dures dans ce pays. Le mariage est le meilleur moyen pour eux de prolonger légalement leur séjour en Allemagne. Des nombreux mariages sont célébrés au ministère des Affaires étrangères en Guinée pour officialiser ces unions qui permettent au couple de déclencher une procédure de régularisation du conjoint.

Sur les 23 interrogés, 16 travaillent, 1 est en situation de congés et 6 sont en situation de chômage temporaire. Ils travaillent dans le bâtiment (8), l'entretien (ménage et entretien d'espaces verts, 4), le gardiennage (5). Parmi eux, 4 seulement affirment avoir un CDI, les autres sont des intérimaires. Ils disent connaître quelques discriminations, et sont souvent objets d'interpellations policières à leur domicile. L'association intervient surtout pour trouver un avocat pour les membres en situation d'expulsion. Comme toutes les associations de Guinéens, elle organise des rencontres culturelles (soirées, matchs de football, etc.), mais elle n'a pas encore des objectifs orientés vers la Guinée.

Cependant, cette association comme beaucoup d'autres cache aussi des aspects ethniques. Le caractère ethnique comme critère d'appartenance est certes interdit par les textes, mais dans les faits et sur la liste des membres, nous n'avions constaté que des noms à connotation peule. Interrogé sur ce constat, le président prétend que l'association est ouverte à tous les Guinéens de Brême, cependant qu'il regrette l'« auto-exclusion » des autres ethnies.

Sur la nature des relations qu'ils entretiennent avec leurs familles, 8 disent avoir des femmes et des enfants au pays dont ils prennent entièrement en charge les frais d'entretien, de scolarité, de logement, etc. Comme les Guinéens des autres pays européens, ils utilisent souvent les réseaux informels pour transférer l'argent sous forme de remises ou par des transactionnaires. Cependant, à la différence de ceux des autres pays, aucun de nos interrogés ne vit en situation de famille regroupée. Cela peut s'expliquer par le durcissement des lois allemandes en matière de regroupement familial et la nature de leur séjour, temporaire ou illégale.

SECTION II : RAPPORTS ENTRE LES ASSOCIATIONS

Des fortes tensions existent entre les associations fédératives. Entre la CAGF et la FAGAF, les relations sont souvent tendues. Chacune veut afficher sa légitimité auprès des partenaires étrangers comme l'unique entité représentative. Chaque membre interrogé d'une structure dépeint un tableau sombre sur l'association "rivale". Une concurrence régionale se joue entre elles. En effet, dans le milieu guinéen, on les accuse de communautarisme et d'ethnocentrisme car, à consulter la liste des associations membres pour chacune d'elles, on constate qu'au sein de la CAGF, à côté des associations originaires du Fouta (région des Peuls), il existe des associations de ressortissants de la Basse Côte et de la Haute Guinée (régions des Soussous et des Malinkés) ; par contre, au sein de la FAGAF, on ne compte que des associations des Peuls de la Moyenne Guinée. Certains interrogés voient à ce constat, le résultat des situations politiques qui ont été instrumentalisées depuis l'indépendance. Elles constituent souvent un élargissement du champ des luttes politiques observées en Guinée. D'après Barry (2000) : « Il existe à Conakry, des associations (...) régionales de coordination très impliquées dans la vie politique. Elles sont utilisées aussi bien par les gouvernants que par l'opposition, mais elles peuvent aussi devenir des bases électorales pour des cadres qui se lancent dans la politique ».

D'autre part, toutes les associations - excepté les représentations des partis politiques - se disent apolitiques ; cependant, des leaders politiques guinéens sont toujours reçus par quelques-unes lors de leurs différentes visites en France.

SECTION III : ASSOCIATIONS DE MIGRANTS ET REPRÉSENTATIVITÉS LOCALES : LES ASSOCIATIONS DE RÉLAIS

Les lois guinéennes en matière d'association sont inspirées de celles de la France (pays colonisateur). L'agrément des associations est délivré par le ministère de l'Administration du Territoire et des Affaires Politiques à travers sa cellule dénommée SACCO. Conscientes des enjeux que le développement local représente pour les institutions internationales de développement, plusieurs associations de relais et des ONG locales se sont regroupées en réseau, dénommé "REGARD'" et tentent de nouer des partenariats avec des organismes européens d'assistance au développement local, à l'image des associations maliennes Guidimakha Djikké et le cercle de Yélimané. À la différence des associations maliennes - bien structurées et mieux organisées - celles de la Guinée n'ont pas encore une véritable représentativité internationale. Les Maliens et les Sénégalais nouent des profondes relations de co-développement avec des collectivités françaises ; par contre, les Guinéens se tournent plutôt vers les institutions de financement américaines, chinoises et japonaises et les associations en Europe ne sont pas assez dynamiques pour pouvoir drainer des véritables projets de développement.

Le facteur politique est d'une importance capitale pour pouvoir drainer des financements. En effet, les relations guinéo-françaises n'ont jamais été à la hauteur des ambitions des associations de façon à pouvoir influencer les collectivités françaises de solidarité internationale car, ces politiques s'alignent le plus souvent sur les priorités de l'État en matière de coopération internationale.

L'importance de ces associations dans la vie communautaire pour la création des services de proximité (centres de santé, écoles, puits...) est sans équivoque pour certaines communautés guinéennes, délaissées par les pouvoirs déconcentrés et/ou décentralisés. « La liberté d'association est l'antipode de la centralisation ; elle crée entre l'État et l'individu des forces collectives libres qui, d'une part, dispensent l'État de certaines interventions dont il ne peut que mal s'acquitter et qui, d'autre part, développent au plus haut degré l'esprit d'initiative, l'énergie et la valeur de l'individu. C'est l'association qui dans le pays débarrasse l'État d'une foule de soins qui ne le regardent pas ; c'est elle qui relie les individus isolés et multiplie les forces en les réunissant. Entre l'égoïsme individuel et le despotisme de l'État, l'association place la charité, l'intérêt commun, c'est-à-dire tout ce qui rapproche les hommes et leur apprend à se supporter et à s'aimer mutuellement. Elle est le ciment des sociétés ; sans elle, la force est la loi du monde ; avec elle, cette loi, c'est l'amour ».

Sur le plan collectif, les migrants par le biais des associations participent à la réalisation des projets d'intérêts collectifs pour leurs communautés. Les associations de ressortissants guinéens sont nombreuses en Europe, elles existent sur des bases régionalistes, ethniques et/ou villageoises, ce qui peut expliquer leur important nombre. Elles ont encore du mal à s'organiser à une vaste échelle. Les causes sont multiples : appartenance à des communautés régionales différentes, concurrence, difficultés de planification des activités de terrain pouvant toucher à la fois plusieurs communautés. Parfois dans certaines villes européennes, les migrants de même appartenance ethnique se regroupent et habitent dans une même zone. À Tordera (Barcelone) par exemple, il existe une forte concentration de migrants peuls de Télémélé. Cette structure centralise les ressources des autres associations originaires de la préfecture se trouvant en Espagne. Par transferts bancaires sur des comptes particuliers, ses dirigeants regroupent l'argent, planifient les grandes lignes des projets par téléphone avec les représentants des autres associations se trouvant aussi bien en Europe qu'aux USA, avant d'expédier l'argent à l'association-relais basée à Conakry. Pour l'expédition de l'argent, ils passent par le transactionnaire principal de la communauté - car il y'en a toujours un - ou trouve moyen de le confier à un éventuel voyageur par système de remises. Contrairement aux Maliens qui ont des structures solides pouvant s'occuper des transferts d'argent et de leurs investissements au pays, la Guinée n'a pas encore exploré ce marché qui pourtant semble être rentable. Dans les ambassades et les consulats guinéens des pays visités, il n'existe aucun document officiel sur ce sujet. Cependant, pour les migrants, une implication plus active de l'État aussi bien à l'extérieur que sur le terrain faciliterait ces investissements et aiderait à l'amélioration des conditions de vie des citoyens. Au contraire, d'après des témoignages regroupés et recoupés, il semble que certains projets des migrants sont freinés par l'État pour des raisons politiques. Parce qu'appartenant à un parti d'opposition, bien de migrants nous ont confié avoir eu des biens d'intérêts communautaires (équipements hospitaliers, fournitures scolaires, etc.)

bloqués au Port de Conakry. De peur de la concurrence sur le terrain, les hommes politiques empêchent certaines réalisations à but communautaire émanant des membres d'un autre groupe politique. Cela ressemble à certaines pratiques datant du premier régime et contribuant à éloigner davantage la diaspora des communautés et du rôle qu'elle peut jouer pour le développement du pays.

SECTION IV : GÉNÉRALITÉS, DYNAMISMES ET LIMITES DES ASSOCIATIONS GUINÉENNES

Le dynamisme des associations guinéennes est très discuté. Malgré leur nombre important, les résultants sur le terrain sont très limités. Cela peut s'expliquer d'une part, par la faiblesse de leurs ressources et le manque de subventions publiques, et d'autre part, par une mauvaise gestion des ressources disponibles et un manque de rigueur dans la planification et la méthodologie de travail. Le manque de formation pour le montage de projets et le manque d'informations sur les financements existants sont des handicaps majeurs qui expliquent leurs échecs face aux appels d'offres. En outre, malgré la rigueur et le suivi imposés par les organismes donateurs, certains administrateurs n'utilisent qu'une partie des ressources et réussissent à tromper la vigilance des organismes financiers. Certes, des photos et des factures sont exigées pour des évaluations, mais « le manque de contrôles rigoureux de la part des bailleurs de fonds profite toujours aux malveillants » nous confie un dirigeant associatif à Paris. Des conflits et des procès de détournements d'argents sont parfois intentés contre des associations. Par exemple, en 2007, la CAGF aurait reçu de la Mairie de Paris une subvention de 10.000 euros pour l'association Mont Gangan (AMG) pour la rénovation d'une école primaire à Kindia (Guinée-Maritime) ; mais cette dernière n'aurait reçu de la part de l'association fédérative et intermédiaire que 3000 euros, soit 1/3 de la subvention. Au cours de notre entretien, l'association à travers un de ses représentants se défend de n'avoir soustrait que des commissions.

Les plus grandes ressources des associations sont constituées des recettes tirées des soirées culturelles, les cotisations étant peu honorées par les membres. Par exemple, l'AJGF avait réalisé une entrée de 8.500 euros lors d'une soirée d'élection MISS organisée en novembre 2008, à Nanterre. Le prix de la rentrée était de 25 euros. Plus de cinq cents personnes y étaient présentes. Mais après déduction des dépenses et des frais de location du matériel d'animation et de la salle, les bénéfices étaient si minimes qu'il était difficile d'envisager des grands projets envers la Guinée. Vu cette insuffisance de recettes, les associations sollicitent des parrainages et des jumelages auprès des collectivités décentralisées ou des financements auprès des organismes chargés de financer les projets de migrants dont le FORIM.

D'autre part, pour éviter les malversations financières, la gestion de la caisse est souvent confiée aux femmes, jugées plus responsables. Les soirées culturelles sont des occasions de retrouvailles et elles sont si fréquentes que certains interrogés commencent à douter de leur capacité à drainer des projets de développement vers les régions d'origine. Entre le nombre d'associations recensées et le nombre infime de projets réalisés sur le terrain, il existe un grand paradoxe. En outre, le manque de dynamisme des associations guinéennes - contrairement à celles du Mali - peut aussi s'expliquer par l'insuffisance de relations de coopération et de partenariat entre les collectivités guinéennes et celles de la France, qui sont pourtant les principaux partenaires de développement local de certaines régions du Mali, notamment Yélimané (Kayes) qui à de fortes relations avec la Mairie de Saint-Denis à travers l'association Guidémakha Djiké. Certes, des associations guinéennes ont été créées à la même période que les premières associations maliennes, mais au moment où les secondes tissaient des relations avec les collectivités françaises, celles de la Guinée ne pouvaient pas prétendre à des tels partenariats, car les relations politiques entre la Guinée et la France furent souvent interrompues et teintées d'hostilités dés après l'indépendance. Entre la Guinée « victime d'ingérence de la part de l'ancienne puissance colonisatrice » et la France, très méfiante à l'égard de l'ancienne colonie qui a dit « Non » au référendum sur la Communauté française, il était pratiquement impossible d'avoir des relations de partenariat, même entre les collectivités. Et même si ces relations ont été rétablies à partir de 1975, elles sont toujours restées froides.

Bien que certaines associations guinéennes existent depuis 1975 (comme l'amical des ressortissants de Télémélé), une grande partie des associations ont été officialisées au cours de ces dix dernières années. Les lois sur la liberté associative furent généralisées pour les étrangers en 1981 et les premières associations officielles pour le cas guinéen datent de 1986 ; la plupart d'entre elles sont créées à partir de 2004. Elles sont encore récentes par rapport à celles de la vallée du fleuve Sénégal (Mali, Sénégal et Mauritanie).

D'autre part, les priorités françaises en matière de coopération internationale de développement avaient jusqu'à présent laissé la Guinée sur la marge. Toutes les politiques françaises de co-développement ont été expérimentées au Maroc, au Mali, au Sénégal (et un peu en Tunisie). En guise d'exemples, citons le Programme du Développement Local Migration (PDLM), et d'après un fonctionnaire de l'Agence française de développement (AFD) interrogé sur ce point, les nouvelles politiques de co-développement seront expérimentées dans ces mêmes pays suscités avant d'être élargies dans d'autres pays, notamment en Guinée. Ces politiques ont été largement explicitées en 2008 au cours des réunions où étaient invités des migrants. Le ministère de l'Intérieur avait débloqué une enveloppe importante destinée à financer des projets communautaires pour inciter la Guinée à s'inscrire dans ces politiques de gestion des flux migratoires concertés, en vain.

Enfin, l'implication plus active de l'État malien dans la gestion des transferts des migrants et le manque d'intérêt qu'accorde celui de la Guinée expliqueraient d'autre part cette différence de dynamisme entre les associations des migrants maliens et celles des Guinéens.

SOUS-CHAPITRE III : RELATIONS ENTRE ASSOCIATIONS ET POUVOIRS POLITIQUES (GUINÉENS ET FRANCAIS)

Les associations guinéennes entretiennent des relations plus ou moins élargies avec les pouvoirs publics guinéens et français. Avec les premiers, elles ont des relations complexes. Leurs rapports sont couverts d'hostilités car on prétend du côté guinéen qu'elles sont dirigées par des opposants à la recherche de cote de popularité en réalisant des projets d'intérêts collectifs pour attirer plus de militants, d'où une certaine méfiance à leur égard. Leurs rapports sont encore fragiles avec les collectivités décentralisées françaises, et elles intéressent moins les pouvoirs publics français de co-développement, qui les associent peu à l'élaboration des projets de développement orientés vers le Sud.

SECTION I : RELATIONS DES ASSOCIATIONS AVEC LES POUVOIRS PUBLICS GUINÉENS (NOTAMMENT L'AMBASSADE DE GUINÉE EN FRANCE)

En France, les associations collaborent avec la Section culturelle de l'Ambassade de Guinée pour organiser l'anniversaire de l'indépendance de la Guinée – le 02 octobre 1958. Par exemple, pour celui de 2007, le président de la CAGF nous a confié avoir reçu 7.000 euros de la part de l'ambassade pour l'organisation de cette fête. En outre, l'ambassade assiste en tant qu'« observatrice » aux élections du bureau exécutif de la CAGF, et entretient des relations plus ou moins satisfaisantes avec les autres associations, excepté les associations politiques de l'opposition. Des associations comme la CAGF et le CSGF ont été créées sous l'impulsion de l'ambassade. En 1996, la nécessité de faire accueillir le premier ministre par la communauté guinéenne de France à précipité la création d'une structure représentative des Guinéens en France. De même, lors de la première visite de Sékou Touré à Paris en 1975, après le rétablissement des relations franco-guinéennes, plusieurs associations de ressortissants guinéens virent le jour. En effet, pour marquer leur attachement au régime de Sékou Touré et se démarquer de la majorité des exilés guinéens, une poignée de militants créa des associations pour accueillir à l'aéroport d'Orly le "révolutionnaire" guinéen.

Malgré l'intérêt que peuvent afficher les autorités de l'ambassade aux statistiques sur la migration, elles disent n'avoir aucune statistique sur le nombre des Guinéens résidant en France. L'Ambassade de Guinée en France regroupe les consulats de France, de l'Espagne, du Portugal et de la Suisse. Si elle ne détient pas de statistiques sur les migrants guinéens en France, on peut penser qu'il en est de même pour les autres pays où cependant, on rencontre également une forte communauté guinéenne, d'où encore des difficultés pour estimer la valeur des transferts effectués par les migrants en direction du pays d'origine. Les autorités consulaires justifient cette absence de statistiques par un manque de moyens qui les prive de logistiques nécessaires à des opérations de recensement. Ce recensement pourrait être effectué en partie par la vente des cartes consulaires, mais les associations dénoncent leur cherté et doutent de l'utilisation correcte de l'argent de la vente. Aux dires de 8 représentants associatifs sur 10 interrogés sur cette question, l'ambassade véhicule une image de bureaucratie, éloignée des préoccupations de ses ressortissants. « Les relations entre l'ambassade et ses ressortissants ressemblent à celles tendues et teintées d'hostilités qu'entretient l'administration publique guinéenne avec sa diaspora », notent ces personnes. Les 2 autres expliquent le comportement répulsif des autorités par leurs situations socioprofessionnelles précaires (retard des salaires, arriérés d'impayés, conflits de compétences, etc.).

Néanmoins, beaucoup croient à une amélioration de ces rapports avec notamment la création d'un ministère de l'Intégration africaine et des Guinéens de l'étranger. À l'image des Maliens et des Sénégalais, la diaspora guinéenne attend des autorités guinéennes une implication plus active dans la gestion des transferts de biens matériels et monétaires, et une reconnaissance de leurs capacités à induire des changements pour le développement du pays. Elle espère que cette nouvelle structure pourrait créer des conditions pour leur participation effective aux affaires intérieures du pays.

SECTION II : LA COOPERATION DECENTRALISEE ENTRE LA FRANCE ET LA GUINEE

L'implication des communautés guinéennes de l'étranger se traduit aussi au niveau de la coopération décentralisée et du co-développement. À propos de la coopération décentralisée, les actions des Guinéens portent sur la mobilisation des fonds auprès des institutions de coopération se trouvant sur le territoire du pays de résidence. Ce sont les cas des ONG Guinée 44, et des associations Guinée-Loire Atlantique, le Conseil Général des Guinéens du Nord pour les préfectures de Kindia, Boffa et Mamou.

SECTION III : LES AIDES DE RETOUR AUX MIGRANTS GUINÉENS

Abordant un autre registre de la migration qui s'inscrit dans le co-développement, nous avions rencontré à l'OIM, à Conakry, les cadres de la cellule "Assistance Technique des Retours Volontaires". Ils assistent les Guinéens "Retournés volontaires" à monter des projets de réinsertion socio-économique. De nos entretiens, il ressort que depuis les mois de juin 2005 et février 2006 respectivement, les gouvernements suisse et anglais assistent financièrement des migrants guinéens candidats aux retours volontaires ; 13 cas ont été enregistrés avec la Suisse et 5 autres cas avec les Anglais. Dans l'ensemble, 12 personnes auraient bénéficié de cette politique, les autres ont engagé la procédure et attendent leur tour. Les frais de transport et d'accompagnement sont également pris en charge par les États engagés. Au départ, une somme de 1.000 francs suisses sur un total de 3.000 CHF ou de 500 Livres sterling sur un total de 3500 est versée aux bénéficiaires suivant le pays hôte. En Guinée, avec le suivi et l'appui des services d'assistance technique, les intéressés ficèlent un projet d'investissement dans un secteur bien déterminé, en fonction du montant de l'aide.

Les agents ont noté que ces migrants investissent surtout dans l'immobilier, le transport, le matériel de construction et le commerce. En effet, déboutés par les procédures d'asile, des Guinéens commencent peu à peu à opter pour ce choix. Les responsables de la cellule de réinsertion estiment que ces mesures permettent de diminuer les rapatriements forcés et la pérennisation des étrangers sans situation d'emplois en Europe. Souvent, par manque de moyens, certains s'obstinent à rester au pays hôte, plutôt que de se retourner au pays d'origine.

Trois bénéficiaires de ces aides dont 1 en provenance de l'Angleterre et deux de la Suisse ont été interrogés. Ces aides leur auraient permis d'investir dans le matériel de construction, le transport et le commerce. Ils disent avoir rencontré quelques difficultés sur le terrain : pour l'un, la malhonnêteté des chauffeurs de taxi, les frais d'entretien et de fonctionnement lui soustraient une grande partie des recettes ; pour le commerçant, le secteur de vente d'habillement de luxe se détériore au profit de celui de la friperie et serait saturé par des nouveaux arrivants. Il envisage de se tourner bientôt vers d'autres secteurs. Par contre, pour le 3e, vu les besoins en matériaux de construction et la multiplication des chantiers, il s'est dit ravi de son retour et de son investissement. Mais en général, ils relativisent leurs difficultés ; tous estiment mener maintenant une vie "normale", ils classent ces difficultés dans les risques du métier. Ce train de vie ne s'explique pas pour eux par le fait d'avoir pu bénéficier de ces aides, qui pourrait faire penser qu'ils vivent dans l'abondance, mais par «(…) le fait de vivre au milieu des siens, de voir tous les jours leurs enfants et surtout de vivre chez soi, loin des tracasseries policières et des soucis permanents de trouver du boulot », résume l'un d'eux.

Pour l'unique personne qui avait accepté de nous recevoir chez elle, elle nous dit être hébergée par son frère car, ses moyens ne lui permettent pas encore d'accélérer les travaux de construction de sa maison. Elle s'y met à chaque fois que ses possibilités économiques lui permettent. Ses deux filles sont scolarisées dans une école privée du quartier où il paie mensuellement 80.000 FGN (10 euros) de frais de scolarité. Elle possède une voiture, achetée dans un parc de voitures d'occasion à Conakry. En bref, ce jeune n'avait pas une différence de mode de vie très marquée avec les jeunes commerçants ayant fait toute leur « carrière commerciale » au pays.

De même, dans le but de limiter les risques liés à l'émigration des jeunes, l'OIM finance un programme de formation en faveur des jeunes de Kindia et de Labé. L'objectif est double : lutter contre la migration clandestine et faciliter l'accès des jeunes au crédit par l'auto-emploi et l'autonomie. Le protocole d'accord entre 3AE et l'OIM s'étale sur deux phases dont :

- une phase initiale : elle comprend le lancement du projet, l'identification, la sélection et la formation des bénéficiaires. Durant cette phase, 64 jeunes promoteurs ont été retenus à Labé, contre 52 à Kindia répartis dans des micro-entreprises recouvrant plusieurs domaines : BTP, agriculture, commerce, teinture, restauration, etc.

La deuxième phase est celle de l'exploitation : elle consiste à l'octroi direct des crédits envisagés. Le réseau REJEG (Réseau des jeunes entrepreneurs guinéens) a constitué le principal bénéficiaire.

Les activités de production et de transformation sont les principales activités ciblées. Pour pouvoir bénéficier de ce financement, le promoteur doit apporter 10 % du montant global du projet. L'apport de l'OIM est quant à lui plafonné à 1000 USD avec un taux d'intérêt de 2 % pour un remboursement d'une durée de 12 mois.

SOUS-SECTION I : LES AIDES FRANCAISES

Des aides de retour existent aussi entre la France et des pays sub-sahariens comme le Mali, le Sénégal, la Guinée, le Cameroun, etc. Elles s'inscrivent dans le cadre des politiques de l'OFII (cofinancées par l'Union Européenne et l'Ordre de Malte) et sont gérées par l'ambassade de France dans les pays suscités et 3AE où nous avions suivi un stage en 2010.

En effet, ce programme a pour objectif de soutenir le développement d'activités économiques en Guinée, par des aides financières au démarrage d'entreprises, créées par des ressortissants guinéens. Les aides en Guinée sont constituées de :

- une étude de faisabilité du projet de réinsertion ;

- une formation professionnelle en lien avec le projet économique ;

- une aide financière à la création du projet économique dans la limite de 7000 € ;

- une aide à la réalisation et au suivi du projet économique ;

- un accompagnement social à l'arrivée, si besoin.

En France, sous certaines conditions, les ressortissants guinéens peuvent bénéficier d'un accueil et d'un accompagnement dans leurs démarches et pour l'élaboration d'un projet de retour. En Guinée, les Guinéens rentrés avec l'aide de l'OFII doivent contacter le Bureau de l'Ordre de Malte, 3AE et l'ambassade de France pour être aidés dans leurs démarches et dans le montage de leur projet de réinsertion.

De même, PMIE/PSEAU finance des études de faisabilité pour des projets de migrants en situation de retour. Ce programme est présent dans plusieurs autres pays africains dont le Cameroun, le Mali, le Congo, le Sénégal, le Burkina Faso, la Côte d'Ivoire, le Congo Brazzaville, le Bénin, le Madagascar... Il a, en outre plusieurs partenaires en France : FAFRAD, Initiative Economique des Migrants, IFAID-Aquitaine, Africum Vitae, IRFED Europe, ADIE, Tech-Dev, GRET, AFD, France-Initiative, etc.

Les études de faisabilité portent généralement sur des projets d'assainissement, de transport, de plantations, de formation, de restauration, du commerce, etc.

En Guinée, plusieurs migrants ont bénéficié de l'assistance de PSeau pour mener des études de faisabilité pour leur projet de réinsertion et s'approcher davantage de 3AE afin de pouvoir bénéficier d'emprunts pour financer leurs projets économiques. Les projets déjà financés portent sur l'ouverture d'un commerce d'import/export d'articles de décoration et de la quincaillerie dénommée « Ka Bitiki Yaya » au quartier Kaporo-Rails (Conakry), d'un Centre omnisports à Labé, d'un Centre de formation en informatique à Taouyah (Conakry), de la rénovation d'une salle de cinéma, de la création d'un centre d'élevage de volaille à Kindia.

Pour toutes ces études, PSeau procède de la manière suivante :

- cofinancer les dépenses liées à la mission sur place : 70 % avant le départ (900 EUR) et 30 % après la réception des rapports et des pièces justificatives (400 EUR) ;

- fournir comme justificatifs de la mission : billet d'avion, factures de l'organisme d'appui ;

- être appuyé par un organisme d'appui dans son pays d'origine, organisme qui sera rémunéré pour sa prestation par PSeau/PMI ;

- rendre un rapport de mission comprenant le bilan budgétaire de la mission et un compte rendu de l'ensemble des rencontres effectuées (personnes, durée, lieux, sujets...) ;

- fournir le document du projet intégrant tous les éléments étudiés (faisabilité technique, économique, étude de marché, plan et pistes de financement...) ;

- remettre ces documents dans un délai d'un mois après le retour du pays d'origine ;

- payer les frais de prestation de l'organisme d'appui : 75 % avant et 25 % à la fin de l'étude.

Les apports de PSeau se limitent à l'étude de faisabilité pour aider les promoteurs à avoir des financements. Mais, les porteurs de projets ont souvent des difficultés à intéresser d'éventuels financeurs, si fait qu'il est difficile pour les migrants qui n'ont pas d'apports financiers importants de réaliser leurs desseins. Par exemple, nous pouvons citer les cas du jeune étudiant Boubacar et de Bah Younouss. Pour eux, leurs projets se sont arrêtés à l'étude de faisabilité. Aucun d'eux n'a pu avoir un emprunt ou un financement. Ceux qui réalisent leurs projets sont généralement ceux qui ont pu bénéficier des emprunts de la part de 3AE suivant leurs critères (garantie et apport personnel importants). Ces personnes sont tout de même obligées de revoir à la baisse leur ambition car l'objectivité apportée par l'étude de faisabilité et les moyens financiers (emprunts et apports) souvent faibles des promoteurs ne leur permettent pas de réaliser leur projet de départ.

Comme l'expérience du terrain a prouvé que l'apport personnel du migrant est souvent indispensable pour la réussite de son projet, il serait nécessaire pour PSeau d'en demander aux migrants dés le départ, sinon, l'étude de faisabilité financée par l'organisme ressemblerait à une simple visite de terrain du migrant, sans suite. Cet argent pourrait servir à d'autres objectifs orientés vers le co-développement : la création des petites entreprises comme ce que font l'Ordre de Malte, Fedasil/Caritas International... Dans ces cas, les financements de PSEAU pouvaient se démarquer des autres en les orientant vers des migrants indépendants, porteurs de projets économiques, à l'image des activités d'Int'Ent au Maghreb.

Cependant, cette politique ne peut pas aboutir sans une possibilité de circulation des migrants bénéficiaires desdits projets car, ils ont besoin de chercher d'autres financements complémentaires au Nord et relancer leurs éventuels partenaires se trouvant en Occident. Une carte ou un titre de circulation pourrait être expérimenté pour leur cas. Nous sommes persuadés qu'avec cette possibilité de circuler librement, beaucoup des migrants vont tenter l'expérience et cela permettrait de faciliter leur retour car l'objectif de toutes ces politiques est de maintenir les migrants dans leur pays d'origine.

Les problèmes communs à toutes les institutions d'aide de retour des migrants sont le suivi et la visibilité. En effet, le manque de moyens appropriés de 3AE ou l'absence de financements des opérations de suivi de la part des partenaires et des bailleurs de fonds ne permettent pas le suivi des projets à long terme. D'autre part, la pertinence et la cohérence des aides ne sont pas à la hauteur des besoins et des réalités de terrain. Il existe un grand fossé entre la valeur numéraire des aides et les besoins des promoteurs pour créer des PME fiables et pérennes.

En outre, les taux d'intérêts proposés par les agences de micro-finance sont parfois très élevés, une réalité que partagent beaucoup des pays subsahariens. Les échéances de paiement sont aussi courtes, ce qui oblige les PME créées à une adaptation plus rapide sur le terrain, mais cela est souvent difficile sur les marchés anarchiques africains et pour des personnes nouvellement arrivées. Par conséquent, une création d'entreprises par la micro-finance n'est pas la démarche la plus appropriée.

Il existe une réelle différence entre la chance de réussite dans des projets dits "traditionnels" (commerce, restauration, transport…) que dans les projets dits "techniques" (informatique, plantation…). En effet, la première catégorie est d'ordre personnel et demande peu d'intervention extérieure ; cependant les projets de formation en informatique ou les plantations demandent des expertises plus poussées, des démarches techniques et administratives très longues et, des coopérations professionnelles parfois difficiles à obtenir. Ces difficultés peuvent conduire les intéressés à abandonner leur projet.

Il serait aussi important d'apporter des conseils aux promoteurs car souvent leur ambition démesurée par rapport à leur budget, la mauvaise gestion du temps et de l'espace (plusieurs projets à la fois sur un même terrain), assortie d'un manque de connaissance du milieu peut entraîner l'échec de certains projets qui pourtant étaient bien ficelés pendant l'étude de faisabilité.

Malgré tout, on remarque des démarches cohérentes chez la plupart des promoteurs car ils font des projets dans leur domaine de compétence : les informaticiens pour des centres de formation, les techniciens cinématographiques pour la restauration de salles de cinéma, les gestionnaires-marketing pour le commerce, etc.

Ces différentes politiques sont abordées par Naï (2002) dans son rapport intitulé "Migration, Coopération et Développement". Il tente de démontrer que ces mesures ont certes une incidence sur les fréquences migratoires, mais qu'elles constituent aussi des formes d'incitation à pousser ceux du Sud à émigrer vers le Nord. Il pense que les gens sont plutôt motivés à l'idée de savoir que d'une manière ou d'une autre, ils seront aidés une fois en Europe, même s'ils ne réussissent pas leur « aventure ». En outre, il est persuadé que cet assistanat financier creuse le budget des pays d'immigration. Des dépenses qui selon lui auraient plutôt servi à financer des allocations de recherches en faveur des PVD.

CHAPITRE II : LES RELATIONS ENTRE LES MIGRANTS, LEURS FAMILLES ET LE PAYS D'ORIGINE

Dans ce chapitre, nous parlerons des relations entre d'une part les migrants et leurs familles et d'autre part, entre les migrants et les autres citoyens, et les institutions gouvernementales. Les rapports entre les migrants et leurs familles peuvent être des relations de dépendance, marquées par les transferts d'argent. Plusieurs réussites économiques ont été enregistrées entre la collaboration de la diaspora et les pouvoirs politiques. Mais, ces rapports se sont pour la plupart soldés par des ruptures et la réapparition de préjugés cultivés envers les migrants depuis le temps du premier régime.

SOUS-CHAPITRE I : RELATIONS ENTRE LES MIGRANTS ET LEURS FAMILLES ET ENTRE LA DIASPORA ET LES POUVOIRS PUBLICS

Dans ce sous-chapitre, nous verrons que si certains migrants entretiennent des relations de dépendance avec leurs familles, celles entretenues avec les autorités politiques sont parfois tendues. Des rapports que d'aucuns appellent « le syndrome de la première République ». Certes, ces rapports ont été atténués lorsque le nouveau régime en 1984 avait sollicité la participation de la diaspora au développement de la nation, mais les vieux démons contre « les Guinéens de l'extérieur » ont aussitôt refait surface, lorsque certains migrants se sont transformés en des véritables opposants au régime. La démocratie est venue réveiller ce que l'absolutisme à cultivé depuis l'indépendance : la mise à l'écart de la diaspora.

SECTION I : RELATIONS ENTRE LES MIGRANTS ET LEURS FAMILLES

Pour déterminer les relations entre les migrants et leurs communautés d'origine, nous avions non seulement interrogé des familles, mais nous avions également mené des observations et des entretiens sur place avec des clients et des internautes dans trois cybercafés et deux centres "clandestins" de téléphonie internationale. Le choix de ces lieux s'explique par le fait qu'on pouvait entendre les conversations téléphoniques des différents clients parce qu'ils étaient dépourvus de cabines. Le taux élevé de fréquentation s'explique d'une part par le faible coût de la communication, qui varie entre 1.000 et 1.500 GNF (0,35 euros) contre 2.000 GNF (0,45 euros) dans les cybercafés déclarés et d'autre part, par leur proximité géographique. La clientèle est composée de toutes les catégories sociales : jeunes, adultes, couches moyennes et fonctionnaires au centre-ville (Kaloum) et familles modestes dans les banlieues. Le sexe féminin est le plus présent. Avec lui, les conversations étaient souvent accès sur l'utilisation des envois et sur des nouvelles sollicitations pécuniaires. Les oncles, tantes et proches parents des migrants leur demandent de penser à eux car leur bénédiction et leur réussite dépendent en grande partie de leur baraka. Les personnes âgées et les jeunes filles prenaient plus de temps au téléphone et avaient souvent des difficultés à payer l'addition. Pour les jeunes filles, les conversations étaient souvent accentuées de rires. Elles avaient beaucoup plus besoin de "fric" et le justifiaient par des nouveaux besoins. Les expressions du genre : « tu m'as oublié », « je pense à toi », « fais attention » étaient souvent entendues. 8 sur 10 jeunes interrogées nous ont confié être un peu satisfaites de leurs demandes ; mais dans l'ensemble les promesses d'un éventuel voyage en Occident pour rejoindre l'amant n'ont jamais eu de suite. En effet, les migrants ne se soucient guère d'envoyer une petite amie en Europe, ils redoutent que celle-ci ne leur quitte dés son arrivée. En effet, 3 jeunes migrants et 2 adultes résidant en France et en Espagne nous ont confié avoir subi ce genre d'expériences. Ils ont été abandonnés par leurs compagnes dés leur arrivée, et l'un d'eux, dit avoir même été emprisonné suite à une accusation de viol portée par sa fiancée.

Les blogs et les sites de rencontres aidant, 2 jeunes filles auraient connu leurs correspondants par le net et 2 autres par l'intermédiaire d'une amie ; depuis les promesses de mariage ne finissent pas. Quant aux garçons, sur 8 interrogés dans ces cybercafés, 4 sont des jeunes chômeurs (dont 2 diplômés, 1 apprenti et 1 joueur de football) en quête d'assistance financière pour se procurer d'un visa avec des négociants, 1 est marchand de chaussures et 2 sont étudiants. Toutes fois, rares étaient les jeunes commerçants qui ont sollicité de l'aide auprès de leurs amis, ils préfèrent jouer à l'orgueilleux et se débrouiller tout seul pour émigrer à leur tour ou y réussir. Les étudiants, faute de moyens financiers pour les appels téléphoniques utilisent le net pour demander à leurs ami(e)s de les inscrire dans des universités, étape préalable à toute demande de visa, avant l'instauration de "campus France". Ils pensent que la simple volonté de leurs amis suffirait pour leur obtenir une inscription. Toute attitude contraire est assimilée à un refus. Ils sont persuadés que leurs amis sont capables d'influencer les administrations universitaires pour pouvoir obtenir une inscription. Souvent, ils demandent aussi du « blé » (argent) à des amis avec qui ils ont pendant longtemps « galéré ». Depuis la mise en place du "campus France", ces jugements se sont atténués.

D'autre part, l'installation des sociétés téléphoniques AREEBA, CELKOM et ORANGE permet aux abonnés d'avoir des opportunités d'appels vers l'Europe à des coûts moyens. Mais la technique la plus utilisée est le « bip » pour se faire rappeler. Les migrants n'apprécient guère cette technique et cela conduit certains à « se faire ignorer parfois » en changeant permanemment de numéro de téléphone.

Nombreux sont les étudiants que nous avions rencontrés au début du mois de juillet 2006 à l'ambassade de France, venus déposer des demandes de visa. Sous la pluie et le soleil, ils font la navette entre le Consulat et les ministères de l'Éducation - situés à quelques mètres - pour acquérir ou légaliser leurs diplômes. Sur la base des informations recueillies, peu de visas estudiantins auraient été délivrés cette année par rapport aux années précédentes. Les uns pensent que cela pouvait s'expliquer par les nouvelles mesures drastiques de l'immigration prises par le ministère français de l'Intérieur. Cependant, nous pensons que cela serait plutôt dû à une diminution des quotas de visas, vu qu'une grande partie des étudiants ne se présentent pas à l'université une fois en France. Toutes fois, il est à souligner que la nature des relations entre la Guinée et la France est déterminante pour l'octroi des visas aux jeunes étudiants car ceux-ci sont comptabilisés dans l'aide publique au développement. Cependant, ces relations sont marquées par des interruptions fréquentes.

SECTION II : GUINEENS DE L'EXTERIEUR : RELATIONS AVEC LE PAYS D'ORIGINE

En Guinée, les migrants de retour ont encore du mal à se faire une place dans les milieux professionnels. Cette volonté d'écarter les Guinéens de l'extérieur est en effet loin d'être fortuite : « elle s'inspire d'une sortie endiablée du président de la République, Lansana Conté ». En effet, au début des années 1990, au stade du 28 septembre, le président Conté était monté au créneau pour critiquer ses adversaires politiques, qu'il voyait « surgir des entrailles de la diaspora à la faveur d'un multipartisme balbutiant, lequel chatouillait son orgueil de chef incontesté » (Lynx, N° 24, 1999).

« C'est nous qui avons souffert sous la première République. Il n'est pas question que des aventuriers qui avaient fui quittent l'extérieur pour venir nous commander en Guinée » avait-il martelé, traitant au passage de « punaises » la diaspora. Si ces propos sont très loin de constituer le point de départ de la diabolisation des Guinéens de l'extérieur, ils traduisent au moins un état d'esprit qui prévaut dans le pays, et qui n'est pas nouveau. « Le phénomène a commencé avec le premier régime. À défaut d'une opposition politique au régime de Sékou Touré bien organisée à l'intérieur, les Guinéens exilés avaient réuni un front contre la dictature ». Dès lors, les personnes appartenant à cette catégorie ne pouvaient pas être les bienvenues au pays. Elles faisaient l'objet de calomnie.

En 1984, l'avènement de l'armée au pouvoir avait fait penser que cette page des années noires pour la diaspora guinéenne était définitivement tournée, tant la profession de foi de la junte militaire était rassurante sur leur cas. C'est dans cette optique que le premier remaniement gouvernemental (en décembre 1984) a consacré la création d'un ministère chargé des Guinéens de l'extérieur, dont le titulaire était Jean Claude Diallo, un exilé jusque-là établi en Allemagne. Ce dernier a été chargé de recruter un certain nombre de cadres guinéens de la diaspora (8 au total), qui ont intégré le gouvernement. Un signal fort qui a permis à des nombreux exilés de rentrer au pays. En 1989, Conté a aussi fait appel à la diaspora pour la rédaction de la Loi Fondamentale, qui détermine les principes fondamentaux de la nouvelle démocratie guinéenne. Elle a été votée à une large majorité des Guinéens en 1990 pour ouvrir la voie aux premières élections présidentielles, en décembre 1991.

Mais la trêve dans la marginalisation de la diaspora n'a été que de courte durée : le temps de la période de grâce dont ont bénéficié les nouveaux maîtres du pays. « Il aura suffi que la Guinée soit à l'épreuve du grand vent de la démocratisation venu de l'Europe pour que les vieux démons se réveillent ». Les mêmes causes produisent les mêmes effets dans la mesure où, les adversaires irréductibles de Lansana Conté se recrutent aussi parmi la diaspora - comme ce fut le cas de son prédécesseur. Ainsi, les leaders du RPG, de l'UPG, de l'UPR, de l'UFR, mais aussi de l'UFG et de UFDG, tous issus de la diaspora et principaux animateurs de l'opposition guinéenne, ont été présentés comme des opportunistes et des ennemis du peuple ; même si, pour bon nombre de nos répondants, le chef de l'État en personne ne déteste pas tant les Guinéens de l'extérieur : « Lui et son pouvoir auraient recours à ces stratégies uniquement pour des fins politiciennes », nous ont-ils confié. À ce titre, un de ses opposants se confiait dans un hebdomadaire guinéen que nous avions retrouvé dans les archives d'un répondant à Paris : « Lansana Conté a ses Guinéens de la diaspora qu'il aime et qu'il n'a jamais cessé d'associer à ses affaires. Ils ont été ministres, opérateurs économiques et hauts cadres à différents niveaux de l'administration. C'est le genre de Guinéens qui lui doivent tout. (Par contre), il déteste ceux d'entre nous qu'il a découverts avec leur formation, leur carnet d'adresses et leurs propres moyens... ». Néanmoins, certains témoignages sont à nuancer car la plupart des personnes qui tiennent ce genre de discours sont des personnes qui ont du mal avec le régime pour des raisons plus ou moins subjectives. Par contre, la poignée d'exilés, qui a réussi à intégrer le système administratif et politique guinéen après un long séjour à l'étranger tient un autre discours en faveur de Lansana Conté, estimant que c'est plutôt son entourage, forgé à l'idéologie « PDGiste » qui continue de faire ombrage à la diaspora, d'autant plus qu'en 1996, Conté à nommé un ancien émigré à la tête du gouvernement pour redresser l'économie guinéenne, en la personne de Sidya

TOURE. Une grande partie des membres de son gouvernement était composée d'anciens émigrés. Cette catégorie soutient, en outre, que les Guinéens de l'extérieur ne font pas d'efforts pour se faire accepter au pays. Au contraire, « (…) ils croient être au dessus des locaux et veulent être aussitôt ministres ou directeurs dès après leur retour ». Pour mériter une place, ils estiment que la diaspora devrait se rendre sur le terrain pour prouver leur volonté manifeste de participer au développement du pays. Cependant, en dépit de quelques réussites d'intégration, en général « les Guinéens rentrés au pays connaissent divers problèmes administratifs et acceptent leur "nouvelle vie" avec beaucoup de philosophie », se confie l'un d'eux, actuellement professeur à l'université de Conakry.

Certains anciens exilés sont maintenant des hauts cadres de l'administration publique et privée, d'autres sont des importants opérateurs économiques, des professeurs d'université, des médecins, des consultants, etc. Mais dans l'ensemble, le retour des Guinéens de l'extérieur reste encore une problématique. Le syndrome du « diaspo comploteur et profiteur » persiste encore dans le système, véhiculé par une majorité des « fils de la révolution sekoutouréenne », qui restent encore la grande composante de l'administration publique guinéenne et qui a du mal à se renouveler.

Cependant, bien que rejetés par ceux du pays, les migrants guinéens que nous avons rencontrés souhaitent se rapprocher davantage du pays d'origine. Interrogés sur un éventuel retour en Guinée, ils prétendent qu'« il n'y a pas meilleure vie que chez soi ». Partagés entre la nostalgie du pays de départ, les conditions de vie plus ou moins délicates, les difficultés d'intégration socioprofessionnelle, des migrants envisagent de rentrer au pays pour vivre définitivement auprès des siens, dès que les conditions le permettront. Parmi ces conditions, ils citent la stabilité sociopolitique, la bonne gouvernance, le mérite professionnel ; mais aussi la possibilité de pouvoir créer leur « propre affaire » grâce aux ressources accumulées à l'étranger. Ces vœux sont partagés par toutes les catégories socioprofessionnelles des interrogés : étudiants, salariés, etc. Les plus anciens pensent rentrer dés qu'ils auraient fini la construction de leur maison, souvent entamée depuis longtemps et, dés que leur progéniture aurait les possibilités de se prendre en charge en Europe. Contrairement aux étudiants et aux nouveaux arrivants, une grande partie des intellectuels gardent des mauvais souvenirs avec le pays. C'est avec amertume et rancœur qu'ils racontent leur histoire d'exilés. Pour la catégorie des immigrés non intellectuels, ceux dont nous avons appelé les "aventuriers", se retourner au pays est une obligation car, mariés et chefs de famille ou encore unique garçon d'une famille nombreuse, ils pensent ne pas avoir de choix et écartent toute hypothèse de séjourner définitivement au pays hôte. Leur seule raison d'être en Europe est d'avoir un peu d'argent pour pouvoir démarrer une activité plus importante au pays. Cependant, ce retour est souvent difficile ou se limite au seul vœu car, en Guinée, exceptés des migrants en vacances, nous n'avions rencontré que 8 personnes rentrées s'installer définitivement (dont 3 retournés volontaires). Ce sont plutôt les migrants en provenance des pays du Golfe qui s'y réinstallent définitivement. Par contre, d'autres encore n'ont pas des moyens nécessaires pour envisager un retour "réussi" au pays : ils n'ont ni maison, ni capital, encore moins de formation. Ils estiment qu'ils ne peuvent pas rentrer « avec les mains vides » après un long séjour en Europe. « Il faut toujours justifier de sa réussite après un séjour, si court soit-il en Europe, au risque d'être traité de maudit et de nul au sein même de sa propre famille » estiment plusieurs répondants.

En outre, entre l'envie de se retourner et le manque de moyens, plusieurs jeunes immigrés préfèrent prolonger leur séjour en Europe, même de façon clandestine.

SOUS-CHAPITRE II : POUVOIRS PUBLICS ET MIGRATION EN GUINEE

L'intérêt croissant pour les questions migratoires démontre que la migration est une question transversale pour toutes les sociétés. Elle représente un enjeu économique, politique et culturel, étroitement lié au processus de développement que le concept de mondialisation a mis en exergue. De ce fait, la migration ne peut plus être traitée de façon isolée et unilatérale car la dynamique migratoire requiert des réponses multidimensionnelles. C'est pourquoi, en Guinée, le phénomène migratoire exige la coopération de toutes les parties prenantes, notamment l'État, les ONG, les organisations internationales, les associations locales et les migrants eux-mêmes.

En outre, l'ampleur et l'importance du fait migratoire commandent à tous les pays de faire de la migration un thème majeur de leur politique. En Guinée, le gouvernement semble en prendre conscience de nouveau. En témoigne, la création d'un nouveau ministère de l'Intégration africaine et des Guinéens de l'étranger. Ce ministère affiche certes des grandes ambitions pour impliquer davantage les migrants au processus de redressement socio-économique du pays, mais il manque encore de moyens et de véritables ambitions.

L'implication de ces Guinéens de l'étranger pour le développement de leur pays revêt plusieurs formes, au nombre desquelles, nous pouvons citer :

- l'implication à distance ;

- le retour ou le séjour temporaire ;

- le retour définitif.

Le lien entre migration et développement s'impose depuis quelques années comme l'un des sujets essentiels de l'agenda politique des pays du Sud. Par le co-développement, il propose un cadre conceptuel facilitant les échanges entre les communautés guinéennes vivant en Europe et la Guinée. Le co-développement est la valorisation de l'apport économique, social et culturel des migrants à la fois à leur pays d'origine et à leur pays d'accueil. Il est destiné à appuyer de manière concertée entre les deux pays, les initiatives de la diaspora, le développement de la zone d'émigration, la maîtrise des flux migratoires et l'intégration des jeunes issus de l'immigration. C'est un concept très politique dont le véritable objet reste cependant ambigu.

Le PCPA-GUINEE, conduit par l'ONG Aide-Action (très présente en Guinée) constitue un point d'appui important à la promotion du co-développement avec la France. Le projet regroupe plusieurs acteurs sociaux guinéens.

D'autre part, malgré leurs apports importants et la création de structures les concernant, les communautés guinéennes vivant à l'étranger n'ont jamais fait l'objet d'un recensement exhaustif. Les principaux facteurs limitant ce recensement sont :

- l'insuffisance de données traitant de la question migratoire ;

- l'éparpillement des données entre différentes sources : organismes internationaux, ONG et ministères ;

- la faiblesse et l'ancienneté des données existantes sur la migration interne et sous-régionale (1996) ;

- l'environnement administratif peu propice à la collecte et à la compilation des données sur ce genre de sujet ;

- le déficit de coordination entre les services en charge des questions migratoires ;

- le manque d'équipement pour le traitement des statistiques au niveau des institutions en charge de la migration ;

- le manque de moyens techniques et financiers des services diplomatiques et consulaires ;

- le manque de confiance des Guinéens de l'étranger à leurs représentations diplomatiques et consulaires, etc.

Cependant, les rapports fournis par les missions diplomatiques et consulaires pour les besoins des élections présidentielles notamment, donnent quelques indications. Ils avancent le chiffre de quatre millions de Guinéens vivant à l'étranger dont trois millions en Afrique. Parmi ces derniers, un million résideraient encore en Côte d'Ivoire, en dépit des troubles politiques enregistrés ces dernières années dans ce pays frontalier.

Depuis l'indépendance, plusieurs initiatives ont été entreprises par les autorités politiques pour susciter et développer des relations fécondes et durables avec les Guinéens vivant à l'étranger en vue de leur participation au développement national. La plupart de ces initiatives n'ont pas été concluantes durant la première République en raison des contingences notamment politiques qui ont conduit une frange importante de la population guinéenne à l'exil.

À partir de 1985, plusieurs programmes ont été mis en place pour rapprocher davantage les Guinéens de l'extérieur, mais les nouvelles réalités politiques, économiques et sociales ont fini par replonger des milliers de Guinéens sur le chemin de la migration.

Et aujourd'hui, quatre ministères sont directement concernés par les phénomènes migratoires, ce sont :

1)- Le ministère de l'Intégration africaine et des Guinéens de l'étranger ;

2)- Le ministère des Affaires étrangères ;

3)- Le ministère du Plan ;

4)- Le ministère de la Coopération.

Ces quatre ministères sont chargés de la promotion, de la gestion et de la protection des communautés guinéennes vivant à l'étranger à travers la négociation des conventions et des accords internationaux.

En outre, à l'instar des autres pays de la CEDEAO, la Guinée a ratifié plusieurs accords internationaux sur la migration, dont :

- la Convention sur les travailleurs migrants de l'OIT en 1942 ;
- l'accord ACP-UE (Accord de Cotonou) du 05 décembre 2005.

SECTION I : EXPÉRIENCE D'UN EMIGRE DE RETOUR EN GUINÉE

Monsieur R a été parmi les premiers étudiants guinéens en France après l'indépendance. Il n'avait pas fui le régime et n'a été impliqué dans aucun « complot »; cependant après des brillantes études en médecine et un bon parcours professionnel en France et dans certains pays africains, notamment le Gabon, il a eu du mal à intégrer le système administratif guinéen, après son retour en 1984, en dépit des besoins et des promesses d'insertion qui lui ont été faites. Il considère cette attitude comme une trahison et une tentative de briser sa carrière car, ayant été promu à des hautes responsabilités, il a vendu sa maison en banlieue parisienne et signé sa mise à disposition pour son pays. Néanmoins, avec l'argent de ses ventes, il a investi dans le secteur privé et a ouvert un premier cabinet médical, avec beaucoup de difficultés pour avoir une autorisation d'exercer. En 1992, il créa une ONG pour se mettre au service des enfants en situation d'abandon. En 1997, il ouvrit à Conakry, l'un des plus grands centres hospitaliers privés du pays. Actuellement, il encadre plusieurs étudiants en situation de stage dans sa polyclinique médicale. Malgré cette réussite, il ne digère toujours pas le fait d'être mis à l'écart de l'administration publique guinéenne.

En effet, le cas de Me. R n'est pas isolé ; 7 émigrés de son rang, interrogés à Paris et à Conakry nous ont confiés se retrouver dans sa situation. Si l'intégration de certains Guinéens de l'extérieur a toujours été difficile, et qu'à l'époque du premier régime, les promus à des hauts postes étaient emprisonnés ou tués après quelques années de loyaux services, il est aussi courant après 1984 de voir des cadres guinéens abandonnés à eux-mêmes après leur retour. Ils considèrent cette démarche comme un piège. Si les tueries et les emprisonnements ne sont plus des outils adéquats pour « punir ceux qui avaient fui le pays », les incitations de servir le pays par des promesses non tenues ont été parfois l'arme utilisée par les pouvoirs politiques pour traiter les émigrés intellectuels. D'aucuns ont été ministres pour quelque temps, avant d'être mis à la porte et d'être considérés comme des bannis. Leur brillante carrière professionnelle qu'ils avaient bien entamée ailleurs fut écourtée et leur solde économique se détériore, faute d'activités économiques adéquates.

SOUS-CHAPITRE III : LES TRANSFERTS D'ARGENT DES MIGRANTS ENVERS LA GUINÉE

Dans ce sous-chapitre, nous verrons les différents modes des transferts d'argent. Comme d'autres pays de la vallée du fleuve Sénégal, il existe des services informels et des agences formelles (section I). Il y'a aussi des transferts de matériels et des transferts culturels (les rapports sociaux, les modes de consommation, les types d'organisation sociale, la conception du temps et le rapport avec l'argent).

Dans cette même section, nous expliquerons le fonctionnement des réseaux des transferts et nous verrons aussi d'autres formes comme les remises ou les transferts par valise. Leur utilisation sera explicitée dans la deuxième section. Elle varie suivant plusieurs facteurs concernant les bénéficiaires : proximité géographique, coûts, statut socio-économique, etc. Cependant, il existe peu de chiffres sur les montants globaux des transactions pour diverses raisons : manque d'études sur le thème, refus des agents de fournir des statistiques, opacité de l'administration, peur des amendes et clandestinité pour le réseau informel...

SECTION I : LES MODES DE TRANSFERT D'ARGENT

Parmi les modes de transfert d'argent, deux sont particulièrement très utilisés : les agences formelles (sous-section I) et les agences informelles (sous-section II). Il existe aussi des "remises" et des transferts par valise (sous-section III). Chacun de ces modes de transfert a été plus ou moins développé à une époque bien déterminée, suivant la situation politique du pays et son degré d'ouverture au monde extérieur. Les remises ont surtout été utilisées à une époque où il était impossible d'effectuer des transferts vers la Guinée : fermeture, conjoncture politique et isolement monétaire. Nous verrons aussi que les transferts s'effectuent dans les deux sens. Les expéditions concernent aussi des "riches" qui envoient de l'argent à leurs enfants en situation d'études en Occident.

SOUS-SECTION I : LES AGENCES OFFICIELLES DE TRANSFERT D'ARGENT

Parmi les agences rencontrées, il y avait d'une part des agences privées officielles et d'autre part, des agences souterraines que nous allons appeler '"transactionnaires". Parmi les premières, nous avions les banques privées et les agences Western-Union, Money Gram, DemForeing et Télégiros. Pour des raisons de confidentialité promises aux agences et aux transactionnaires rencontrés, nous nous garderons de lister les noms des agences qui nous ont fourni des statistiques sur leurs activités.

Malgré les nombreuses sollicitations, une seule agence a accepté de nous fournir des statistiques relatives à leurs activités de transferts d'argent. Nous nous sommes résolus à mener des simples observations participatives sur des clients pour pouvoir mesurer les flux de fréquentations de ces lieux pour des opérations de retrait ou d'envois. Ce manque de coopération rend difficile la compréhension des transferts d'argent et leur importance. En effet, pour l'observation, nous nous sommes fait passer comme un client potentiel. Dans l'ensemble, les salles étaient remplies de clients les après-midi. On chuchotait et l'on se plaignait le plus souvent de la lenteur du service, et on fustigeait les privilèges que certains agents accordaient à leurs ami(e)s ou parents en les soustrayant des fils d'attente pour les servir dés leur arrivée. Dans la plupart des cas, la clientèle était à majorité féminine, souvent pressée. Mais au guichet, les clients semblaient oublier le temps d'attente et cela se faisait remarquer par les longs sourires et parfois un dialogue amical avec le guichetier qu'on traitait tantôt de malhonnête ou de lâche. N'empêche qu'une minorité sorte avec un fracas sur la porte pour exprimer leur désaccord avec les méthodes disconvenues utilisées par les agents. Rares sont ceux qui réclamaient à leur sortie des suppléments ; l'argent perçu était compté à plusieurs reprises au guichet pour s'assurer d'avoir reçu la totalité, et d'ailleurs aucune réclamation n'était juridiquement possible après. L'argent reçu sur présentation d'une pièce d'identité et contre la signature d'un bordereau de remise était l'équivalent en monnaie locale dc la devise expédiée, suivant la valeur de la Banque centrale. Sur le bordereau figurent les coordonnées de l'expéditeur et du bénéficiaire, un code de retrait ou une question-réponse confidentielle, etc. L'émigrant communique par téléphone le code au destinataire et prenait toujours soin de mentionner une personne remplissant ces conditions, d'autant plus qu'en Guinée, beaucoup de citoyens n'ont pas de pièces d'identité par manque d'opportunisme ou de moyens nécessaires à leur acquisition.

Les analphabètes se faisaient aider par une tierce personne pour le remplissage du bordereau dont le contenu était si bien tenu au secret qu'il nous a été impossible de lire les villes d'expédition et les montants des transferts, d'autant plus que personne n'avait sollicité nos services pour le remplissage du bordereau. Ce remplissage était dans la plupart des cas confié à des personnes qui accompagnaient les bénéficiaires, pour la circonstance. Mais en général, il nous a semblé que les ¾ des expéditions provenaient essentiellement de l'Espagne, de l'Allemagne, de la Hollande et des USA. La fréquentation d'un même et unique client pendant 2 à 3 jours dans la semaine était requérante. Interrogés sur cette fréquentation permanente, 2 clients sur 3 nous confient avoir reçu de l'argent de plusieurs personnes, le 3ᵉ était mandaté par ses parents dont les déplacements s'avèreraient difficiles à cause de leur emploi de temps chargé au travail et au marché.

Dans ces agences, nous avions interrogé 10 clients ; 7 déclarent ne pas vivre exclusivement des envois, les 3 autres sont partagés entre dépendance et compléments. On peut penser que la clientèle de ces agences est souvent constituée de familles plus ou moins aisées, car choisir ce mode d'envoi suppose que l'expéditeur n'a pas beaucoup de problèmes financiers ; les frais d'expédition pour ces agences coûtent plus cher et la procédure d'expédition est lente pour les personnes qui sont loin de Conakry. La durée minimale pour recevoir l'argent est de 2 à 3 jours, le temps pour l'agent de finaliser les formalités d'expédition (remplissage de l'identité de l'expéditeur, codage, transmission des opérations, vérification, transfert et réception électroniques des opérations). Pour les destinataires éloignés, ils font d'abord récupérer le montant par une personne se trouvant dans la zone la plus proche de l'agence de transfert, avant de se le faire expédier sous forme de remises par un voyageur familier. À Conakry sont basées la plupart des agences officielles. Elles sous-traitent avec des banques privées et y fixent leur siège. Par exemple, Western-Union (WE) est présente dans toutes les agences bancaires de la Société Générale de Banques en Guinée (SGBG), filiale de la Société Générale, en France. Dans la capitale, il existe quatre agences de WE dans les 4 agences de la SGBG, notamment à la Cité Chemins de fer (Kaloum), au carrefour Hamdallaye, à Enco 5 (Ratoma) et au carrefour Constantin (Matam). WE est également présente dans le centre urbain de toutes les grandes villes du pays, notamment Kindia, Mamou, Labé, Kamsar, Fria et N'Nzérékoré. Comme au Sénégal, les agences sous-traitent avec les banques pour faire leurs opérations. Elles domicilient un compte au niveau des banques pour leur permettre de faire des transferts de l'argent déposé par les migrants. Avec les banques, elles partagent les bénéfices des opérations ; c'est pourquoi les frais d'expédition sont élevés car il faut optimiser les bénéfices pour avoir une rentabilité à partager.

Les transferts par les banques sont le fait des grandes sociétés d'importation pour l'achat des produits à l'étranger. Cependant, ces transactions ne sont effectuées que par quelques rares sociétés privées qui ont généralement une représentation à l'extérieur. Les grands opérateurs économiques cherchent quant à eux des devises sur le marché parallèle, nécessaires à leurs importations.

Dans ces agences et dans les banques privées, les taux de conversion des devises en monnaie locale suivent les lois de la Banque centrale, contrairement à ceux proposés par les transactionnaires souterrains. En

France, seulement 5 personnes disent pouvoir utiliser couramment les agences de transferts bancaires. Deux sont membres de familles possédant deux grandes sociétés de pêche et d'alimentation en Guinée, un est représentant d'une firme d'exploitation de panneaux solaires et deux autres sont consultants internationaux. Ces personnes semblent vivre dans des conditions plus modestes. Ils ont des comptes ouverts dans les deux pays et procèdent à des virements à l'intérieur de la même Banque, entre par exemple la Société Générale en France et la SGBG en Guinée ou entre BNP Paribas (France) et BICIGUI (Guinée). Tous disent que ces méthodes constituent le moyen le plus sûr de transférer de l'argent. Et pour diverses raisons, ils ont besoin de traces d'opérations sur leurs relevés bancaires.

Vu le secret de polichinelle dans lequel sont tenus les registres des transactions, il est encore très difficile d'estimer les montants des transferts issus de la migration internationale et, tant qu'il n'y aura pas une législation rigoureuse et contraignante en la matière, il est quasi-impossible de dresser un bilan de ces flux financiers, si importants pour l'économie guinéenne.

Selon la Banque centrale de la République de Guinée (BCRG), les apports financiers de la diaspora se chiffrent comme suit :

- Diaspora : 2 millions d'individus
- 2007 : 280,5 millions d'euros
- 2008 : 347,4 millions d'euros
- Soit 24 % de progression entre les deux périodes suscitées
- Et 7,8 % du PIB (produit intérieur brut).

La Banque centrale nous a toujours renvoyé aux banques primaires pour les détails. Ces dernières ne livrent pas de statistiques au nom du "secret professionnel". En fait, cela ne traduit pas un manque d'intérêt, mais plutôt une difficulté à saisir les flux à partir de statistiques fiables.

En outre, les transferts d'argent des migrants guinéens ne constituent pas une priorité pour le gouvernement, puisque la seule étude réalisée par le ministère du Plan et la Direction Nationale de la Statistique intitulée « Enquête intégrée de base pour l'évaluation de la pauvreté », ne fait pas mention des transferts des migrants. Cette étude ne s'est intéressée qu'aux transferts intra-nationaux, c'est-à-dire entre les ménages des milieux ruraux et urbains.

Estimer le volume réel des transferts des migrants reste donc une tâche délicate, car une partie importante ne transite pas par les canaux officiels comme le mandat postal (peu utilisé), le virement bancaire et les réseaux des services internationaux de transfert d'argent.

Une agence a accepté de nous fournir des données sur leurs transferts d'argent du mois de septembre 2008. Ces opérations concernent la réception et l'expédition de l'argent vers des pays étrangers.

Tableau des transferts d'argent effectués par une agence, du 01/09/08 au 30/09/08 en Afrique, en Europe de l'Ouest et aux USA

RECEPTIONS

PAYS	Compt	TOTAL	Moyenne
FRANCE	1.468	416.334,43	283.61
USA	1,687	265.475,84	157,37
ROY UNI	961	202.256,59	210.46
CANADA	957	193.909,88	202,62
SUISSE	680	187.297,79	275.44
ITALIE	380	115.704,30	304,49
ESPAGNE	399	113.709,03	284,99
ALLEMAG	451	109.681,13	243,20
RCI	318	94.757,64	297,98
PAYS BAS	258	71.079,25	275,50
SENEGAL	353	61.994,74	175,62
MALI	190	49.849,71	262,37
CONGO	139	48.454,15	348,59
GABON	157	44.282,41	282,18
GUINEE	356	43.585,17	122,43
BENIN	87	36.729,33	422,18
BELGIQUE	134	33.914,93	253,10
RDC	110	30.427,95	276,62
TCHAD	94	22.346,61	237,73
GUINEE Bi	100	21.846,70	218,47
GN EQUA	65	19.451,50	299,25

ENVOIS

PAYS	COMPTE	TOTAL	Moyenne
FRANCE	159.895,86	1.126,03	1.126,0
ÉTATS UNIS	154.330,00	1.196,36	1.196,3
SENEGAL	355	141.886,12	399,68
GUINEE	694	88.666,49	127,76
NIGERIA	240	82.108,66	342,12
CANADA	61	72.236,25	1.184,2
COT DIVOIRE	190	64.903,19	341,60
MALI	196	62.253,92	317,62
MAROC	95	61.976,19	652,38
RD CONGO	41	61.944,00	1510,83
ESPAGNE	26	57.482,15	2.210,8
MAURITANIE	60	45.688,20	761,47
RYME UNI	27	39.642,99	1.468,2
CAMEROUN	33	36.055,50	1.092,5
BENIN	59	30.878,00	523,36
LIBERIA	51	28.588,00	560,55
GHANA	86	25.001,15	290,71
SIERRA LE	34	19.755,94	581,06
TOGO	24	16.475,60	686,48
ALLEMAGNE	13	12.260,21	943,09
TANZANIE	7	10.722,00	1.531,71

LIBERIA	128	18.096,79	141,38	ITALIE	12	1O.003,04	833,53
PORTUGA	46	15.578,22	338,66	GN BISSAU	27	9.195,55	340,58
CAMEROU	64	13.542,90	211,61	CONGO	22	8.120,89	369,13
SIERRA LE	77	10.079,85	130,91	BURK FASO	34	7.225,09	212,50
KENYA	18	8.866,42	492,58	BELGIQUE	8	7.096,94	887,00
CAP-VERT	52	8.774,04	168,73	SUISSE	5	5.467,44	1.093,49
MAURITA	61	8.570,89	140,51	EGYPTE	9	5.249,00	583,22
TOGO	40	8.300,98	207,52	TUNISIE	13	5.112,00	393,23
OUGANDA	11	8.277,40	752,49	NIGER	22	4.774,79	217,04
GAMBIE	83	7.890,57	95,07	GABON	7	5.572,31	653,19
ÉGYPTE	37	7.387,24	199,66	GAMBIE	20	3.776,74	188,84
TUNISIE	19	6.631,39	349,02	PAYS BAS	3	3.454,70	1.151,57
LIBYE	18	5.620,29	312,24	OUGANDA	7	3.136,00	448,00
AFR CEN	19	5.505,58	289,77	ALGERIE	13	2.793,00	214,85
Mozambiq	9	4.291,93	476,88	BURUNDI	4	2.700,00	675,00
RWANDA		3.898,60	487,33	GN EQUATR	2	2.000,00	1.000,00
BURKINA	23	3.528,57	153,42	TCHAD	1	1.172,00	1.172,00
TANZANIE	8	3.206,62	400,83	LIBYA	3	961,00	320,33
NIGER	20	2.651,82	132,59	KENYA	3	900,00	300,00
ZAMBIE	13	1.811,74	139,36	ZAMBIE	3	671,79	223,93
BURUNDI	9	1.646,77	182,97	CAP VERT	3	569,00	189,67
ANGOLA	5	977.04	195,41	PORTUGAL	1	513,89	513,89
BOTSWAN	7	907,37	129,62	MALAWI	1	500,00	500,00
MALAWI	4	344,71	86,18	RWANDA	3	500,00	166,67
CAMBODG	1	109.99	109,99	ÉTHIOPIE	1	35,00	35,00
TOTAL	12233	2.871.860,98	35.885,85		3365	2111.090,57	89.082,3

Ce tableau confirme l'hypothèse selon laquelle la France est le pays qui reçoit le plus de l'argent en provenance de l'étranger : 416.334,43 dollars est la somme perçue au mois de septembre par les offices de l'agence suscitée. Pour la même période, elle est aussi le pays qui a expédié le plus d'argent pour un total de 159.895,86 dollars. Toutes fois, il y'a une grande différence entre les sommes perçues et celles expédiées. En outre, les pays développés sont les nations qui font le plus de transactions par l'importance des sommes en jeu.

La Guinée figure à la 16e place des pays qui reçoivent beaucoup plus d'argent et à la 5e place parmi les pays africains, derrière la Côte d'Ivoire (9e), le Sénégal (11e), le Mali (12e) (Afrique de l'Ouest) ; le Congo (13e) et le Gabon (14e) (Afrique centrale). Le Malawi, le Botswana et l'Angola (Afrique centrale et australe) occupent les dernières places dans cette catégorie. La Guinée a reçu durant la même période 43.585,17 dollars pour une moyenne de 122,43 dollars par rapport aux autres pays.

Par contre, la Guinée figure à la 1re place des pays africains qui expédient le plus de l'argent vers l'étranger : 88.666,49 dollars, pour une moyenne de 127,76 dollars ; suivent le Nigeria (5e), la Côte d'Ivoire (7e), le Mali (8e)… En faisant un rapport entre les envois et les expéditions, on constate que généralement les pays africains expédient plus d'argent qu'ils n'en reçoivent, contrairement aux pays développés (France, USA, Canada…). Pour le cas de la Guinée, les expéditions sont doublement supérieures aux réceptions. Selon les agents, cette différence peut s'expliquer par le fait qu'un grand nombre des parents qui ont des enfants à l'extérieur leur envoient de l'argent par les agences officielles. Les coûts des expéditions dans ces agences officielles sont moins chers par rapport aux banques. L'autre avantage des agences par rapport aux banques est que les premières laissent peu de traces, ce qui peut faire éviter aux intéressés de se faire épingler par l'administration, les détournements et les pots de vin étant de mise dans l'administration publique et privée.

Ce tableau ne présente pas la totalité des sommes transférées car, il ne tient pas compte des opérations effectuées par les autres agences avec lesquelles nous n'avions pas pu avoir des données.

En considérant uniquement ce tableau, l'on peut déduire que pour les pays africains, notamment la Guinée, ces transactions affectent l'équilibre financier des pays car, les sorties d'argent sont supérieures aux rentrées.

SOUS-SECTION II : LES AGENCES SOUTERRAINES DE TRANSFERT D'ARGENT

Quelques boutiques de vente d'articles divers, de pharmacies, de magasins de stockage, d'agences de voyage, de cybercafés, les gares routières, etc. servent de lieux de transactions aux opérateurs souterrains. Dans l'une de ces agences situées à l'aéroport Gbessia, on pouvait y compter 8 à 12 clients/jour en moyenne. Ici, pas de bordereau, une simple pièce d'identité (de quelque nature soit-elle) et le code de retrait suffisent généralement pour percevoir l'argent en devises étrangères. Le client passe ensuite chez les cambistes pour les monnayer à un taux élevé en francs guinéens. On rencontre souvent ces cambistes à l'aéroport de Gbessia, aux marchés Madina et Niger (les plus importants de la ville), les longs des boulevards et des avenues à Kaloum (centre-ville).

Ces transactionnaires et ces cambistes deviennent de plus en plus nombreux dans la capitale, nous y avions recensé une dizaine de lieux. Ils font rarement objets de contrôles policiers bien que certains agents des finances publiques nous aient confié que ces marchés ont des impacts négatifs sur l'économie, pouvant entraîner par exemple des inflations. D'après ces agents, ces opérations sont tolérées car compte tenu de la réalité socio-économique du pays, marquée par des crises économiques, elles sont bénéfiques pour des nombreuses familles par le fait de leur proximité sociogéographique, d'autant plus que ces envois servent pour la plupart à des dépenses journalières ou à des compléments très importants (entretien des ménages, frais sanitaires, frais de scolarité, frais de loyer, etc.). Dans ces lieux, les refus de répondre étaient nombreux de la part de ceux qui percevaient des sommes importantes, probablement qu'elles étaient destinées d'après quelques rares répondants (3) à la construction. Le gouvernement d'Alpha CONDE a tenté de fermer certains de ces lieux et de réglementer les transactions, en vain.

Il existe aussi deux types de transferts dans certaines agences souterraines : des réceptions et des expéditions. Les premiers sont de loin les plus importants. Pour les expéditions, il s'agit de parents riches (constitués généralement de grands commerçants et de hauts responsables de l'État) qui envoient des bourses d'entretien à leurs progénitures ou à leurs protégé(e)s en Occident. Les frais d'expédition pour ces cas s'élèvent à 5 % du montant. Pour la réception, les frais s'élèvent à 10 % du montant reçu. Par contre, pour certains - surtout pour ceux de la France - ces frais ont été abaissés jusqu'à 7 % par les uns et 5 % par d'autres afin de marquer la différence avec les concurrents et d'avoir plus de clientèle. Par contre, certaines agences n'exigent aucuns frais pour les envois à l'étranger. Le but est d'avoir l'estime des bénéficiaires qui au moment opportun rendront la monnaie en utilisant leurs réseaux pour expédier de l'argent du pays. En effet, comme le marché n'est pas réglementé, un groupe qui voit ses opérations diminuées décide spontanément d'abaisser les frais d'expédition ; les autres, de crainte de perdre leur clientèle suivent aussitôt. Telles sont les lois de fonctionnement sur le marché noir.

Ce sont les Diakanké qui ont été les premiers à mettre en œuvre des circuits de transferts informels en utilisant les réseaux d'émigrés appartenant à leurs communautés. On les appelle "Modou modou" ou "Baol baols" au Sénégal et "transsactionneurs" en Guinée. Il existe une certaine ressemblance entre certains modèles guinéens et le modèle sénégalais de Galoya qui consiste pour « le destinateur de s'adresser à un informel (1) et lui remet l'argent à transférer en devise internationale. Ce dernier dépose les fonds au niveau de son bureau local qui donne ordre à la maison mère (…) de remettre l'équivalent au destinataire intermédiaire en monnaie convertible selon les indications du client. Le destinataire intermédiaire communique à l'informel (2) du pays de destination qu'il dispose d'un tel montant et lui donne ordre de remettre au destinataire final le montant du transfert (moins les commissions de change) avec les indications du client initiateur ».

En Guinée, cette nature de transaction est appelée « le dépôt téléphonique ». Le mandataire (X) dépose l'argent chez le « transactionnaire » (Y). Y consigne la somme sur un carnet et remet à X un numéro de code. Y communique la transaction par téléphone ou par fax à son représentant en Guinée et X en fait de même avec sa famille qui pourrait retirer la somme auprès du représentant.

Mais à la différence avec les Sénégalais, où ce genre de transferts concerne surtout des migrants se trouvant en Afrique, pour ceux de la Guinée, il s'agit des migrants se trouvant en Europe. Les Maliens utilisent surtout les transferts bancaires, ils ont la possibilité de faire des transferts à un tiers au pays à l'intérieur d'une même banque se trouvant en France et, ayant une représentation au Mali.

Dans le système informel, l'argent transféré est remis en devises étrangères et, aussitôt l'argent perçu, le bénéficiaire fait un petit détour chez le cambiste, souvent installé à côté pour monnayer la somme en francs guinéens. Les cambistes nourrissent une très grande méfiance à notre égard en dépit de notre statut de chercheur. Ils sont groupés en bandes de 5 à 10 personnes afin de pouvoir résister à d'éventuelles attaques dont ils sont souvent victimes.

Notre échantillon souffrirait de faible représentativité si on n'avait pas de connaissances parmi ces bandes. Des intermédiaires ont accepté volontiers de nous présenter à leurs camarades. Sur les 6 interrogés, 4 déclarent exercer ce métier pour un laps de temps bien déterminé, juste pour avoir un fonds de départ pour pouvoir se lancer dans le grand commerce. Ils sont confiants et optimistes sur leur prochaine réussite. D'après eux, beaucoup des grands commerçants guinéens seraient passés par là, d'autant plus que leurs aînés avaient commencé par les métiers de cireurs de chaussures sur les trottoirs de la capitale ; 5 ne sont pas réellement conscients des dangers de leurs pratiques sur l'économie du pays, ils pensent au contraire apporter des loyaux services aux populations locales non habituées aux banques, et aux grands commerçants qui passent par eux pour avoir des devises nécessaires à leurs frais de négoces à l'étranger.

La législation bancaire en Guinée est tellement rigoureuse qu'il est difficile à un citoyen ordinaire d'avoir des devises. Il faudrait entre autres, avoir au préalable un compte bancaire dans une banque privée, souvent éloignée des banlieusards et absente en zone rurale. L'ouverture d'un compte bancaire demande au minimum un capital de 500.000 FGN, alors que la grande majorité des Guinéens vivent avec moins d'un dollars/jour (soit 5000 FGN), et le salaire d'un fonctionnaire moyen est de 800.000 FGN. Ce qui explique en partie, l'important recours aux services des cambistes. En outre, tout voyageur est frappé à l'aéroport de Conakry par l'absence de bureau de change et les pannes fréquentes des distributeurs automatiques des billets. Besoin aidant, le voyageur n'a de solution immédiate que de se tourner vers les nombreux cambistes qui squattent les alentours de l'aéroport.

Malgré l'absence des transactionnaires dans d'autres villes européennes, les migrants déposent l'équivalent du montant à transférer sur le compte bancaire du transactionnaire pour les personnes se trouvant dans le même pays. Ce dernier, après avoir vérifié le dépôt, ordonne à leurs partenaires de Conakry de remettre la somme équivalente au bénéficiaire.

SOUS-SECTION III : LES REMISES ET LES TRANSFERTS PAR VALISE

Les remises sont les premières formes de transferts qui ont existé en Guinée. En effet, pendant le premier régime et jusqu'à une période récente, il n'existait pas d'agences de transfert, encore moins de transactionnaires. L'isolement politique, l'interdiction de telles pratiques et le non convertibilité du "Syli" ne permettaient pas l'installation des agences aussi officielles que souterraines. À l'époque, en plus des sanctions juridiques que pourraient encourir les contrevenants, ces derniers pouvaient être traités d'« ennemis du peuple ». Personne n'osait se lancer dans des telles pratiques. Par contre, les migrants se trouvant aussi bien en Afrique qu'en Europe remettaient l'argent à des potentiels voyageurs en direction des pays frontaliers où, ils pouvaient convertir les devises en Francs CFA. Par la voie terrestre, ils regagnaient la Guinée, en se faisant dépouiller parfois de leurs biens par les gardes frontalières. « Il était formellement interdit de faire rentrer des devises à l'intérieur du pays, quelque soit la somme, les policiers profitaient sur les contrevenants et les malchanceux pour s'enrichir », raconte un migrant, à Reims. Ceux qui réussissaient à faire passer l'argent le monnayaient enfin en syli (la monnaie locale), avant de le remettre au destinataire. La Banque centrale ne se prêtait pas à des opérations de change, et rares sont les personnes qui possédaient un compte bancaire ; il n'existait pas non plus de banques privées. « Au temps du "'socialisme guinéen", avoir un compte bancaire était synonyme de richissime et cela pouvait coûter cher à l'intéressé », témoigne un ancien aventurier en Sierra Léone. L'argent était monnayé avec des commerçants locaux qui en avaient besoin pour leurs négoces extérieurs. Malgré tout, rares sont les personnes qui acceptaient de transporter des fortes sommes, de peur d'être pris et de finir le reste de leur vie en prison. Durant toute la période du premier régime, les familles recevaient peu de leurs migrants. Les besoins étaient aussi limités : il était pratiquement impossible d'avoir une belle maison, ni de mener un train de vie assez élevé par rapport à celui du peuple. Des rations alimentaires étaient distribuées dans tout le pays et les besoins de faire le pèlerinage étaient satisfaits par l'État qui choisissait chaque année un échantillon d'individus parmi « les bienfaiteurs de la Nation ». Ce qui limitait certains besoins en argent.

Les transferts par valises étaient pratiqués par les migrants des pays frontaliers. La plupart des migrants avaient au moins deux femmes qui se succédaient à des intervalles réguliers auprès du mari. À chaque retour au pays, les femmes ramenaient des cadeaux pour les proches du village, car les femmes séjournaient le plus souvent auprès des parents afin de les aider dans leurs travaux en attendant leur tour. Les enfants scolarisés restaient avec le mari et ceux qui n'avaient pas encore l'âge de la scolarité suivaient la maman. Les principaux cadeaux étaient constitués d'habits, de foulards et de chaussures : « En 1976, il y'a eu une pénurie de chaussures sur le marché guinéen, les citoyens chaussaient des bottes artisanalement fabriquées par des "garankés" et difficiles à porter. Les chaussures envoyées par les migrants ont beaucoup servi à leurs familles. Les chaussures au long talon et les pantalons à la "James Brown" étaient les plus courtisés. A chaque époque, son style », dixit l'ancien aventurier. Transferts par valises et remises ne concernaient à l'époque qu'une poignée de familles. Aujourd'hui, les modes et l'utilisation des transferts ont beaucoup changé. On préfère maintenant donner de l'argent aux proches, à eux d'acheter les produits de leur choix sur les marchés guinéens qui regorgent de produits de tout genre.

SECTION II : L'UTILISATION DE L'ARGENT TRANSFERÉ

Les avis sur l'utilisation de l'argent reçu par les personnes rencontrées dans les agences de transferts, chez les transactionnaires et les familles de migrants varient en fonction du statut économique et social des répondants. Pour les familles de classes moyennes, l'argent sert à satisfaire des besoins complémentaires (acquisition des nouveaux terrains, achat de matériels de construction et de biens familiaux...) ; pour les familles modestes, l'utilisation est aussi diverse que variée : dépenses journalières et entretien du ménage (habillements, soins, frais scolaires…) pour les uns ; loyers, achat et construction d'une maison à usage familial pour les autres ; envoi des parents et des beaux-parents à La Mecque… pour d'autres encore.

Mais l'investissement le plus important pour les migrants reste l'immobilier. Les investissements sont destinés à l'acquisition de terrains, à la construction de maison à usage familial, à la préparation du retour et/ou effectuer un placement (notamment à Conakry, compte tenu de la forte rentabilité du secteur immobilier depuis quelques années). Par exemple, sur 10 migrants interrogés en Europe, 6 ont investi dans l'immobilier. En effet, dans la capitale, les migrants et les commerçants sont les principaux investisseurs immobiliers car ils sont parmi les rares personnes à pouvoir acquérir un terrain ou une maison, compte tenu du niveau extrêmement élevé des prix - qu'ils ont contribué à faire grimper.

Les investissements productifs sont comparativement beaucoup plus rares et se concentrent dans les secteurs des transports (taxis, cars), du commerce (importation de véhicules et des pièces détachées d'occasions) et dans une moindre mesure, l'agriculture (plantations dans les régions côtières, notamment Dubréka, Kindia et Forécariah).

L'habitat est donc l'un des secteurs dans lequel les migrants préfèrent investir leur épargne. À l'origine, ces investissements se faisaient au village par la réfection de la maison familiale ; ensuite, ils se sont davantage réalisés en ville et dans la capitale. Si les investissements au village avaient principalement un caractère social permettant d'afficher la réussite, les investissements en ville ont pour but de faire fructifier le capital et de constituer une épargne de sécurité. Ce qui ne veut pas dire que les migrants soient guidés exclusivement par une démarche spéculative. L'impact de ce type d'investissement est positif car les migrants deviennent promoteurs immobiliers et satisfont un besoin auquel l'Etat ne peut répondre.

D'autres investissements de moins importance existent aussi ; par exemple, un membre de la famille de l'émigré qui lui demande une assistance pour pouvoir financer une petite activité (par exemple, ouvrir une boutique ou acheter un taxi). Certains émigrés apportent leur soutien pour des telles initiatives qui ont l'avantage de sortir un parent ou un ami du chômage et, dans certains cas, d'aider la famille à subvenir à ses besoins en diminuant la charge financière pour l'émigré.

En outre, les ventes de terrain et la construction avec tout ce qu'elles impliquent de services (main d'œuvre, commerce, transport, services divers) est un bon moyen de redistribution des économies migratoires à l'ensemble des membres du groupe social. La population qui a pu ainsi détourner à son profit une part de l'épargne des émigrés, peut construire, investir, entreprendre à son tour ; ce qui assure aux régions concernées une activité permanente qui n'est plus liée seulement à l'injection directe de cette épargne, mais aussi à ses effets à long terme. Nous verrons dans les chapitres qui suivent la nature des transferts suivant les catégories des migrants.

CHAPITRE III : POINTS DE VUE DES GUINÉENS DE L'EXTERIEUR SUR LEUR PARTICIPATION AU DÉVELOPPEMENT

La migration guinéenne porte à la fois sur des travailleurs non qualifiés, des cadres, des techniciens, des demandeurs d'asile, des étudiants et, de plus en plus des femmes. Malgré les crises socio-économiques internes, la Guinée n'est pas pour autant considérée comme un pôle migratoire important. Les chiffres recueillis dénotent 406.000 immigrants, soit 4,3 % de la population totale. Ce qui place la Guinée dans la moyenne des pays d'Afrique subsaharienne et confirme son statut de pays transit. Par contre, même si les données sur le trafic migratoire clandestin ne sont pas encore connues, on peut noter qu'en 2002, un bateau appelé « Conakry » s'est échoué sur les côtes des Canaries avec à son bord 150 clandestins guinéens (Lynx, N° 32/17). Au cours de ces dernières années, un autre phénomène commence avait commencé à se développer en Guinée. Il s'agit de l'affluence massive de migrants en provenance de l'Asie et des Pakistanais qui viennent des pays du Golfe, essentiellement d'Abu Dhabi. Ils utilisent, via des réseaux, le territoire guinéen comme pays de transit vers l'Europe et plus particulièrement vers l'Espagne. Le renforcement des contrôles aux frontières et les restrictions de circulation entre les pays du Nord et ceux du Sud incitent les candidats au départ à recourir aux réseaux de migration clandestine, qui se créent de nouveaux trajets.

Il existe aussi des Guinéens rapatriés de pays d'accueil. On les appelle des "Retournés", selon la terminologie officielle. Les données existantes ne permettent pas de différencier les retournés volontaires aux retournés de force. L'une des principales causes de ces retours est liée à la présence massive de migrants irréguliers qui amène certains États à procéder à des expulsions. D'où la création du Service National d'Actions Humanitaires (SNAH) au sein du ministère de l'Intérieur et de la Sécurité chargé des retournés volontaires ou rapatriés. Ainsi, entre 2001 et 2006, il y'a eu 106.765 Guinéens rapatriés de l'étranger. Les pays qui expulsent le plus sont l'Angola (2.135), l'Europe (2.289) et le Maghreb (1.358). L'essentiel des retournés provient du continent africain. Par ailleurs, les conflits en Sierra Léone, au Liberia et en Côte d'Ivoire ont eu une incidence sur l'atlas migratoire des Guinéens.

Pour avoir un échantillon plus représentatif des migrants, nous avons rencontré des Guinéens se trouvant dans des pays européens dont la France (Île-de-France, Lille et Metz) ; la Belgique (Bruxelles), l'Espagne (Barcelone) et l'Allemagne (Brême). Le choix des personnes interrogées dans ces villes est basé sur l'échantillonnage sur place. Aucun critère sociologique n'était défini à l'avance. Les listes détenues par les associations ne sont pas représentatives car certains migrants que nous avions interrogés n'y sont pas inscrits. En plus, réduire l'échantillon à ceux qui sont officiellement recensés dans les conduiraient à une sous-représentativité dans la mesure où la grande majorité des migrants rencontrés, et qui gardent de véritables liens avec leur terre d'origine est constituée de « sans-papiers ». Il était aussi difficile de retrouver le domicile des personnes recensées, beaucoup avaient déménagé. Et puis, nos moyens sont tellement limités qu'il nous était impossible de rencontrer tous les migrants, logés parfois à des villes très distantes les unes des autres, alors que dans certaines villes (Barcelone, Brême) ils vivent groupés dans des quartiers spécifiques. D'autre part, le choix de ces villes s'explique par le fait que nous y avions un parent ou un ami qui pouvait nous mettre en relations avec d'autres migrants.

SOUS-CHAPITRE I : LES CATEGORIES DE MIGRANTS

Parmi les migrants, nous avons rencontré trois profils : des étudiants et des universitaires (section I), « des aventuriers » (section II) et des résidents permanents (section III). Ces trois types de migrants se connaissent peu et se rencontrent rarement. Il y'a aussi des musiciens et des footballeurs qui participent au rayonnement culturel.

SECTION I : LE CAS DES ÉTUDIANTS ET DES UNIVERSITAIRES

Ils sont envoyés en Europe par leurs parents, mais la grande majorité n'a pas encore de poids considérable dans la satisfaction des besoins économiques de leur famille. Dans les villes suscitées, excepté Barcelone et Brême - où nous n'avions pas eu connaissance de l'existence d'étudiants guinéens - ils forment des associations dont les buts se limitent à l'organisation de rencontres culturelles et sportives et d'assistanat social. Ils n'ont pas encore des réels projets envers la Guinée, excepté l'association des jeunes guinéens de France qui y mène quelques projets de développement importants. Ceux qui vivent en provinces se connaissent dans leur grande majorité. Ils gardent des liens avec leurs camarades se trouvant à Conakry en les aidant à avoir des inscriptions dans des universités françaises avant la mise en place de "campus France". Certains partagent études et travail. Ceux rencontrés à Paris logent pour la plupart chez des particuliers et ceux des provinces, aux campus universitaires. La plupart d'entre eux ne terminent pas leur cursus universitaire et ceux qui finissent le cycle sortent souvent avec des mentions faibles. Pour 15 étudiants, cette situation s'explique non pas à cause du faible niveau supposé de leurs études antérieures en Guinée, mais parce que les étudiants sont souvent obligés de privilégier le travail aux dépens des études pour pouvoir payer des frais de logement, de transport, d'entretien, d'inscription, etc.

Les associations estudiantines dans les provinces sont mieux structurées et socialement plus dynamiques. Cela serait dû par le fait que 80 % des étudiants fréquentent généralement la même université et sont logés dans les mêmes campus, ils ont des opportunités pour se rencontrer ; alors que dans les grandes villes, les étudiants sont éparpillés dans des nombreuses universités et la grande majorité reste cantonnée en banlieues, dans des logements chez des particuliers.

En dépit de leurs charges mensuelles et de leur temps de travail limité (22h/semaine au maximum), la majorité ne manque pas d'opportunités pour envoyer de l'argent, des téléphones portables, des articles vestimentaires à leurs frères, sœurs et ami(e)s. À ce niveau, nous avions relevé quelques différences entre les étudiants issus de familles de classes moyennes et ceux venant de familles de classes modestes. Pour les premiers, en attendant de finir leurs études, on ne compte pas sur eux bien qu'on les sollicite parfois pour certains besoins secondaires. Mais pour les seconds, ils sont souvent embêtés par leurs parents qui sollicitent leur pleine participation, même pour le panier de la ménagère.

Nous avions également révélé une contradiction dans les témoignages de certains. Par estime de soi et par valorisation, certains étudiants disent envoyer régulièrement de l'argent à leurs parents, alors qu'ils ont peux travailler depuis leur arrivée et les étudiants n'ont pas droit aux allocations de chômage. Leurs parents avaient investi en eux, en espérant pouvoir tirer profit dés leur arrivée en Europe. Pour eux, la seule réussite consiste à envoyer de l'argent et des biens matériels et non à l'acquisition de diplômes. On les incite à faire comme "les fils des autres", ceux qui ont construit des maisons et/ou ont changé le cours de vie de leurs familles, nous disent-ils. Pour leur part, ces étudiants pensent que la satisfaction des sollicitations parentales constitue un devoir moral à remplir coûte que coûte. Le témoignage ci-dessous revient souvent au niveau de la population estudiantine :

« J'étais venu pour étudier et j'en avais vraiment l'ambition. Mais compte tenu des appels incessants de mes parents qui m'expliquaient leur vécu quotidien, je me suis vu dans l'obligation morale de remplir ce devoir familial. Mes heures de cours coïncidaient souvent avec celles du travail, j'ai choisi finalement d'abandonner les premières au profit des secondes (…) ». La venue de certains en France aux frais de leurs parents constitue un contrat implicite qu'il faut moralement honoré. Une dette qu'il faut payer aussitôt.

Un autre groupe d'étudiants pense que leurs vacances au pays avec leurs femmes européennes et leurs enfants constituent l'un des plus beaux cadeaux qu'ils puissent offrir à leurs parents. Le métissage culturel et la découverte d'un autre milieu par leurs conjointes seraient pour eux l'un des impacts les plus importants de la migration. D'autres étudiants sont mariés à des compatriotes et d'autres encore ont laissé leur femme, ou leur fiancée et/ou leurs enfants au pays. Ceux-là sont obligés de travailler pour subvenir aux dépenses de leur famille bien que certaines épouses soient encore à la charge des parents.

Sur les 25 interrogés, 15 envisagent un retour définitif au pays « dés que la situation politique l'aurait permis » pour s'occuper de leurs familles et mettre leurs services dans des secteurs professionnels de leur formation. Ils pensent à la création de bureaux d'études, d'ONG, de centres de formation, etc. Leurs conditions de vie en Europe ne leur donnent aucune envie d'y demeurer, mais la situation actuelle de la Guinée ne les incite pas non plus à s'y retourner ; 5 autres sont mariés et comptent rester auprès de leur famille en France car ils voient mal leur femme s'acclimater aux conditions de vie socio-économique et climatique de la Guinée ; 3 n'éprouvent aucune envie de s'y retourner, même à long terme ; 2 n'ont pas encore de projet particulier d'installation en France ou de retour, ils estiment s'installer partout où leur situation professionnelle et/ou conjugale pourrait les conduire.

Les premières vagues d'universitaires guinéens étaient boursiers. Ils étaient orientés vers des pays socialistes. Depuis 1998, les étudiants s'orientent vers des universités européennes et nord-américaines. La plus grande partie réside en France, probablement à cause de la gratuité de l'enseignement et par les nouvelles opportunités culturelles offertes par la France envers les pays subsahariens. Les premiers étudiants boursiers se sont retournés après leur formation pour servir dans l'administration. C'étaient généralement des agronomes, des médecins, des physiciens, des mathématiciens... Parmi eux, beaucoup sont aujourd'hui enseignants dans les universités guinéennes. Les nouvelles générations cultivent moins d'engouement pour un retour. L'incertitude de réussir, les hostilités supposées ou réelles du pouvoir politique envers la diaspora sont pour eux des raisons qui justifient cet état d'esprit.

SECTION II : LE CAS DES RÉSIDENTS PERMANENTS

Pour les résidents permanents, on les a rencontrés en banlieues parisiennes et en provinces. Parmi les 10 interrogés, seul 1 est propriétaire de sa maison, 2 vivent dans des appartements en instance d'achat ; 5 autres logent dans des HLM, 1 dans un hôtel et 1 chez un particulier. Ce sont surtout des demandeurs d'asile (surtout en Belgique et en France) et des anciens travailleurs (en France) ayant obtenu la naturalisation ou une régularisation (Espagne). Leur niveau d'instruction varie en moyenne entre le primaire et le secondaire et ils travaillent dans le secteur primaire. D'autres par contre, sont des véritables professionnels dans différents secteurs dont l'enseignement, la santé, les prestations de services, etc. Ils sont constitués des premiers étudiants guinéens en France, boursiers et asilants. Certains sont éloignés des mouvements associatifs et d'autres prêtent leurs salons pour des réunions communautaires. Le manque d'intérêt pour les associations se fait surtout remarquer au niveau des anciens travailleurs résidant en France. Ces derniers n'ont pas beaucoup de liens avec leur terre d'origine et acceptent peu les interviews sur ce sujet. Difficile de les cadrer sur un sujet parmi les quelques personnes qui ont accepté de nous rencontrer ; ils disent souvent être déçus de la gestion politique du pays et ont préféré "donner un meilleur cadre de vie" à leurs enfants en refusant tout retour, et en limitant les contacts avec les autres migrants. Certains sont mariés à des Européennes et d'autres ont fait venir leurs femmes par le biais du regroupement familial.

SECTION III : LE CAS DES AVENTURIERS, HOMMES D'AFFAIRES ET AUTRES

Pour les « aventuriers » et autres régularisés récents, la durée de leur séjour varie entre 2 à 10 ans ; mariés (avec 2 femmes pour certains) et père de famille à 75 %, ils se prêtent à toute offre d'emplois : manœuvre, éboueur, coiffure, gardiennage, sécurité, manutention, plonge, maraboutage, vente de CD et de DVD... pour subvenir aux besoins de leurs familles. Certains sont des anciens ouvriers, ce qui facilite leur intégration dans ces métiers. Très mobiles, ils multiplient leur "chance" de réussite et/ou de se voir régulariser en changeant régulièrement de pays. Au prix d'une fortune, ils ont négocié leur venue en Europe. Certes, les traversées clandestines sont nombreuses, mais ceux qui viennent avec des visas de court séjour (touristes, hommes d'affaires, visites familiales, congés...) sont les plus nombreux. C'est lorsqu'ils décident de prolonger leur séjour au-delà de la durée accordée qu'ils deviennent des clandestins. Sur 17 interrogés à Barcelone, 2 ont emprunté le détroit de Gibraltar, 3 sont passés par les territoires de Melilla et de Ceuta pour gagner l'intérieur de l'Europe ; 10 sont venus avec des visas et 2 ont transité par des pays asiatiques, notamment la Turquie. Ils sont massivement attirés par l'Espagne, à cause des régularisations massives effectuées par le gouvernement espagnol ces dernières années. Dans notre appartement de séjour temporaire, sur les 5 autres occupants, 4 étaient déjà régularisés, le 5e était en instance d'attente. Parmi eux, 2 travaillaient dans des champs, 1 dans la restauration et 2 autres dans le bâtiment ; 3 étaient des intérimaires et 2 en CDD (contrat à durée déterminée). Leurs salaires mensuels varient entre 600 et 800 euros.

En général, ces migrants sont les piliers économiques de leurs familles. Ils s'acquittent des dépenses journalières (1,5 euros en moyenne/jour pour la popote) et des frais de loyers comme au temps où ils étaient au pays auprès de leur famille. Ils envoient chacun 200 euros/mois en moyenne. Le reste sert à des frais de logement (500 euros en moyenne par appartement, partagés par plusieurs occupants), d'entretien, de transport... Ils ont peu des moyens et de temps pour des loisirs. Unique garçon dans certaines familles, ils sont leur seul espoir. Mais la majorité est issue de famille nombreuse.

En plus de leur famille restreinte, les migrants ont une tendance à s'occuper de mieux de leur maman que des autres membres de la grande famille, le père étant pour la plupart des cas décédé ; viennent ensuite les frères, pour qui certains financent des études universitaires dans des établissements privés après des échecs répétés au concours d'entrée dans les universités publiques. Ils soutiennent également leurs sœurs pour les inciter à limiter leurs tentations juvéniles pouvant "souiller" l'honneur de la famille. Ils ont tous un projet de construction de maison à usage familial. Ceux qui ont des papiers officiels profitent de leurs vacances professionnelles pour superviser leurs travaux de construction en Guinée. Ils placent peu de confiance aux maçons qu'ils accusent de voler leurs matériels et aux intermédiaires qu'ils qualifient de profiteurs et de détourneurs. Ils font rarement recours à des architectes. Leur plan de construction est copié sur le modèle du voisin ou d'un parent ou encore d'un ami. Ceux qui n'ont pas de papiers ou qui jugent le coût de voyage élevé confient leurs chantiers à un proche (cousin, oncle, ami, père...). Il faut compter en moyenne 5 ans pour achever une construction. D'autre part, ils préfèrent acheter des parcelles dans la haute banlieue ou dans les villes périphériques de Conakry (Dubréka, Coyah et Kindia) pour plusieurs raisons partagées par 14 (sur 17) répondants : les coûts d'achat sont moins chers et la chance d'avoir des vastes parcelles est plus grande. Cependant, les matériaux de construction sont pour la plupart achetés dans la capitale en dépit des frais de transport élevés. Inspirés du mode de vie occidental, ils préfèrent les zones calmes et moins bruyantes ; 9 avaient des projets similaires au village, car n'ayant pas un relais pour refaire à chaque saison la toiture en paille des cases parentales, ils construisent des maisons en banco et en tôles qui ne nécessitent pas ce genre d'entretien.

En Espagne, les migrants vivent par communautés groupées. Les ressortissants de Télémélé sont concentrés à Tordera, ceux de Labé à Santa Coloma ; ceux de Mamou, Pita, Dalaba à Pinada de Mar ou Lloret et Mataró. Ils cotisent dans leur grande majorité (14) mensuellement au sein de l'association de leur communauté d'origine. Ces cotisations représentent pour eux un devoir. Par contre, une minorité (3) voit en ces associations une source d'enrichissement illicite pour les dirigeants et les accusent d'avoir une vision traditionnelle et communautariste.

En bref, les migrants se planifient dans le temps pour mener à terme leurs ambitions : ils commencent par scolariser leurs enfants dans des écoles privées, construisent et/ou aménagent ensuite dans une nouvelle maison, achètent une voiture et ouvrent un petit commerce pour la famille, envoient les parents et les beaux-parents à La Mecque, etc. Pour eux, la réussite des enfants et le bien être familial passe par l'acquisition d'une maison, en premier. Une démarche contraire chez les étudiants et les universitaires qui espèrent terminer d'abord les études, avoir une situation professionnelle stable avant de construire une maison et fonder enfin une famille. Un idéal que ne partagent pas généralement leurs parents car beaucoup sont mariés (de bon gré ou malgré) au cours de leur cursus universitaire. Tous cependant, ont une ambition d'avoir une maison au pays, d'autant plus que cela est source de réussite et confère au bénéficiaire un statut social plus élevé.

SECTION IV : LE CAS DES FEMMES MIGRANTES

Ce qui est nouveau dans la migration guinéenne, c'est l'émigration féminine ; 11 femmes dont 5 mariées nous ont confié avoir participé activement à l'amélioration des conditions de vie de leurs parents et de leur famille. Elles sont femmes de ménage et coiffeuses en France, coiffeuses à Bruxelles, cuisinières dans les hôtels barcelonais de Santa Susanna, Lloret et Pineda de Mar. Les célibataires (4) sont venues par leurs propres frais et 1 par le biais d'un petit ami ; 6 ont une vie conjugale (dont 1 fiancée). Parmi elles, 7 sont analphabètes, 2 ont un niveau secondaire, 1 a le niveau Bac et 1 autre a un niveau licence. Les femmes mariées sont plus ou moins intégrées au sein des milieux associatifs. Leur niveau d'intégration varie suivant le pays de résidence : en Espagne, elles sont souvent analphabètes et femmes au foyer, elles occupent un rôle de second plan au sein des associations (préparation des mets lors des réunions). En France et en Belgique, le niveau est un peu élevé, elles occupent les postes de trésorière et, sont même présidentes dans d'autres associations. Par contre, les fiancées et les célibataires vivent en retrait des associations. En effet, les milieux associatifs prennent beaucoup de recul par rapport aux femmes célibataires et développent des stigmates et des stéréotypes sur leurs activités.

En France, on distingue deux catégories : les femmes au foyer et les femmes actives. Ces dernières sont des anciennes fonctionnaires au pays, des élues locales en France, des présidentes d'associations ou des caissières. En général, comme certains hommes, elles envoient régulièrement de l'argent au pays. Pour être à l'abri des stigmates, les célibataires entretiennent peu de relations avec les milieux associatifs.

Parmi les 8 femmes migrantes que nous avions rencontrées dans les quartiers visités de Conakry, 5 sont des étudiantes dans des universités françaises, en vacances au pays ; les 3 autres, sont des femmes de migrants, rencontrés auparavant en Europe. Les femmes migrantes en situation de couple séjournent rarement au pays ou y font peu de temps, leurs maris leur permettent tout justement de venir présenter leurs nouveaux nés à leurs parents. D'autre part, depuis une décennie, de plus en plus de femmes réussissent à faire des études à l'extérieur, fait rare il y'a quelques années ; ce qui pouvait expliquer par ailleurs le manque des femmes hautement qualifiées dans l'administration publique. Les bourses d'études étaient uniquement destinées aux hommes pendant la première République. Les pionnières des femmes intellectuelles sont les sages-femmes et les aides soignantes formées dans les années 1950 à l'école de sages-femmes de Dakar. Actuellement, les horizons migratoires des jeunes femmes diffèrent selon les moyens économiques des parents et les facilités d'accueil des pays occidentaux : celles des familles "nanties" se dirigent vers l'Angleterre, les USA et le Ghana où elles peuvent apprendre plus facilement l'anglais, les autres partent en Belgique et en France. Généralement, celles qui se retournent après leur formation n'éprouvent pas beaucoup de difficultés à trouver un emploi. Elles sont nombreuses dans les administrations privées, notamment les banques, les filières commerciales (gestion, marketing, secrétariat, conseillères), l'informatique et les langues étrangères.

Les femmes mariées qui rejoignent leur mari se dirigent généralement vers l'Espagne, la Belgique, la Hollande et la France avec des visas de "visite", de "touriste" ou "médical" où elles peuvent demander l'asile afin de régulariser leur situation.

En Guinée, on ne remarque pas encore assez de réalisations des femmes migrantes. Le phénomène est nouveau, et la première génération des femmes migrantes (outre-Atlantique) est en train à peine de se faire remarquer.

SECTION V : LA PARTICIPATION DES AUTRES GROUPES (FOOTBALLEURS, MUSICIENS...)

Une autre catégorie de migrants qui participent au rayonnement culturel de la Guinée est constituée de joueurs professionnels de football et d'artistes. L'équipe nationale guinéenne de football est en grande partie composée de joueurs évoluant dans les championnats européens, notamment français et belges. Ils défendent patriotiquement les couleurs nationales pendant les compétitions internationales. Un que nous avions rencontré à METZ nous confie être fier de porter les couleurs du "syli" à chaque fois qu'on lui sollicite. En France, les jeunes joueurs sont regroupés au sein d'une association. En son sein, on rencontre des joueurs professionnels de Ligue 1 et des jeunes à la recherche d'un premier club. Certains sont dans des centres de formation et d'autres évoluent dans des divisions inférieures (National, CFA). Entre eux, ils s'entraident pour avoir des meilleurs clubs et aident leurs amis se trouvant encore au pays à décrocher un test de recrutement. Leur durée de séjour est fonction du nombre d'années signées dans un club.

Il y a aussi des artistes, joueurs d'instruments locaux (kora, djembé, n'goni) et des danseurs traditionnels qui véhiculent et valorisent la culture guinéenne à travers toute l'Europe. À Paris, ils sont regroupés au sein de l'association des musiciens guinéens, où l'on peut rencontrer parfois des grands musiciens guinéens de séjour en France. D'aucuns ont des centres de formation, notamment à Metz, Bruxelles et Hambourg. On les sollicite pour des animations culturelles dans les centres scolaires lors des kermesses pour enfants... Souvent, dans leurs centres, ils organisent des expositions d'instruments traditionnels et projettent des film-documentaires intitulés "La Guinée des merveilles" valorisant le tourisme guinéen. Ils sont beaucoup plus ouverts au métissage culturel car la quasi-totalité (3 sur 5) de ceux dont nous avions rencontrés sont mariés à des Européennes. Adeptes de style vestimentaire traditionnel, teinté parfois de couleurs rastafariennes, ils inspirent à plus d'un titre leur entourage. Nous remarquons souvent dans les places et rues publiques (places catalan et Santa Susanna par exemple), des nationalités européennes arborées leur style.

À Conakry, au quartier Hamdallaye, habite une famille de griots qui reçoit fréquemment des Européens et des Asiatiques en quête de formation et d'inspiration folklorique africaine. Leur séjour répétitif peut durer d'un à trois mois. De retour en Europe, ils créent des formes musicales occidentales imprégnées de sons de leurs nouveaux instruments. Depuis l'instauration de visa artistique (sous l'impulsion de Jack Lang, alors ministre de la Culture), ils sont de plus en plus nombreux à séjourner temporairement en France. Les groupes "BAH CISSOKO" et "Espoirs de Coronthie" font des nombreuses prestations en France.

SOUS-CHAPITRE II : AUTRES ENVOIS RÉGULIERS DES MIGRANTS

Les migrants exportent aussi des matériels (voitures d'occasion, pièces détachées, appareils électroménagers, appareils informatiques, etc.) et des friperies. Des ports de Bruxelles, d'Amsterdam ou d'Hambourg, ils expédient des voitures d'occasion destinées à la vente. Ces importations permettent aux migrants de se soustraire de certaines dépenses familiales et de se constituer une épargne en Guinée.

SECTION I : IMPORTATIONS ET UTILITÉ DES VOITURES D'OCCASION

Pour l'importation des voitures d'occasion, les migrants passent par les services des agences de fret maritime dont Belgo-Malienne (BM) à Anderlecht (Bruxelles). Nous avions visité ce Centre où nous nous sommes entretenus avec des clients et y avions mené des observations. D'autres parcs de vente existent également ailleurs. Des voitures d'occasion sont stationnées le long de la route et à l'intérieur d'un grand hangar. Les numéros des personnes à contacter et les prix sont affichés au-devant des voitures. Les prix varient en fonction du kilométrage affiché par le compteur, l'état du moteur, la coque, le nombre de places, les accessoires (radio, rétroviseurs, moquette de sièges…). Les prix varient généralement entre 400 à 5.000 euros. Après avoir discuté du prix avec le propriétaire ou le mandataire, l'acheteur et le vendeur effectuent les formalités d'achat et de transport au siège de la société. Il n'existe pas généralement d'acte de vente ; seulement le vendeur cède la carte grise et le numéro de série de la voiture avec comme indication « à céder à Monsieur X » à l'acheteur. Les acquéreurs prennent soin de remplir la voiture d'objets (matelas, vélos, fours électroménagers, pièces détachées, etc.) dont l'envoi séparé pouvait coûter cher. « Nous faisons une pierre, plusieurs coups » nous confient les clients.

Nous avions recensé également au cours de notre séjour à Conakry plusieurs parcs de vente de voitures d'occasion, notamment à Dixinn, Almamya, Coléah et Matam. Une journée passée au Parc de Dixinn nous a permis de recueillir des informations sur les transactions commerciales. Ce jour, on a enregistré deux achats et plusieurs visites de clients. Les voitures sont parquées pèle mêle, au client de faire son choix. Les prix varient en fonction de l'état de la voiture, sa marque et les éventuels frais engagés pour sa réparation et son transport. Par exemple, une voiture ayant coûté 700 euros de frais d'achat, 480 euros de frais de transport et 200 euros de frais de dédouanement (calculés en fonction du poids de la voiture et de son contenu) peut être vendue entre 1.800 et 2.000 euros. Cela représente une forte somme sur le marché guinéen. Pour mieux comprendre ce mécanisme, nous avons transcrit le témoignage du représentant de BM à Conakry :

« Je me charge de livrer les voitures transportées sous l'insigne BM aux différents destinataires indiqués sur les fax que je reçois, après vérification de leur identité et des références indiquées sur la voiture (N° de série par exemple). Il arrive parfois que des manutentionnaires ou des douaniers aient dépouillé la voiture de certains accessoires (feux rouges, parebrises, radios, clims…). Le gros du problème se rencontre au Port autonome de Conakry. Si toutes fois l'intéressé était assuré contre ces risques depuis le départ, nous procédons nous-mêmes aux réparations, mais compte tenu des frais élevés de cette assurance, rares sont les expéditeurs qui en prennent. C'est en fonction de toutes ces dépenses que le propriétaire établit son prix de revient, finalement très cher. (…). Nous ne sommes pas les seuls sur ce marché, il y'a d'autres transitaires qui s'occupent de la sortie des véhicules au Port. Les destinataires - parce que n'ayant pas de licence - sont obligés de passer par les bureaux de transit pour avoir leurs importations. Le marché étant fructueux, beaucoup de personnes s'y prêtent. Il y'a même des écoles qui forment maintenant à cette profession ».

Toute une chaîne de personnes travaillant dans ce "business" nourrit des centaines d'individus. De l'embarquement à la livraison, des transitaires, des manutentionnaires, des douaniers, des chauffeurs, des entrepreneurs, des garagistes… y trouvent leur compte. Ces voitures d'occasion, des milliers de Guinéens s'en servent pour des services personnels et pour le transport en commun. D'après un employé du ministère des Transports, section Immatriculation, 80 % des voitures immatriculées au Parc national d'automobiles seraient des voitures d'occasion. Les taxis, les bus et les minibus sont d'une importance capitale pour le transport en commun aussi bien dans les villes que pour les déplacements inter-régionaux. Depuis la faillite de la société Sogetrag (entreprise mixte résultant de la coopération guinéo-française) et du désengagement de l'État du secteur privé, les voyageurs n'ont à leur disposition que ces moyens de transport en commun. « Sans eux, 9/10 fonctionnaires ne partiraient pas au travail » se confient des répondants. La pénurie des moyens de transport est si grande qu'un seul minibus transporte le double de sa capacité d'accueil, surtout aux heures de pointe (8h-10h ; 16h-18h). Leur manque peut entraîner des déséquilibres importants dans tous les secteurs administratifs. Depuis que l'on a commencé à enregistrer ces pénuries, les citoyens ont cessé d'aller régulièrement et ponctuellement au travail. Des situations qui expliquent l'importance des importations des voitures d'occasion. La décision de l'Etat d'interdire l'envoi de voitures – de plus de cinq ans d'existence – en Guinée depuis l'étranger n'a eu aucun effet sur ce marché.

D'après 5 chauffeurs de bus et de taxis interrogés (2 propriétaires et 3 salariés), leurs recettes journalières (40.000 GNF/jour pour les taxis et

60.000 GNF/jour pour les bus, en moyenne)[10] servent non seulement à l'entretien de leurs familles, mais aussi à payer des employés (vendeurs de tickets, contrôleurs, convoyeurs, mécaniciens...), des taxes routières ; à l'achat d'autres bus et à constituer une épargne. Les tarifs sont fixés par tronçon et non par durée de voyage. Bien que les recettes soient importantes, ce métier ne permet pas encore à la plupart des chauffeurs de faire des réalisations importantes. D'après ces 5 chauffeurs, ils seraient mal rémunérés et leurs recettes servent en grande partie à l'entretien de la voiture, à acheter le carburant qui coûte de plus en plus cher et à corrompre des policiers qui font des raquettes permanentes.

En outre, d'autres utilisent ces voitures pour ouvrir des centres de formation en conduite automobile. Plusieurs centres sont agréés dans la ville, les plus connus sont Auto-école Debo et Amsy.

Les vendeurs de pièces détachées sont aussi nombreux dans la capitale. « Ces ventes sont surtout l'œuvre des Malinkés » (Barry, 2000). On les retrouve généralement à Dixinn-Gare, à la SIG-Madina, aux marchés Taouyah et Matoto. Par le biais de leurs frères à l'étranger, ils importent des pièces détachées où négocient celles que les manutentionnaires ou les douaniers soustraient au Port de Conakry. Également, dans ce secteur, des dizaines de jeunes prêtent lucrativement leurs services aux clients. À Dixinn-Gare, il suffit de ralentir sa voiture pour voir accourir une bande des jeunes qui proposent divers services : pneus, enjoliveurs, fixations, tapis, etc. Les 5 chauffeurs que nous avions interrogés sont très contents de l'existence d'un tel marché, car sans eux nous disent-ils, des milliers de voitures seraient en situation de panne. Les pièces de rechange sont très chères sur le marché des grands importateurs.

SECTION II : UTILISATION DES MATÉRIELS INFORMATIQUES ET ÉLECTROMENAGERS

L'envoi d'appareils électroniques (téléphones, ordinateurs...) permet à des jeunes de se soustraire du chômage chronique. Ils ouvrent des télé-centres, des centres de formation en informatique, des cybercafés, etc. Pour le seul quartier de Béhanzin (Aviation), non loin de l'aéroport Gbessia (commune de Matoto), nous avions dénombré 8 télé-centres gérés par des jeunes diplômés. Faute de trouver un emploi répondant à leur formation et d'avoir un visa, ils se font aider par leur frère se trouvant à l'étranger pour trouver de quoi « gagner leur pain en attendant ». Certes, un télé-centre ne peut pas nourrir des grandes ambitions financières, mais « le chômage permanent est aussi plus redoutable » nous confie l'un d'eux. Dans ces télé-centres, on

---

[10] 10 à 11 euros

trouve entre autres des accessoires en informatique, des téléphones portables, des imprimantes, des photocopieuses... Les gérants soutiennent être satisfaits de leurs conditions de travail et des revenus que cela leur procure. Mais ces déclarations semblent cacher leur rêve : avoir un visa ou trouver un emploi bien rémunéré correspondant à leur profil de formation.

Les appareils électroménagers sont d'usage familial ou sont destinés pour certains cas à des pressings pour l'habillement. À Commandaya (commune de Dixinn), il existe un pressing géré par un jeune diplômé, reconverti dans le secteur, faute de trouver un emploi « à sa hauteur ».

SECTION III : LES ENVOIS ET LES VENTES DE FRIPERIE

Un autre secteur qui rapporte aux familles des migrants est le commerce de friperies. À partir de la Hollande et de la Belgique, des migrants exportent des friperies, destinées à la vente. D'après nos constats sur le terrain, assortis de 10 entretiens, les vendeurs ont beaucoup des clients ; ce marché est plus visité que celui des ventes originales. On marchande des habits et des chaussures à des prix défiant toute concurrence. Celui de Madina (commune de Matam), appelé "Bordo"- les vendeurs sont organisés en secteurs. Dans l'un des secteurs, on trouve uniquement des vendeurs d'habits masculins ; dans l'autre, ce sont les ventes féminines et enfantines ; dans l'autre encore, c'est le commerce de chaussures, etc. Tout au long des allées et le long de la route nationale, on croise des vendeurs à la sauvette. Les hommes et les femmes sont partagés suivant les secteurs (vente de chaussures et d'habits pour les hommes et commerce des articles féminins et enfantins pour les femmes ; ventes à la sauvette pour les jeunes garçons et les ventes des produits cosmétiques sont surtout réservées aux jeunes filles). Autour du marché foisonnent des couturiers et des vendeurs ambulants de produits de tout genre (pharmaceutiques, entretien, petite alimentation, outils scolaires…). Ils sont plus d'un millier à étaler leurs ventes tous les jours sur ce marché. Les occupants sont solidaires et répriment sévèrement tout acte de vandalisme et de vol. La cherté du marché des ventes originales et la rareté des produits exposés à la friperie attirent beaucoup plus de personnes.

En bref, de façon individuelle, les migrants participent d'une manière ou d'une autre à l'amélioration des conditions de vie de leurs familles. Ils rivalisent dans plusieurs domaines pour satisfaire leurs familles (importations de voitures d'occasions, de pièces détachées, d'appareils informatiques, de friperies, etc.). En outre, à chacun de leur retour, les migrants remplissent leurs valises de cadeaux pour leurs proches. Une simple observation faite à l'aéroport de Gbessia permet de mesurer combien de fois est important le retour d'un migrant, tant le monde qui vient l'accueillir est conséquent. Nos investigations auraient été plus complètes si nous avions pu avoir des statistiques concernant ces flux migratoires à l'aéroport. Mais, ni la direction administrative de l'aéroport, ni le ministère des Transports, encore moins la direction du Port autonome n'ont accepté de s'entretenir avec nous ou de nous fournir de la documentation.

CHAPITRE IV : ASSOCIATIONS, ONG, POPULATIONS ET DÉVELOPPEMENT LOCAL

Dans ce chapitre, nous développerons le fonctionnement général des associations des migrants à travers leurs représentations en Guinée. Les noms qu'elles portent peuvent être les mêmes ou différents de ceux des associations-mères. Elles sont des associations de relais et d'exécution des projets élaborés et financés par les premières. Elles disent procéder par des approches participatives pour impliquer davantage les populations locales. Cependant, ces dernières ont des avis divergents sur leur implication réelle à ce processus.

SOUS-CHAPITRE I : FONCTIONNEMENT DES ASSOCIATIONS LOCALES ET PERCEPTION DES POPULATIONS SUR LE DÉVELOPPEMENT PARTICIPATIF

Presque toutes les associations de migrants ont des relais en Guinée. Par exemple, l'association des ressortissants de Kindia et l'AJGF sont respectivement représentées par Guinée 44 (qui est en même temps une ONG) et Guinée Future. Depuis le 12 mars 2006, quelques associations locales sont regroupées au sein d'une association commune dénommée REGARD (Réseau Guinéen des Associations de Ressortissants pour le Développement). D'autres associations par contre, fonctionnent indépendamment de ces structures. Toutes fois, la plupart fait participer à des degrés différents les migrants à leurs activités (section I). D'autres associations de relais ont été érigées en ONG (section II), et bénéficient de ce fait des financements extérieurs pour réaliser des projets d'intérêts collectifs. Elles sont (associations et ONG) regroupées sous l'appellation d'organisations de la société civile (OSC).

SECTION I : FONCTIONNEMENT DES ASSOCIATIONS LOCALES

Au sein du REGARD, nous avions rencontré les représentants des associations Kossi Ghôri (Kissidougou), Kouraba (Labé), Sigui-Baro (Kérouané), Timbi-Touni (pita) et Soumbala (Dabola).

LISTE DES ASSOCIATIONS FONDATRICES DE « REGARD »

N	DENOMINATION	SIGLE	ORIGINE	REF Agrément
1	Union pour le développement de Kossa Koly	UDK	Kissidougou	065/P/Kissi du 03/11/03
2	Espoir pour le développement de Timbi Touni	EDETT	Pita	A/97/2124 MDI du 20/01/97
3	Association pour le développement de Waou-Lélé	ADEWA	Kissidougou	002/P/Kissi du 20/01/03
4	Association pour le développement de Kouraba	ADEK	Labé	A/98/7698/MID du 24/09/98
5	Association pour le développement de Boula	ADEBOU		A/99/5887/MATD du 15/11/99
6	Association pour le développement intégré de Diari	ADID	Labé	A/99/3016 MATD du 18/06/99
7	Association pour le développement de Baté Nafadji	ADBN	Kankan	2105/MID/SED du 24/03/88
8	Association pour le développement de Labé	ADPL	Labé	88/10149/MID/DAP du 19/10/88
9	Association pour le développement de Kondiadou	ADEKO	Kissidougou	88/22681/MIS/CAB du 08/04/93
10	Ass pour le développement de Sibiribaro	ADESIB	Kérouané	A/00/5605/MATDS du 25/12/00

Les principaux objectifs du REGARD sont :

- le renforcement des capacités organisationnelles et institutionnelles des associations membres ;

- le développement du partenariat avec les institutions de financement et l'État ;

- l'ouverture des pistes rurales et la construction d'écoles, de forages en appui aux communautés villageoises dans les zones rurales ;

- la protection de l'environnement ;

- l'accès aux soins pour lutter contre les IST/sida, etc.

Cependant, l'association présente quelques limites, dont entre autres :

- l'inexpérience dans la gestion normative des coalitions et des réseaux ;

- la méconnaissance des contraintes et des principes du développement local ;

- le faible niveau d'implantation institutionnelle et de mécanisme organisationnel ;

- le manque de ressources adéquates à la mise en œuvre des actions envisagées ;

- certaines ambitions affichées sont très démesurées, etc.

Ces associations avaient au début un but à caractère social qui est celui d'assister financièrement les membres lors des cérémonies (baptêmes, mariages, décès...). Depuis 1999, l'exigence des institutions internationales de n'octroyer des financements qu'aux ONG officiellement constituées a amené ces associations à se transformer en ONG de développement local. Le manque d'expérience et la recherche d'un financement plus important sont les arguments affichés pour la création de ce groupement fédératif.

Les ressources des associations sont généralement constituées des cotisations des membres (de l'intérieur et de l'extérieur), des dons... Les legs sont plus rares. Les cotisations sont mensuelles et volontaires, mais parfois les refus sont socialement sanctionnés : suspension de participer aux cérémonies du fautif, blâme et isolement social sont les plus utilisés. Dans les milieux intra-communautaires, il est difficile de se soustraire de ses pairs quelque soit le niveau social de l'intéressé, au risque d'être mis au banc de la société, si fait que les désistements et les refus de cotiser sont rares. Les étudiants et quelques femmes d'affaires y participent également. Dans les communautés villageoises, les denrées alimentaires et la force de travail servent d'éléments de participation. Les plus grandes cotisations viennent des migrants, suivies de celles des grandes personnalités, membres ou sympathisants (grands commerçants, hauts fonctionnaires...). Pour les autres, les prix de participation varient suivant leur statut : étudiants, mariés, jeunes célibataires. Pour une bonne utilisation des fonds, la gestion est confiée à trois responsables, généralement, le président, le trésorier et le secrétaire général. Toute sortie de fonds doit être attestée par ces trois membres qui doivent justifier leur utilisation devant l'Assemblée générale. Les sessions des rencontres sont ordinaires, généralement le deuxième dimanche de chaque mois, le temps que les fonctionnaires soient en possession de leur paie.

La participation des populations locales à ces activités est très importante, d'autant plus que cela constitue la condition sine qua non pour avoir des financements auprès des bailleurs de fonds. Les réunions communautaires se tiennent généralement dans l'enceinte des mosquées, souvent les vendredis après la grande prière. Des rencontres extraordinaires sont aussi organisées entre les représentants des différentes couches professionnelles : artisans, agriculteurs, commerçants, éleveurs… La main d'œuvre est également locale, la priorité est donnée aux résidents permanents et non aux maçons qui viennent d'ailleurs. Les ressortissants de la localité sont également prioritaires dans le recrutement des éventuels futurs enseignants et des infirmiers.

Les domaines exploités pour les constructions sont souvent les places publiques. Pour les terrains de jeux, ce sont les anciens sites de jeux ou les ruundés (habitats des anciens captifs) qui sont réhabilités. Le libre choix d'octroi du terrain (souvent loué pour une longue période ou racheté) et la réhabilitation des anciens espaces collectifs limitent les conflits domaniaux. Sur le terrain, les associations sont appuyées par des bailleurs de fonds internationaux notamment la Coopération allemande, GTZ ; la Coopération canadienne, CECI ; la Coopération japonaise, la Coopération française, l'association française des volontaires (ex- association française des volontaires du progrès), le PNUD et d'autres ONG de développement.

En général, les associations et les ONG réalisent les activités suivantes :

- aménagement de pistes rurales, des marchés publics, des forages, des terrains de jeux ;

- construction de centres de santé, d'écoles élémentaires ;

- ouverture de crédit pour les exploitants agricoles (pommes de terre, riz, niébé…) ;

- reboisement, entretien des lieux publics, etc.

La construction de mosquées, de centres de santé, d'écoles primaires est prioritaire dans l'exécution des programmes. Ces réalisations sont d'une grande importance pour les communautés. Ce sont des services de proximité. Le temps de réalisation peut durer entre deux à cinq ans, en moyenne. Les mosquées sont les plus nombreuses, l'intérêt pour leur construction s'expliquerait par le fait que parmi les réalisations à but collectif, elles sont les plus faciles à entretenir et la foi musulmane est partagée généralement par l'ensemble des militants et des habitants. Les écoles et les centres de santé demandent du matériel important, du personnel et des frais d'entretien élevés. Par manque d'assistance publique, il arrive de manquer des enseignants et du personnel. La pérennité des réalisations est de ce fait difficile à assurer.

L'éloignement pour certains et l'enclavement pour d'autres, ajoutés au faible traitement salarial n'incitent pas encore les professionnels à s'installer dans les zones rurales. Dans certains endroits, on a enregistré un seul enseignant pour trois niveaux différents : 1e, 2e et 3e année dans une seule salle ; 4e, 5e et 6e dans une autre. Suivant un plan de roulement, modifié au gré de l'enseignant, les uns viennent le matin et les autres le soir. Malgré la volonté des associations, elles manquent de soutien de la part des autorités politiques. Ce manque de soutien, ajouté au manque de rigueur de la part des ONG d'appui et d'un manque de maîtrise de gestion locale des projets financés freinent le développement local en Guinée.

SECTION II : RÔLES DES OSC ASSOCIÉES ET DES ONG DE FINANCEMENT

À côté des associations et des ONG locales, évoluent d'autres ONG internationales de développement communautaire, elles sont plus structurées et mieux équipées. L'ensemble des associations et des ONG locales est regroupé sous l'appellation politique « d'organisations de la société civile » (OSC). Il existe deux catégories d'OSC : les OSC déclarées et les OSC informelles. Elles se complètent sur le terrain.

N'accordant plus de confiance à l'État et depuis les accords de Cotonou sur l'endettement des pays pauvres très endettés (PPTE), les organismes internationaux passent par les OSC locales pour réaliser leurs projets. Elles prétendent toutes travailler pour l'amélioration des conditions de vie des populations locales ; 11/13 responsables interrogés disent procéder par des approches participatives pour mieux associer les populations à leurs réalisations. Ces OSC sont gérées par une section du ministère de l'Administration du Territoire et de la Décentralisation, dénommée SACCO (Service National d'Appui aux Coopératives et la Coordination des

Interventions des ONG) où, nous avions consulté une vingtaine des rapports d'activités annuelles et auprès desquelles nous avions soumis un questionnaire sur leurs activités à l'occasion d'un stage de recherches. Ce sont Africare/Guinée, Pride/Guinée, le Réseau Guinéen pour la Traction Animale et le Développement Intégré (RGTA-DI), le Centre Africain de Formation pour le Développement (CENAFOD), l'Institut de la Coopération Allemande pour l'Education des Adultes (IZZ/DVV), l'Action pour la Solidarité Nationale (A.S.N) ; l'Union Guinéenne des Volontaires pour le Développement (UGVD), Guinée 44, l'Association pour le Développement Economique de Kindia (APEK) évoluant à Kindia ; Ballal, Tostan à Labé ; l'Association pour le Développement de Karfamoriah (ADIK), l'Association Guinéenne pour l'Allégement des Charges des Femmes (AGAFEM), Prism/Guinée à Kankan ; l'Association pour le Développement de Siguiri (AESI) ; Plan/Guinée, Action contre la Faim à N'Nzérékoré ; Catholic Relief Service (ARC) à Kissidougou, etc. sont quelques-unes de ces ONG. Aussi nombreuses soient-elles, elles prétendent toutes à la même mission : réduire la pauvreté, objectif fondamental du Document de réduction de la pauvreté (DSRP) et des Objectifs millénaires du développement (OMD), politiques phares des PPTE depuis 1990.

De nos entretiens avec quelques agents du MATD, il ressort que SACCO manque de moyens pour gérer et contrôler les activités des associations et des ONG sur le terrain. Après lecture des rapports d'activités et dépouillement des questionnaires (autorisés pour mon étude), nous avions constaté qu'en plus des réalisations faites avec les associations, les ONG de financement interviennent également dans les activités suivantes :

- sécurité alimentaire et distribution de contraceptifs ;

- suivi des femmes en état de grossesse et campagnes de vaccination ;

- alphabétisation fonctionnelle, sensibilisation et animation sur la prévention des maladies contagieuses y compris le sida ;

- l'octroi de crédits aux groupements féminins et aux exploitants agricoles, etc.

Ces structures évoluent dans plusieurs préfectures suivant un programme déterminé pour chacune d'elles. Au niveau de certaines régions comme Dabola et Dinguiraye, des activités telles que la sécurité alimentaire ont permis de réduire les effets des usuriers et d'augmenter les revenus des ménages par des ventes assistées de leurs produits agricoles. Les plus grandes satisfactions sont enregistrées au niveau des femmes par l'octroi de crédits aux groupements de saponification et de teinture ; l'aménagement de forages… Deux témoignages résument ces niveaux de satisfaction :

« … avant, nous partions puiser de l'eau à 3 km. À une certaine période de l'année, nous ne ramenions que de la boue. Ce qui entraînait des maladies comme la diarrhée, la varicelle et l'amaigrissement constant des enfants, d'autres même en mouraient. Depuis l'arrivée de Africare, il y'a eu des changements sur la santé de tout le monde et la mortalité des enfants à fortement diminué (…) ».

« Je suis très contente des activités de Pride/Guinée. Elle nous octroie des crédits remboursables à long terme. Avec eux, il y'a toujours un compromis en cas de non-remboursement. Ce crédit m'a permis d'ouvrir un commerce pour la vente de denrées alimentaires dont le niébé. Sans eux, je n'y arriverais jamais ».

Les groupements féminins sont florissants, ceux de Gongoré (Pita) et de Dabola sont des exemples illustratifs. Des mobilisations dépassant le cadre du voisinage et familial leur permettent d'ouvrir des tontines pouvant servir à l'augmentation des revenus des ménages. Ces groupements sont aussi des véritables réseaux où se tissent des relations sociales.

La micro-finance apparaît comme un outil privilégié dans la lutte contre la pauvreté. En effet, suite aux expériences pionnières de la Gramen Bank au Bangladesh et de Banco Sol en Bolivie, la micro-finance s'est étendue à travers le monde, notamment en Guinée. Cette envergure à fortement été soutenue par les organisations internationales de lutte contre la pauvreté. Les statistiques manquent pour mesurer les effets en Guinée, mais de l'avis de 2 responsables des deux principales agences de microcrédit évoluant au pays (Yétemali et Pride-Guinée), assorti de quelques interrogations sur le terrain, les microcrédits sont certes rentables, mais ils ne touchent pas encore les plus démunis ; les ménages ne possédant pas de terres et n'ayant pas une caution solidaire importante ne peuvent pas prétendre à ces crédits. Les plus démunis sont de ce fait faiblement touchés. Rares sont les villageois enquêtés qui semblent percevoir les projets comme des interventions prioritairement destinées aux pauvres.

Toutes ces implications plaident en faveur d'une évaluation plus systématique des performances sociales des microcrédits, des associations de développement et des ONG associées.

SECTION III : PERCEPTION DES POPULATIONS LOCALES SUR LE DÉVELOPPEMENT PARTICIPATIF

Après une visite dans certaines préfectures bénéficiaires de projets de développement, nous avons constaté que les approches citées par les OSC dans leurs rapports et sur les questionnaires pouvant impliquer davantage les citoyens sont différentes de celles que nous avions recueillies à travers les témoignages sur place. Certaines réalisations citées dans certains rapports n'ont jamais été entamées. Les avis des populations interrogées nous font croire que leur implication reste très limitée. La plupart regrettent le manque d'aide pour les cultures à grande échelle comme le riz. Les financements sont uniquement orientés pour les cultures vivrières et d'exportation comme la pomme de terre, l'arachide, etc. Pour les populations, ces politiques ne suffiront jamais à surmonter les pénuries et la pauvreté. D'autre part, les crédits octroyés ne touchent que les femmes qui ont des garanties solides et/ou participent à des séminaires d'alphabétisation. Ce qui oblige certaines à abandonner leurs activités pour s'y consacrer. Beaucoup des associations féminines, avides du matériel promis à l'issue des formations sont approchées par les politiques qui les utilisent à des fins électorales et légitiment par conséquent leur approche genre dans leur bilan.

En outre, la distribution des préservatifs et la sensibilisation sur les maladies sexuellement transmissibles n'ont pas encore freiné la séroprévalence au sida et l'introduction des nouvelles techniques modernes de culture n'a pas suffit à faire reculer les pénuries alimentaires.

D'autre part, d'après des sources documentaires constituées des mémoires d'étudiants consultés à l'université de Conakry, le manque d'implication des populations locales dans les projets de développement est récurent. En effet, d'après Baldé (2001), la population a une bonne perception de l'approche participative. Cette perception à évolué suivant les époques : elle était forcée pendant la période coloniale et coercitive pendant la période post-indépendance, et libre à partir de 1984.

Mais en dépit de leur volonté de participer aux différents processus des réalisations des projets de développement, la population serait peu consultée. Sur le terrain, elle ne sert qu'à apporter des graviers, à loger et à nourrir les "experts". « Les jeunes s'intéressent peu aux affaires locales, les femmes en sont complètement exclues par manque de confiance et de considération à leur égard, une faible participation s'affine au niveau des vieux ». (Baldé, op.cit.).

En outre, il pense que la politique de décentralisation nécessaire à la participation locale, a été viciée dés le départ, d'où le désintéressement des populations. Il note également une inadéquation entre les méthodes de travail des populations et celles prônées ou imposées par les structures modernes des "experts". Il conclut qu'il y a une faible participation des populations guinéennes au processus du développement local à tous les niveaux.

Cependant, l'approche participative est un outil indispensable pour la réussite de tout développement local. Pour N'Kaloulou (1998, cité par Baldé, 2001.), « elle consiste à concevoir les programmes de développement à partir des besoins fondamentaux du milieu et avec le milieu à développer. Il ne s'agira plus, comme par le passé, de n'emprunter au paysan que sa force de travail, mais de le considérer comme une totalité ». Belloncle (1994, cité par N'Kaloulou, 1998 et repris par Baldé, 2001) opte aussi pour une méthode d'analyse des problèmes et de recherche en commun des solutions plus satisfaisantes. Il suffirait dans ce cas de « redonner vie aux traditions du palabre traditionnel comme méthode d'analyse des problèmes des villageois ». Mais force est de constater en Guinée que la participation des populations se limite aux discours politiques et aux écrits rapportés par les OSC, souvent en décalage avec la réalité locale. Baldé (ibid.) trouve comme solutions à ce phénomène, une implication plus active de la jeunesse dans les prises de décision. Le dialogue, la concertation et la franchise entre les femmes pourront offrir des alternatives pour une meilleure participation au débat public. D'autre part, la sensibilisation serait pour les élus locaux le moyen le plus sûr de mobiliser les citoyens autour des projets d'intérêts communs.

En dépit de ce constat sur la faible participation des habitants au processus du développement, force est de reconnaître que certaines OSC aident beaucoup à l'amélioration des conditions de vie des habitants par la construction et la réalisation des services de proximité : centres de santé, écoles, forages, pistes rurales, etc.

SOUS-CHAPITRE II : MIGRATIONS ET DÉVELOPPEMENT : QUELQUES RÉSULTATS SUR LES RÉGIONS EXPLORÉES

Dans ce sous-chapitre, nous indiquerons les appréciations des populations locales et des familles de migrants sur les changements apportés par les OSC. En effet, ces appréciations diffèrent selon que l'on soit en campagne ou en ville, qu'on ait un migrant ou non au sein de la famille. Les OSC évoluent surtout en milieu rural suivant des règles propres à chacune d'elles. Elles sont jugées sur leurs réalisations communautaires. Par contre, l'apport des migrants individuellement pris se fait de mieux ressentir en ville où la plupart d'entre eux ont leurs familles. Nous avions commencé nos études empiriques dans certaines préfectures censées bénéficier ou non des effets de la migration. Il s'agit de la capitale, Conakry et des préfectures de Dubréka, Mamou, Labé, Kankan, Koundara, Boké et Télémélé.

Les études sur ces préfectures ont été considérées comme des recherches exploratoires qui nous ont conduites à faire le choix d'une région d'étude, proprement dite. Avant ces études exploratoires, nous ne savions pas lesquelles des préfectures suscitées bénéficiaient davantage des retombées de la migration. La région administrative de Conakry et les préfectures de Dubréka, Mamou, Labé, Boké et Kankan étaient censées être au départ des véritables nids d'investissements des migrants ; Télémélé et Koundara, celles où on ne ressent pas des effets de la migration. Nous pensions que cette comparaison permettait de mieux mesurer l'impact de la migration selon son importance ou son absence. Dans chacune de ces préfectures, nous avions rencontré des élus, des responsables d'associations et d'ONG de développement, des populations locales, etc. Nous structurerons ce sous-chapitre en deux sections, la première section traitera des relations entre les migrants et leurs familles dans la capitale, et l'autre section, de l'impact des OSC sur la vie des populations locales, à l'intérieur du pays.

SECTION I : MIGRATION ET DÉVELOPPEMENT EN VILLE

À Conakry, nous avions mené nos recherches dans des quartiers suivant la répartition administrative de la capitale en cinq communes : Aviation (Matoto), l'axe Cosa/Lambandji (Ratoma), Matam (Matam), Almamya (Kaloum) et Hafia (Dixinn). Les quartiers de Hafia et de Cosa sont réputés par leur taux de migration très élevé. Des statistiques à ce sujet n'existent pas encore. Néanmoins, on peut penser que ces quartiers ont une population à majorité pauvre ; le taux d'alphabétisation des adultes y est très faible. Les taux d'abandon scolaire des jeunes sont également élevés. Souvent désespérés et désorientés à partir du second cycle scolaire, les jeunes voient en la migration l'unique moyen de s'en sortir. Ils sont aidés par un frère migrant pour avoir de l'argent nécessaire afin de s'offrir un visa et le transport. La plupart d'entre eux se dirigent vers la Hollande, la Belgique, l'Espagne ou l'Allemagne. Les possibilités de régularisation massive, les facilités de travail, les demandes d'asile expliquent en partie ces choix. Dans la catégorie « aventuriers », rares sont ceux qui s'orientent directement vers la France. Ils y transitent pour passer en Suisse où les trafics leur rapportent davantage. Ils disent que « la France est faite pour les intellectuels et les étudiants, et non pour ceux qui viennent faire fortune ». Dans les quartiers suscités, grâce en partie aux actions des migrants, émergent de part et d'autre de belles villas et des immeubles de qualité, surtout dans le nouveau quartier de Lambandji.

Pour entrer en contact avec les familles des migrants, nous avions fait recours à des connaissances que nous avions dans ces quartiers. Il n'a pas été facile dans certains cas car, à la suite du vol de notre téléphone, nous avions perdu quelques contacts des familles des migrants auprès desquelles nous avions eu des recommandations à partir de l'Europe. Les entretiens se tenaient généralement dans le séjour familial, parfois en présence de plusieurs membres de la famille. On fixait les rendez-vous à l'avance, on laissait les intéressés choisir la date et l'horaire qui les convenaient ; si fait que nous avions enregistré peu d'annulation et d'absence après un rendez-vous accepté. Au total, 20 familles ont été contactées. D'aucunes à travers le père ; d'autres, la mère et d'autres encore à travers un oncle ou un frère. Pour la plupart des familles, le migrant joue un rôle essentiel dans la vie du ménage. Des impacts qu'on pouvait ressentir par leur mode de vie ; 13 d'entre elles habitent dans des cours nouvellement aménagées et comptent parmi les familles les plus "en vue" dans le quartier. En effet, dés qu'il commence à travailler, le migrant cherche à rénover la maison familiale et/ou à en adjoindre une cour fermée si elle n'existait pas. Mais, les cas les plus fréquents sont l'achat d'un terrain et la construction d'une nouvelle maison dans les nouveaux quartiers de la banlieue. Raisons qui expliquent la multiplication des belles bâties aux périphéries de la ville, dont les plus importantes se situent sur l'axe Nongo/Lambandji, le quartier Kipé étant « réservé aux cadres ».

Les anciennes propriétés des migrants situées dans les quartiers "sensibles" sont mises en location ou concédées à un membre de la famille. « En changeant de statut social, on change en même temps de quartier » ironisent certaines familles. Les modèles architecturaux varient de simples maisons (3 chambres, un séjour, une cuisine, une terrasse, un magasin) avec des annexes externes, à des villas (avec piscine et aire de jeux), jusqu'au R+5. La toiture est généralement de type "pente américaine". Souvent, on adjoint une case ronde en tôle au milieu de la cour. Les premiers modèles sont les plus nombreux et, ont pour but d'accueillir plus de personnes : « les migrants ne construisent pas seulement pour leur famille, ils doivent accueillir aussi les oncles, les neveux, les frères, etc. d'où l'intérêt de construire plusieurs annexes » raconte un chef de famille, interrogé à Lambandji.

Les modèles vestimentaires des familles des migrants changent également : des simples paires de basket, on passe aux grandes marques pour les jeunes

(Nike, Adidas, Reebok, etc.), probablement influencés par les images que véhiculent les médias, facilement accessibles grâce aux outils et accessoires (DVD, VCD, antennes paraboliques etc.) qu'achète ou expédie le migrant. Tous les salons visités en possèdent. Dans les quartiers dits sensibles, ces familles reçoivent la grande majorité des jeunes du quartier en quête de grand écran vidéo/téléviseur, surtout pour suivre les matchs des grands championnats européens. Les parents des migrants sont souvent reconnaissables avec leur turban d'elhadj ou leur foulard de hadja devant le siège de leurs voitures, conduites par un membre de la famille ou un chauffeur, payé pour la circonstance. Les décors extérieurs des maisons sont frappants par l'entretien des murs, l'aménagement des parterres fleuris... Les décors de salons reflètent une "bourgeoisie" moyenne : tableaux d'inspiration religieuse, photos familiales, grand écran téléviseur et accessoires vidéo, tapis, fauteuils rembourrés, rideaux bien entretenus. À quelques mètres de la maison, la famille à souvent une boutique ou un magasin pour arrondir les fins du mois et éviter la dépendance totale vis-à-vis du migrant. Sa plus grande réussite consiste à reconvertir la famille dans une activité pouvant les aider à se passer de lui pour les besoins élémentaires. Ces familles suscitent des envies dans les quartiers, leur opulence pousse d'autres à envisager la migration pour leurs enfants. Vu le décalage socio-économique qui existe entre ces familles et certaines qui n'ont pas de migrants, on peut comprendre l'acharnement des familles à pousser leurs enfants à la migration.

SECTION II : MIGRATIONS, OSC À L'INTÉRIEUR DU PAYS

Notre étude a aussi porté sur les réalisations des migrants à l'intérieur du pays, dans les préfectures de Dubréka, Mamou, Kankan, Koundara, Touba et Télémélé. Dans chacune de ces régions, nous avions choisi un quartier ou un village pour nous entretenir avec des familles. Mais nous étions amenés parfois à étendre notre cadre d'étude sur plusieurs secteurs car, certaines villes comme Koundara regorgent peu de migrants outre-Atlantique et nous risquions dans ce cas de réduire notre échantillon si nous ne nous contentions que d'un seul quartier. La migration est perçue différemment selon qu'on soit dans une préfecture de forte migration ou de faible migration. Cette appréciation dépend de la familiarité ou de la nouveauté du phénomène dans la localité. Par exemple, à Dubréka, les réalisations des migrants passent au second plan, celles-ci sont masquées par les actions du pouvoir politique. Toute œuvre aussi individuelle que collective est attribuée à l'ex- président de la République (originaire de la localité) ou au préfet de l'époque, Brada, très influent. Par contre, à Labé, les réalisations imputées aux migrants passent au premier plan et sont de loin devant les réalisations attribuées au pouvoir central. Les principales réalisations des migrants se concentrent dans les zones situées aux alentours des villes. C'est le cas des nouvelles zones loties de Dubréka, à Kagbelen et Kakoulima. Ces lieux font la convoitise de nouveaux constructeurs dont des migrants et leurs familles. Ils y achètent des vastes domaines. Sous le couvert d'un intermédiaire, sous-traitant et vendeur de domaines, nous y avions passé deux semaines pour observer, interroger et suivre les transactions. Les prix variaient entre 1.000 euros pour un terrain de 500 m^2 à 1.600 euros pour deux parcelles de 1.000 m^2. Autant le nombre de parcelles est important, autant on fait des rabais sur le prix de vente. Mais les plus fortunés achètent des hectares. Dans ces opérations, nous nous sommes particulièrement intéressés à celles menées par des migrants. Contrairement à Kankan, Koundara, Mamou et Télémélé, à Dubréka et à Labé la présence des groupes de migrants est très remarquée. Vu l'importance qu'ils accordent à l'acquisition de maisons, les migrants disent préférer choisir eux-mêmes leurs terrains.

Ce qui est commun dans toutes les transactions, c'est l'étendue des domaines achetés, les décharges de graviers et du sable dans les domaines acquis, et la prise de photos des dits lieux. Partout, les vendeurs sont les mêmes : des vieux propriétaires constitués d'autochtones, à la différence qu'à Dubréka les terrains sont d'abord achetés par un sous-traitant avant d'être revendus à une tierce personne à un prix très supérieur à celui de l'acquisition. Ces zones sont des véritables "centres de spéculation et de bourses régionales". Les prix de terrain augmentent fréquemment. D'aucuns en acquièrent autant que leur permettent leurs moyens financiers. Ces achats constituent pour eux un véritable investissement à long terme, car d'ici quelques années, ces mêmes parcelles coûteront 10 à 20 fois plus cher que leur prix d'acquisition.

Une autre différence est le mode de construction. En effet, à Kankan et à Koundara, on continue d'utiliser des briques en terre cuite et le système traditionnel d'assistanat social perdure encore à Koundara. En Guinée Maritime et au Fouta, aussitôt un terrain est acheté, aussitôt commence la construction ; on laisse des traces dans le domaine acquis, soit en faisant une clôture, soit en posant un sous-bassement ou en y construisant une petite maison qui peut servir de lieu de stockage des matériaux de construction. Le besoin d'argent et la malhonnêteté des propriétaires sont de coutume ; il arrive qu'un même terrain soit revendu à plusieurs personnes. Les acquéreurs laissent de ce fait une trace pour marquer leur propriété afin d'éviter des situations conflictuelles. Beaucoup de professionnels de bâtiment se succèdent sur ces chantiers : maçons, coffreurs, carreleurs, électriciens, etc. La multiplication de ces chantiers permettent de développer le marché des matériels de construction (ciments, tôles, bois, sable, etc.) et d'intensifier le transport. Mais dans les économies désarticulées des pays en développement, cela peut constituer aussi un moyen pour les importateurs et les fabricants locaux de spéculer sur les prix. En Guinée, un sac de ciment local, vendu à 2 euros en 2002, coûtait 8 euros en 2012, soit une augmentation de 6 euros en dix ans. Conscients de l'intérêt que les gens accordent à la construction, les vendeurs augmentent incessamment les prix. Des augmentations qui empêchent les familles modestes de réaliser leur dessein, car avoir une maison est la chose la mieux partagée en Guinée.

D'autres domaines où les migrants investissent aussi sont les plantations et la construction d'écoles privées. À Dubréka, Mamou et Labé, nous y avions recensé 9 plantations nouvellement cultivées. Les principaux produits cultivés sont le palmier à huile, le cocotier et la banane à Dubréka ; le piment à Mamou et la pomme de terre à Labé. Ces produits sont acheminés vers les centres-villes, notamment sur les marchés Madina et Niger à Conakry (les plus importants de la capitale). Ils sont vendus à des marchands détaillants, constitués surtout de femmes. D'amont en aval, des milliers de personnes servent de transactionnaires pour l'écoulement de ces produits. Cela crée des emplois (mêmes précaires), procure des petites économies aux femmes pauvres et nourrit leurs nombreuses familles. Mais, les exploitants nous ont confié subir la concurrence des produits importés. Le gouvernement ne leur faciliterait pas la tâche pour vendre au mieux leurs cultures ; les exportateurs seraient mieux protégés que les producteurs locaux. En effet, la clause du traitement équitable entre les produits nationaux et les importations imposée par l'OMC ne permet pas un traitement favorisé des produits locaux.

Les écoles privées prolifèrent dans ces villes, mais toutes ne répondent pas aux normes de construction standard ; cependant, celles construites par les migrants sont généralement bien entretenues. Dés leur implantation, elles attirent les meilleurs enseignants car elles paient mieux. Elles se démarquent largement des autres. Certaines sont administrées par les migrants eux-mêmes, de retour au pays ; d'autres sont gérées par des proches ou des anciens promotionnaires du propriétaire.

Quelques spécificités se dégagent dans chacune de ces villes. Dubréka est le symbole de la réussite du développement local : des belles constructions entretenues par la présence permanente de l'électricité et l'entretien régulier des routes, bien bitumées. La population vit de la pêche, de la cueillette de mangues et d'oranges, de l'agriculture et du commerce. En bref, dans cette ville, les effets de la migration ne se font pas encore sentir socialement - en dépit des fortes réalisations. Les populations ont tendance à tout assimiler aux œuvres de bienfaisance de l'ancien président, originaire de la ville.

À Télémélé, les migrants multiplient les réalisations et introduisent des technologies nouvelles dans les villages les plus reculés. Dans un village de la CRD de Sarekaly, située à plus de 10 km du centre-ville, nous avons visité deux concessions alimentées en électricité par des panneaux solaires. Comme les images des télévisions n'y sont pas encore opérationnelles, tout le village vient y suivre des films. Ces regroupements permettent de recréer et de renouer les liens communautaires qui existaient jadis. D'un côté, des vieux qui discutent des problèmes du village ; de l'autre, des adultes qui s'interrogent sur l'avenir de leurs enfants et, de l'autre côté encore, des enfants, apparemment insouciants, se prêtent à leurs yeux favoris à chaque pose de projection. La présence des femmes et des jeunes est faible. Les femmes s'occupent du foyer et l'omniprésence de leurs maris gêne leur présence dans ce lieu. Les jeunes seraient partis "en aventure" et sont peu présents au village. Les films les plus suivis sont les représentations théâtrales de la troupe Lewru-Djéré qui traitent des sujets plus proches des réalités villageoises : polygamie, maladies infectieuses, moralité, faits de société, etc. La lecture des films est faite en langue locale, le pular, accessible à tout le monde. Les initiateurs trouvent que c'est la meilleure façon de sensibiliser les populations locales sur l'existence de certains problèmes communautaires et de créer un lien social. On entend souvent ces différents groupes confronter leurs idées pour tenter de trouver des solutions à tel ou tel sujet traité.

Conscients de leur isolement politique par le pouvoir central, les ressortissants font du développement de Télémélé un défi. Par exemple, l'association des jeunes ressortissants de Télémélé en France a bénéficié d'un financement du FORIM pour rénover l'unique lycée de la préfecture, à Ley Wendhou.

Au centre-ville de Mamou, le phénomène migratoire n'est pas nouveau et les gens semblent être indifférents aux migrants. Ils sont habitués au phénomène car la ville est toujours restée ouverte au monde extérieur, on la qualifie de "ville carrefour", et tous les voyageurs en provenance de Conakry pour le pays profonds y font transit. Historiquement, la ville est connue par son passé glorieux au temps des Almamy. Timbo était la capitale politique du Fouta théocratique. En outre, la ville a abrité les premières écoles coloniales ; si fait que parmi les anciennes générations, on compte un grand nombre des élites du pays et une grande partie de la jeune population a au moins un niveau d'études primaires. Contrairement aux autres villes où les populations accordent un intérêt particulier aux migrants, ceux de Mamou font comme "si de rien n'était" bien que le nombre de migrants soit important et leurs réalisations en soient autant. Les réalisations semblent être plus importantes à l'intérieur de la région qu'en ville.

Il n'existe pas réellement un lien entre le niveau de scolarité des populations, la grandeur historique de leur ville et l'impact de la migration, ainsi que son niveau de développement. La ville de Kankan est un grand centre historique et commercial. Elle compte un nombre important de ses ressortissants dans la fonction publique et parmi les migrants ; cependant, les retombées de la migration ne se font pas encore sentir dans la région. Rien ne présage à Kankan l'implication des associations dans le développement de la ville, en dépit de l'existence d'une dizaine en France. Le grand marché et les services publics sont concentrés autour de l'université (la deuxième du pays après celle de Conakry). Sur le grand marché de la ville, les produits en provenance du Sénégal, du Mali et de la Gambie sont en grande quantité, conséquences des migrations interafricaines. Malgré le nombre important des grands fonctionnaires et des migrants, ressortissants de la région, et son importance administrative (capitale de la Haute Guinée), « la ville vit dans l'obscurité totale et dans la pauvreté absolue » (PNUD, 2003). Pourtant, une grande partie des bénéficiaires des importations de matériels (pièces détachées, friperies, voitures d'occasion, etc.) est constituée des ressortissants de la ville. Seule une infime minorité de la population habitant les périphéries de la ville, Missira par exemple, mène un train de vie acceptable. Les quelques raisons que nous avions recueillies et qui expliqueraient ce faible attachement des Kankanais à leur terre d'origine sont d'ordres magico-religieux. Les répondants sont fortement attachés aux croyances locales, ils pensent qu'à force de « jeter des mauvais sorts sur les braves gens » qui reviennent investir dans la ville, les migrants se sont détournés pour d'autres régions. À défaut de s'installer dans des pays frontaliers (Côte d'Ivoire, Mali), les habitants de la région émigrent en grand nombre en France, Allemagne et Hollande. Cette situation est accentuée par les rivalités de « badenya ». Phénomène séculaire chez les habitants car il y'a deux siècles, un groupe de Mandé-Mory, persécuté dans la région est venu s'installer à Forécariah, en Basse Côte, pour former avec les autochtones soussous, le peuple métissé des Moréanais. Un autre groupe de Soninkés, fondateurs de la ville partirent vers le Fouta pour constituer le peuple Diakanké, qui fondèrent la ville de Touba. Ces mouvements constituent l'une des plus grandes vagues migratoires qu'à connu ce peuple depuis la fin des grands empires ouest-africains. À ces causes sociales et culturelles, viennent s'ajouter l'isolement politique et les conditions climatiques, peu favorables.

Koundara fut pendant longtemps isolée du reste du pays à cause de son éloignement géographique et surtout de son enclavement et de la civilisation, jugée un peu "rétrograde" d'une partie de sa population, constituée des Bassaris et des Coniaguis. Vu sa proximité géographique avec le Sénégal, les habitants s'y sont tournés pour leurs échanges commerciaux et y ont fait leur terre d'immigration. On compte des nombreuses familles qui ont de proches dans ce pays voisin. Peu d'infrastructures communautaires (écoles, centres de santé, forages...) existent dans cette ville. Seuls le terrain de jeu et le cinéma ont un aspect neuf.

Sur l'ensemble des préfectures explorées, les styles de construction dans les centres-villes reflètent les modèles de la capitale, Conakry. Par contre, en campagne, les réalisations se limitent le plus souvent à la rénovation de la maison familiale et/ou à la construction d'une petite maison de deux à trois pièces, avec séjour, magasin et véranda. Les portes et les fenêtres sont généralement métalliques ou en bois. Des différences sociales sont marquées entre les familles des migrants et les autres ; 9/20 chefs de famille interrogés disent avoir changé de mode de vie depuis le départ de leurs fils pour l'Occident. Les vendredis, ils portent des jolis boubous, occupent les premières places à la mosquée et sont informés de toutes les cérémonies. Cependant, ils refusent de se prononcer sur leur nouveau statut social, pouvant résulter de ce changement. Ces changements affectent beaucoup plus les villageois que les citadins. A Mamou, les chefs de famille des migrants déclarent eux-mêmes être des anciens migrants au Sénégal, en Sierra Léone, au Liberia ou en Côte d'Ivoire. D'autres sont des anciens combattants, peu émerveillés par la migration.

De cette comparaison longitudinale, l'on peut déduire que la migration ne joue pas les mêmes rôles dans les régions. Celles dont la culture est mieux apparentée au phénomène bénéficient au mieux de l'impact de la migration ; par contre, celles qui sont plus éloignées de la capitale et en dépit d'un passé glorieux et d'un nombre important de migrants n'en récoltent pas les fruits. Les facteurs explicatifs sont dogmatiques et sont liés à la culture de chaque communauté. Une implication plus active de l'État et des bailleurs de fonds dans la régulation des projets de développement pourrait modifier les conditions de vie des populations locales.

SECTION III : QUELQUES ASPECTS NÉGATIFS DE LA MIGRATION

La migration n'a pas que des aspects positifs, elle comporte aussi des aspects négatifs. Parmi les inconvénients, certains interrogés pensent que la migration peut engendrer le désespoir et la désillusion ; 3 familles interrogées confient ne pas avoir des nouvelles de leurs fils : une, depuis qu'il a quitté le pays il y a quatre mois ; les deux autres, depuis 2 et 3 ans respectivement. La première croit à une éventuelle noyade de leur fils dans la Méditerranée lors d'une tentative de traversée à la pirogue pour rejoindre les côtes espagnoles, ou encore qu'il se serait effondré sous les barbelés qui protègent les enclaves espagnoles au Maroc, Ceuta et Melilla. La famille est affolée par les images des chaînes étrangères montrant le tragique destin des dizaines d'Africains qui empruntent ces voies pour rejoindre le continent européen. Pour les deux autres familles, après deux ans de séjour en Europe, leurs fils ont coupé tout contact avec leurs parents. Les familles disent ne pas comprendre les raisons, mais cette situation les laisse croire que ce comportement s'explique par le fait que leurs fils adoptifs ont voulu leur "tourner le dos". Mais ces réponses ne sont que des hypothèses et recouvrent des stéréotypes. En effet, ces comportements sont rarement observés dans les sociétés africaines, rares sont les migrants qui s'éclipsent totalement lorsqu'ils ont laissé leur père et/ou leur mère au pays, aussi adoptifs qu'ils soient. Nous avions rencontré des Guinéens en Europe qui vivent cette situation de rupture avec leurs milieux d'origine. Les catégories sont diverses et variées : certains relatent des expériences douloureuses qu'ils ont eues avec leur famille d'adoption, d'autres par manque de moyens financiers refusent de revenir au pays pour se convertir dans d'autres activités ; d'autres encore, sous les pressions de leurs nouvelles épouses européennes manquent de volonté pour investir au pays et hypothèquent par conséquent toute possibilité de retour ; d'autres encore s'intègrent si fortement au pays d'accueil qu'ils refoulent leurs valeurs originales et s'éloignent davantage de leurs pairs ; enfin, d'autres disent avoir été déçus par le régime politique. Dans cette dernière catégorie, on trouve les victimes de casses des maisons de Kaporo-rails en 1998, des militaires déserteurs, des asilants, etc.

Une autre catégorie de répondants véhiculant des préjugés et des stéréotypes sur les conséquences de la migration, affirme que certains migrants seraient porteurs de maladies contagieuses et dangereuses. En effet, une idée forte répandue en Guinée serait que les migrants venant de la Côte d'Ivoire soient porteurs du VIH/Sida. Aucune étude ne permet de confirmer cette hypothèse. Ce qui est vrai, ce que les porteurs du VIH deviennent de plus en plus nombreux partout dans le pays.

Un autre phénomène qui devient de plus en plus récurrent est le mariage de jeunes femmes à des Guinéens de l'extérieur. Sitôt mariés, les migrants se retournent en Europe pour ne plus donner de leurs nouvelles ou peu. D'aucuns ne viennent même pas au mariage. Ils expédient les frais de mariage et les parents procèdent au reste des démarches : choix de la jeune mariée et organisation des cérémonies. Ces situations sont courantes au niveau des familles dont les parents sont analphabètes. Ils continuent à croire qu'ils ont le droit et l'obligation de choisir le ou la conjoint(e) de leurs fils/filles, d'où parfois des conflits de générations. Les parents de la fille vivent généralement dans une situation économique précaire. Tentés par le matériel, ils tombent sous les dons et les cadeaux du migrant. Dans l'espoir de mener une vie plus aisée et de rejoindre aussitôt le mari, les filles consentent dans la plupart des cas. Vu l'absence prolongée du mari, certaines jeunes filles divorcent et gardent les séquelles de leur divorce durant toute leur vie, se confient 3 filles, à Conakry.

D'autres familles encore ont des préjugés sur la migration féminine. On stigmatise le comportement des migrantes. Ces jugements sont surtout fréquents chez les familles adeptes du fondamentalisme religieux, où on pense que la femme n'a de la place qu'au sein de son foyer. Ces jugements sont si radicaux que l'acceptation des dons émanant des migrants dépend du jugement que porte le bénéficiaire sur la moralité de l'expéditeur. Par exemple, un vieux qui avait appris que son fils vivait de la vente de stupéfiants a finalement répugné tout envoi de sa part et a refusé d'être amené à La Mecque par l'intéressé. Toutes fois, on retrouve des tels cas chez les familles qui ont une autre alternative, sinon chez les autres, peu importe l'activité du migrant.

SECTION IV : D'AUTRES CONSÉQUENCES DES MIGRATIONS GUINÉENNES

Il existe d'autres conséquences des migrations liées à d'autres formes et venant d'autres horizons. Dans le quartier Cosa, s'implantent peu à peu des écoles d'enseignement en langue arabe, inspirées des modèles de la péninsule arabique. Depuis peu, on assiste à la prolifération dans ce quartier de deux "cités" opposées sur leur vision de la religion, chacune prétendant incarner de mieux les vraies valeurs de l'islam. D'un côté, la "cité traditionnelle", gardienne des coutumes et des traditions ancestrales ; et de l'autre côté, la "cité des wahabite", véhiculant des modes de vie des pays du Golfe. Dans cette dernière cité, les femmes sont voilées et fréquentent aussi les mosquées. Ces valeurs culturelles sont véhiculées par des migrants ayant fait des études dans les pays islamiques, notamment l'Arabie Saoudite, l'Iran, le Yémen, etc. Comme les migrants résidant en Europe et les ONG bénéficiant des fonds occidentaux, ces islamistes bénéficient des financements des pays arabes pour construire des écoles, des mosquées et des centres de santé. Dans ces centres de santé, les frais de consultation et les médicaments sont très abordables pour les populations pauvres, et même gratuites pour d'autres ; ce qui explique leur affluence permanente.

Par simples observations, on remarque dans les quartiers de Conakry que les jeunes sont fortement inspirés des modes vestimentaires et des styles de vie des jeunes migrants. Ils aiment ressembler aux "nouveaux venants", et aux hommes qu'ils voient dans les médias. Le style américain avec jeans et baskets est le plus adopté. Les contacts avec les Léonais et les Libériens ont accentué ce goût.

SOUS-CHAPITRE III : AUTRES CONSEQUENCES : BOULEVERSEMENT DES HIERARCHIES SOCIALES

Par exemple, la société peule était très hiérarchisée. Au sommet de la pyramide sociale se trouvait « les nobles », ensuite viennent « les hommes libres » et, au bas de l'échelle, « les hommes de castes » (forgerons, cordonniers, bijoutiers...) et les « captifs » (Mathioubé). De ce fait, tout lien conjugal était proscrit entre les premières classes et les secondes. Cependant, pendant la période coloniale, les enfants des « captifs » étaient plus nombreux à l'école que ceux des « nobles » car, ces derniers voyaient plutôt en l'école un mode de déracinement et d'assimilation à la culture des Blancs. En quelque sorte, cela constituait pour les enfants des nobles, une corvée. Après l'indépendance en 1958, le président Sékou Touré interdit toute hiérarchisation de la société ; dès lors, les maitres d'esclaves se virent obliger de s'occuper de leurs champs et de leur bétail. Mais jusqu'en 1984, ni la forte scolarité des jeunes d'origine « captifs », ni les lois politiques n'ont infléchi ces considérations sociales. Certes, on avait connu des mariages entre un "noble" et une femme "captive", mais on n'avait rarement célébré de mariage entre une femme "noble" et un "captif".

Les ruundés (habitats des captifs) ressemblaient à des hameaux délaissés, leurs habitants passaient les journées dans les champs ou dans les enclos de bétails de leurs maîtres ou encore, ils étaient occupés par moment aux luttes traditionnelles. Leurs enfants ne fréquentaient guère les écoles coraniques et ne pouvaient par conséquent, diriger les prières de masse, notamment celle du vendredi.

A partir de 1984, avec l'ouverture du pays au monde extérieur, les positions commencèrent à changer. Les enfants des "captifs" scolarisés aux premières heures de la colonisation commencèrent à occuper les hautes sphères de l'appareil administratif de l'État. D'autres ont été instruits aux medersas grâce à l'ouverture d'écoles en langue arabe et d'autres encore sont des grands commerçants. De par leur influence politique et économique, ils sont devenus des personnes incontournables pour le développement de leur région. Les mariages entre "captifs" et femmes "nobles" sont dès lors devenus très fréquents.

Au sein des associations des migrants, les « captifs » cotisent au même titre que les « nobles ». En France, le statut de « noble » et de « captif » est presque inexistant, contrairement chez les Soninkés où ces derniers se voient obliger de faire la cuisine dans les foyers de résidence. Le migrant "noble" travaille au même titre que le "captif", ils logent dans les mêmes types d'habitats et partagent les mêmes réalités quotidiennes, donc pas de place pour ces considérations sociales que certains jugent de rétrograde.

Les ruundé, à une légère différence, ressemblent maintenant aux fulaso (habitats des nobles). On y rencontre de plus en plus des maisons en dur et en tôles. Mais, on n'y a pas encore construit de mosquées pour les prières du vendredi. Pour les projets communautaires, les ruundé sont réservés pour l'aménagement de terrain de jeux et la construction d'écoles entre autres.

Dans l'organisation des associations, aussi bien en Guinée qu'en France, on a remarqué la prééminence de « Conseil des sages ». Il est d'une importance capitale pour résoudre certains conflits même si en France, il n'est joue qu'un rôle consultatif.

Deux autres villes qui profitent de la migration en Guinée sont Timbi-Madina (Fouta Djallon) et Touba dans la préfecture de Boké (Guinée Maritime). Ville cosmopolite, les Diakhanké sont les principaux habitants de Touba. Marabouts dans leur grande majorité, ils sont présents un peu partout en Europe, notamment en France où on les voit distribuer des prospectus indiquant leur capacité à guérir certaines maladies et à résoudre des problèmes sociaux et amoureux, aux abords des entées et des sorties des stations du métro parisien. Chaque année, ils reviennent en grand nombre à Touba, à l'occasion des fêtes religieuses. En dépit du manque cruel d'eau et d'électricité au pays, Touba est permanemment alimentée en électricité et en eau potable. Cela s'explique par la volonté des migrants qui font des cotisations importantes pour construire des écoles franco-arabes, des centres de santé, des mosquées, etc. Cependant, malgré leurs flux migratoires importants, les Diakankhés restent socialement très renfermés.

CHAPITRE V : APPROCHES COMPARATIVES DES MIGRATIONS GUINÉENNES PAR RAPPORT À CELLES DE LA VALLEE DU FLEUVE SENEGAL

Les transferts des migrants vers leur pays d'origine font l'objet d'intenses débats contradictoires sur les coûts et les bénéfices. En s'appuyant sur les théories néoclassiques, on peut argumenter d'une part que ces transferts :

- sont une contribution directe à l'élévation des niveaux de vie ;

- améliorent la répartition des revenus ;

- jouent un rôle important dans l'équilibre de la balance de paiement ;

- permettent l'importation des matériels utiles pour le développement des PMI/PME ;

- favorisent la création d'épargne ou l'investissement ;

- et aident à amortir les chocs que connaît l'économie mondiale.

D'autre part, en se référant au modèle marxiste, on peut considérer que les transferts :

- sont une source incertaine de revenus ;

- n'occasionnent que peu ou pas d'investissements productifs et rentables car ils sont plutôt alloués à des dépenses improductives ;

- augmentent l'inflation et les importations (déséquilibrant la balance de paiement) ;

- se substituent à d'autres sources potentielles de revenus, augmentant la dépendance et diminuant « l'habitude du travail », sans compter les autres maux que les transferts des migrants occasionnent, parmi lesquels figurent l'envie, la jalousie et le désir de consommation chez les non-migrants.

Si avec les théories néoclassiques, on peut considérer que la migration de la population en âge de travailler diminue les tensions sur le marché du travail, on peut aussi penser que, par le même effet, les pays d'origine se trouvent privés de leurs éléments les plus ambitieux et les plus dynamiques, voire les plus qualifiés. L'émigration des personnes hautement qualifiées est l'un des thèmes majeurs développés par plusieurs auteurs. Alors que certains chercheurs ont souligné les aspects négatifs de la fuite des cerveaux sur la croissance économique des pays en développement, privés d'un capital humain dont ils ont largement besoin, d'autres affirment que les possibilités d'émigration pour les personnes qualifiées peuvent renforcer la demande d'éducation supérieure dans les pays d'origine, ou que, si ces personnes qualifiées restaient au pays, leur potentiel serait gaspillé du fait de l'absence d'opportunités professionnelles. D'autre part, il a été souligné que le retour de cette catégorie de migrants, ramenant des nouvelles connaissances et idées, peut augmenter la productivité et accélérer le développement des pays d'origine.

Au cours des années 1970 et 1980, l'exode de la main-d'œuvre rurale masculine a été l'objet d'une importante littérature. Là encore, certains auteurs ont souligné l'importance des revenus des travailleurs migrants pour diversifier les ressources des ménages et réduire la pression sur la production locale ; alors que d'autres considèrent que le départ de la main d'œuvre difficilement remplaçable est un facteur important de diminution de la productivité agricole et d'aggravation des inégalités sociales. Il a également été montré comment, dans certains cas, le départ des hommes s'est traduit en une charge supplémentaire pour les femmes qui doivent s'occuper de tous les travaux dorénavant.

La recherche sur les migrations de retour et leurs conséquences pour le développement des pays d'origine reste encore limitée et pourtant, peu de consensus se dégage quant à l'impact des retours. En effet, si l'accent a souvent été mis sur les aspects positifs des transferts du capital humain vers les pays d'origine, il a été dans le même temps, avancé que les migrants de retour, ayant en général occupé des emplois sous-qualifiés qui ne leurs apprennent pratiquement rien, ne ramènent que très peu de savoir-faire ou, quand ils acquièrent des nouvelles connaissances, celles-ci ne leur sont que très rarement utiles dans leur pays d'origine. C'était la conclusion des nombreuses études conduites dans les pays du bassin méditerranéen, qui ont examiné le retour et la réinsertion des migrants peu qualifiés en milieu rural, après avoir travaillé dans l'industrie et le bâtiment en France.

Pourtant, des recherches empiriques menées dans d'autres régions, notamment en Afrique de l'Ouest, ont montré que les migrants de retour peuvent dans certains cas, avoir un impact positif sur le développement de leur pays d'origine. Ceci se matérialise par exemple par l'établissement des nouvelles entreprises et la création d'emplois, ainsi que le renforcement de la gestion des structures déjà existantes dans les secteurs publics et privés.

En bref, les migrations internationales ont des impacts à la fois positifs et négatifs sur le développement. Ils varient considérablement suivant le volume, le type et le dynamisme des flux migratoires. Les caractéristiques des migrants, les situations des pays concernés sont des facteurs déterminants qui doivent être pris en considération pour mesurer ces impacts. Les conséquences des migrations varient également en fonction du niveau d'analyse choisi. Il peut y avoir des implications fort différentes pour les migrants eux-mêmes, leurs familles, leurs communautés ou leurs pays d'origine. De même, les effets à court terme des migrations internationales diffèrent certainement de leurs effets à moyen ou à long terme.

D'autre part, on remarque que les modes utilisés par les Guinéens pour leurs transferts d'argent sont à peu près les mêmes qu'utilisent les Africains au sud du Sahara. En effet, d'après les études menées par Ammassari (2004) dans les régions de REMUEO (Mali, Sénégal, Burkina Faso) ; Daum (1998) et Quiminal (1995) dans la vallée du fleuve Sénégal, quatre types de transferts sont utilisés, parfois conjointement par les migrants de ces pays pour rapatrier leur argent. Les modes officiels sont le mandat postal, les agences officielles (Western-Union, Money Gram…) et le virement bancaire ; les modes informels sont le transport en espèces par le migrant lui-même ou par une tierce personne, transactions appelées « transferts à la valise » ou « circuit mallette » et, les remises. Elles fonctionnent presque de la même manière à des différences minimes. Ces diverses enquêtes suggèrent que le convoiement en espèces est le mode le plus utilisé. Le réseau bancaire est peu utilisé. Le mandat postal, rarement acheminé dans le délai, a perdu de sa crédibilité. Une utilisation de plus en plus grande est faite des services internationaux de transfert d'argent tels que Western Union ou Money Gram qui disposent d'un système plus fiable et des procédures plus rapides. Aussi, un nombre croissant de migrants choisissent à présent de déposer leur argent en devises sur des comptes à l'étranger et les récupérer dans leur pays d'origine. De ce fait, des grandes banques africaines, comme la Banque de l'Habitat du Sénégal, ont ouvert des guichets dans les principales zones de résidence de leurs ressortissants. D'autres modes de transferts ont depuis quelque temps fait leur apparition. Le « dépôt téléphonique » est une des méthodes les plus utilisées. Quelqu'un souhaitant opérer un transfert se rend chez un commerçant, une société ou un particulier et dépose le montant qu'il veut transférer. Un numéro lui est donné qu'il communique au bénéficiaire et en échange duquel l'argent sera décaissé par un correspondant local. Ce système fonctionne aussi bien en Guinée que dans les régions de la vallée du fleuve Sénégal. Mais à la différence des pays voisins, il n'existe pas encore des banques de transferts orientées spécialement vers la Guinée. Pour ce pays, l'éloignement et l'insuffisance des services de transferts d'argent dans les zones rurales ne permettent pas encore des mouvements de transferts de grande échelle. Beaucoup de migrants ont des parents au village, et un proche est obligé à chaque fois de partir en ville pour récupérer les envois, ce qui retarde et peut décourager certains migrants à utiliser ces services. Les plus nécessiteux (généralement ceux qui y ont leur père et/ou mère) envoient une forte somme qui est aussitôt dépensée avant même l'échéance prévue.

D'autre part encore, les associations des Maliens de l'extérieur sont fortement impliquées dans le développement de leur pays. Cela est rendu possible grâce à des facilités mises en place par l'État. Comme on l'a vu dans la problématique, les ressortissants maliens de l'étranger sont fortement organisés et cela depuis les villages d'origine. Du côté guinéen, certes un ministère des Guinéens de l'étranger existe, mais il ne répond pas encore aux vraies attentes des migrants. En outre, comme celles du Mali, les associations guinéennes mobilisent des migrants originaires d'un même village ou d'une même préfecture en faveur d'initiatives communautaires. Mais, les Maliens ont développé des véritables partenariats de co-développement avec les collectivités et les autorités françaises, en témoignent les liens qui existent entre les associations Guimakha Djiké et la région de Yélimané (Kayes) avec les communes de Saint-Denis et Montreuil (France). En outre, le Mali fait partir de tous les projets de co-développement édictés par les pouvoirs publics français. Par contre, pour des raisons politiques (rupture diplomatique, hostilités et méfiance à l'égard des migrants), les associations guinéennes n'ont réellement commencé à se structurer qu'à partir de 2004 et elles intéressent de plus en plus les pouvoirs politiques qui commencent à les considérer comme des véritables acteurs de développement. Ces structures à caractère associatif et communautaire poursuivent des objectifs d'ordres social (consolider les liens de fraternité, fournir de l'entraide, etc.), économique (contribuer au développement du village ou de la région) et culturel (promouvoir le dialogue et l'échange entre société d'accueil et celle d'origine, et renforcer les relations inter culturelles).

Les nouvelles politiques créées par les pouvoirs publics (aussi bien français que guinéens) ont pour objectifs de faire participer et d'encourager les Guinéens au développement du pays de mobiliser leur épargne pour des activités de développement local ; de participer à l'élaboration d'une politique adéquate de retour, d'insertion et de réinsertion de la diaspora guinéenne. Cependant, au niveau guinéen, le nouveau ministère en charge de ces rapprochements rencontre des difficultés dans son fonctionnement : le manque de moyens matériels et humains, l'ambigüité des objectifs et des approches handicapent encore le département. Le fait d'avoir mis beaucoup de temps avant de s'intéresser au phénomène migratoire a accentué son retard par rapport aux pays de la vallée du fleuve Sénégal.

Pour les migrants, la meilleure façon de les impliquer davantage dans le développement est de créer des structures administratives pouvant faciliter leur intégration à leur retour au pays ; 90 % des migrants guinéens que nous avons rencontrés nourrissent l'ambition de rentrer vivre en Guinée et d'y investir avec leurs propres moyens ; pour cela, ils ne demandent qu'on leur facilite la tâche par la mise en place des lois d'investissements et de réinsertion adaptées à leur situation et à la hauteur de leurs ambitions. Les craintes de se voir balancer un peu partout, de se faire escroquer et de payer des taxes plus lourdes empêchent encore les plus sceptiques d'envisager un retour au pays.

Le secteur d'habitat constitue un domaine dans lequel investissent largement les migrants. Mais depuis 2004, les augmentations du prix des matériels de construction et les prix exorbitants des terrains ont fini par décourager bon nombre. Au Mali, comme au Sénégal, l'État est fortement soucieux de ces investissements et, il les gère tant bien. Pour eux, les migrants contribuent à l'extension et à la valorisation des zones urbaines et à la mise en place d'infrastructures nouvelles. Au Mali, l'État a cédé à des ressortissants vivant à l'extérieur 1.008 parcelles en 2002, à usage d'habitation pour les aider à résoudre leur éventuel problème de logement (Ammassari, 2004). D'autres initiatives ont suivi, comme la mise en place des structures de financement de l'habitat en 1996 ainsi qu'un outil de gestion des risques liés au financement des logements. Des nombreuses sociétés immobilières furent créées pour la circonstance. Des avantages sont accordés aux promoteurs immobiliers, parmi lesquels figure l'exonération d'impôts, de taxes et de droits de douane sur les matériels de construction et d'aménagement. Tout cela a contribué à créer un contexte favorable à l'investissement des migrants dans le secteur immobilier. L'Etat sénégalais a fait autant en 2012.

De même, le Burkina Faso a mis en place en 1984 un programme d'accompagnement de réinsertion des migrants de retour. Le gouvernement leur offrait la possibilité d'acheter pour une somme de 80.000 F CFA (environ 300 dollars US à l'époque, avant la dévaluation) un lopin de terre de 400 m^2 à cultiver ou d'acquérir par contrat de location-vente, un logement urbain. Le but de ce programme était de mobiliser l'épargne des migrants en le canalisant vers la production agricole et l'immobilier, donc vers des activités génératrices d'emplois et de revenus (Ammassari, ibid.). Mais en Guinée, l'État manque encore de dynamisme pour profiter des transferts des migrants. Cela peut s'expliquer par une tradition d'hostilité nourrie envers les migrants depuis au temps du premier régime, les secteurs en charge de la gestion des migrants sont encore très sensibles à la politique politicienne.

Les résultats des programmes de réinsertion des migrants de retour dans le pays d'origine sont contrastés. Une évaluation de l'aide publique à la réinsertion démarrée par la France en 1984, montre que ce programme avait touché 17..500 travailleurs migrants et avait globalement rapporté à leurs pays d'origine la somme de 210 millions de dollars, dont 7 millions de dollars au bénéfice des pays d'Afrique subsaharienne (Ricca, 1990). Au Mali, Sénégal et Mauritanie, les trois pays de l'Afrique subsaharienne qui ont de plus profité de ce programme, les réussites se sont surtout remarquées dans le domaine agricole. Aujourd'hui, ces processus de réinsertion se font en partenariat avec les deux pays : le pays d'accueil et celui de départ, souvent sous la houlette de l'Organisation Internationale pour les Migrations (OIM). En Guinée, ce partenariat existe avec la Suisse, l'Angleterre, la France et la Belgique. Les bénéficiaires sont appuyés par les services techniques de l'OIM et de 3AE. Les investissements se font dans le prêt-à-porter et l'alimentation, le matériel de construction et le transport en commun. De ces partenariats entre le Nord et le Sud est né le concept de co-développement. Grâce à ces nouvelles politiques, des nouvelles mesures sont annoncées et concernent en partie la Guinée à travers le PCPA.

Cette notion de co-développement est apparue au cours des années 1970, quand des associations d'immigrés originaires généralement des pays de la vallée du fleuve Sénégal ont développé des projets dans leur village pour faciliter l'accès à l'eau, à la santé et à la scolarisation. Ces initiatives recevaient l'appui de certaines ONG internationales. Dans les années 1980, le travail des associations des migrants prend plus de l'importance. En France, ce processus est accéléré par l'adoption en 1981 d'une loi permettant aux étrangers de se constituer en association dans les mêmes conditions que les Français. Mais, ces initiatives sont critiquées. D'aucunes voient en elles, une nouvelle source de dépendance ou un prétexte utilisé par les politiciens pour rapatrier davantage des migrants vers leurs terres d'origine.

Le projet TOKTEN comme nous l'avons vu avec des pays ouest-africains (notamment la Guinée jusqu'à une période assez récente) est l'une des plus grandes réussites d'appui des migrants à leur pays d'origine. Les missions TOKTEN couvrent les spécialisations techniques les plus diverses, comme la santé publique, l'agriculture, l'informatique et les télécommunications, les sciences économiques et environnementales, la gestion d'entreprise ou l'hygiène et la sûreté industrielle, et l'enseignement. Le projet fut une réussite au Mali et au Sénégal ; mais en Guinée, la mauvaise gestion et l'utilisation du projet à d'autres fins amenèrent le PNUD à suspendre le financement. Cependant, le dynamisme guinéen imprégné au départ fut une source d'inspiration pour tous les pays voisins, bénéficiaires dudit projet.

CHAPITRE V : VERIFICATION DE L'HPOTHESE

Pour déterminer le rôle de la migration sur le développement de la Guinée, il est nécessaire de voir en quoi les projets des migrants répondent aux objectifs de développement de la Guinée ; ces objectifs sont regroupés dans le Document de Stratégie de Réduction de la Pauvreté (DSRP), qui lui même est tributaire des Objectifs Millénaires du Développement (OMD), fixés lors de la Déclaration de Paris en 2005.

En effet, la Guinée dispose d'un potentiel naturel et humain important et fait paradoxalement partie des pays les plus pauvres du monde. La Guinée est également confrontée à des sérieuses difficultés de gestion de sa dette. Face à cette situation, elle a bénéficié de l'initiative internationale pour l'allégement de la dette des pays pauvres très endettés (PPTE), impulsée par la Banque mondiale et le FMI en collaboration avec les pays industrialisés. Elle prévoit l'octroi d'une remise de la dette aux bénéficiaires en vue de ramener le service de la dette à un niveau acceptable qui ne freine pas lourdement leur développement, en remplacement des programmes d'ajustements structurels (PAS), jugés trop interventionnistes et peu efficaces.

C'est dans ce cadre que le gouvernement a mis en œuvre une approche intégrée du problème de lutte contre la pauvreté. A cet effet, il s'engage à renforcer son cadre macro-économique, à assurer une gestion efficace des ressources publiques, et à améliorer l'environnement du secteur privé et l'efficacité de l'administration.

Un cadre intérimaire a favorisé les réflexions et les concertations qui ont abouti à l'élaboration et à la validation d'un DSRP national. Le gouvernement s'engage à faire de ce document, le cadre unique de référence pour son action en faveur du développement. Ce DSRP se veut non seulement une stratégie participative des acteurs, mais aussi une stratégie cohérente d'interventions concertées et complémentaires des partenaires au développement. Ce DSRP souligne également que la participation des acteurs (gouvernement, institutions républicaines, partenaires au développement, organisations professionnelles et syndicales) aux différents niveaux constitue la base du processus d'élaboration et de mise en œuvre de la stratégie.

SOUS-CHAPITRE I : LES OBJECTIFS DE DEVELOPPEMENT POUR LA GUINEE

En se basant uniquement sur une approche de renforcement des capacités humaines et institutionnnelles, les objectifs de la stratégie de réduction de la pauvreté sont le développement des services de base et l'accès équitable à ces services : infrastructures de base, développement rural, éducation, santé, nutrition, lutte contre le sida… qui se recoupent avec les Objectifs Millénaires du Développement dont les principaux sont :

- lutte contre la pauvreté et la faim ;

- l'éducation primaire pour tous ;

- l'égalité des sexes ;

- la réduction de la mortalité infantile ;

- l'amélioration de la santé des mères ;

- lutte contre les maladies (paludisme, tuberculose, VIH/sida) ;

- un environnement durable ;

- un partenariat mondial pour le développement.

SOUS-CHAPITRE II : COHERENCE ENTRE LES OBJECTIFS DE DEVELOPPEMENT ET LES INTERVENTIONS FRANCAISES

Pour atteindre les objectifs cités ci-dessus, la coopération française intervient dans plusieurs domaines. La cohérence entre le DSRP guinéen et les interventions de la France se résume comme suit :

SECTEURS PRIORITAIRES	OBJECTIFS	INDICATEURS 2010	INTERVENTIONS FRANÇAISES
Croissance économique	Développer les infrastructures de base - assurer une offre en eau de qualité - fournir l'électricité - améliorer l'offre de services dans les transports - développer les télécommunications Appuyer les secteurs porteurs de croissance - développer l'agriculture, l'élevage et la pêche - intensification de l'exploitation minière - développer le tourisme, artisanat Préserver les ressources naturelles	- Taux d'accès à l'eau potable de 90 % - Taux d'accès à l'électricité de 65 % - Télé densité de 1,5 - Taux de croissance du PIB agricole de 10 % - Création d'emplois - Inventaire de l'environnement naturel réalisé	- EAU - ASSAINISEMENT AGRICULTURE SECURITE ALIM
Développement des services et accès équitable	Améliorer les performances de l'éducation - généraliser l'enseignement de base - accès à l'éducation et l'équité Améliorer des services de santé de qualité	- Taux de scolarisation primaire à 100 % - Réduction des disparités entre régions et	EDUCATION ENSEIGNEMENT SUP/RECHERCHE

	- renforcer la prévention et la lutte contre les maladies dont le VIH/SIDA Améliorer urbanisme, habitat Renforcer la protection sociale Genre et équité	- Taux de mortalité de 0,9 % - Stabilisation de l'incidence inf à 5 %	
Amélioration de la bonne gouvernance et renforcement du cadre inst. et humain	Renforcer l'économique et Améliorer la gouvernance - déconcentrer et décentraliser - lutte contre la corruption - participation des bénéficiaires - stabilité et sécurité Renforcer le cadre institutionnel et humain - réformer la justice Préserver la dimension communication et culture de la SRP.	- Taux de croissance annuelle de 10 % - Moyens financiers des collectivités locales - Disponibilité d'outils participatifs - Diminution de la criminalité	GOUVERNANCE PROMOTION DE LA CULTURE

En outre, la coopération décentralisée est le domaine privilégié de coopération entre migrants et collectivités françaises, à travers des financements accordés à des associations par le ministère de l'Intérieur et de la Sécurité et le FORIM. Quatre régions guinéennes sont en relation avec des collectivités françaises. Les domaines d'intervention sont principalement les infrastructures de base, le développement rural, l'éducation et la santé. On comprend que les interventions des bailleurs de fonds et la coopération décentralisée interviennent dans des secteurs inscrits dans le DSRP guinéen afin d'atteindre un certain niveau de développement déjà programmé.

Au terme de cette étude, que peut-on dire de l'impact des projets des migrants et des ONG associées sur le développement de la Guinée à travers son DSRP et les OMD ?

SOUS-CHAPITRE III : COHERENCE ENTRE LES OBJECTIFS DE DEVELOPPEMENT ET LES INTERVENTIONS DES ONG/OSC

Dans la commune urbaine de Télémélé, l'ONG française Aide et Action et l'association française des volontaires (AFV) sont présentes. Elles viennent en aide aux populations pour construire des nombreuses infrastructures, notamment des écoles élémentaires et récompensent les jeunes filles scolarisées afin d'encourager les parents pour leur scolarité. Mais, ces ONG délaissent la construction des écoles secondaires. C'est l'association des ressortissants de la ville en France qui a rénové l'unique lycée laissé pendant longtemps dans un état de délabrement total. Ce qui nous pousse à nous interroger sur la viabilité de la politique de développement des ONG suscitées car l'abandon du niveau secondaire étouffe tous les efforts faits en amont.

Au niveau national, Les ONG évoluent certes dans un environnement difficile, mais certaines s'investissent de façon réelle et active dans tous les secteurs susceptibles de réduire la pauvreté. L'engagement de certains responsables d'ONG, la motivation du personnel, le souci de préserver leur réputation auprès des bailleurs de fonds et des partenaires au développement permettent à des ONG de réaliser des actions bénéfiques et porteuses pour les populations locales.

Les ONG assistent, en priorité les couches sociales les plus démunies. Elles sont nombreuses, diversifiées et présentes sur l'ensemble du territoire. La diversité et la proximité des populations, constituent un atout capital. Elles entretiennent un climat de confiance avec les communautés et représentent une structure d'interface entre l'État, les bailleurs de fonds et les populations.

Les ONG sont convaincues que le succès de leurs actions passe par l'intérêt que les bénéficiaires leur accordent et par la participation locale. C'est pourquoi, elles ont adopté une méthode fondée sur la connaissance du milieu, l'analyse et la recherche communes des problèmes et des solutions, le suivi et l'évaluation communs des réalisations. C'est pourquoi certaines se sont regroupées au sein d'une association dénommée « REGARD ».

Par contre, il existe des nombreuses ONG et associations opportunistes sur le terrain, elles se créent sans réels objets, ce sont des « touche-à-tout » pour pouvoir bénéficier des possibilités de financements plus larges. Le phénomène d'ONG est devenu un véritable "business" en Guinée. Le ministère en charge de leur administration n'a pas suffisamment de moyens pour assumer un contrôle fiable. Ils prolifèrent comme des « champignons » et évoluent dans un environnement sans réglementation efficace. Cependant, les bailleurs de fonds réservent une place de choix aux ONG dans la mise des programmes et projets de développement qu'ils financent pour atteindre les OMD.

SOUS-CHAPITRE IV : RELATIONS ENTRE LES ONG/OSC ET LE DSRP GUINEEN

Les enjeux du développement en Guinée s'articulent autour de la lutte contre la pauvreté par l'amélioration de la croissance économique, l'accélération des conditions d'accès aux services sociaux de base, la bonne gouvernance et la promotion de la démocratie. La lutte contre la pauvreté nécessite de la part de tous les acteurs (État, secteur privé, société civile et partenaires au développement) une volonté réelle, un engagement ferme et une participation effective.

Le DSRP fait souvent allusion à la société civile dans son ensemble et aux ONG en particulier. Pour l'élaboration et la mise en œuvre de la stratégie de réduction de la pauvreté, il a été décidé de faire de la participation, le socle du processus. A cet effet, les ONG, en tant que « moteur » de la société civile sont censées jouer un rôle capital dans tout le processus. Mais, un responsable d'une ONG locale, intervenant à Kindia estime que « l'accent mis par le DSRP sur le rôle de la société civile est illusoire ».

La réduction de la pauvreté en Guinée est un défi de taille. A cet effet, l'implication active de tous les acteurs de la vie nationale ainsi que la mobilisation et l'utilisation efficiente de toutes les ressources disponibles s'avèrent indispensables. Cependant, le DSRP ne précise pas les rôles que les acteurs, notamment la société civile (y compris les ONG) et les populations sont appelés à jouer.

D'autre part, l'implication des populations s'est jusqu'à présent limitée à une simple consultation pour la détermination des priorités. La gestion largement centralisée des dépenses n'a pas favorisé la responsabilisation des collectivités territoriales et des populations dans le développement économique et social. Il y a lieu de noter que la société civile ne possède pas encore toutes les aptitudes pour établir les bases d'un véritable partenariat avec l'État et les autres acteurs de développement.

En bref, pour ces cas, on peut affirmer que les migrants à travers leurs associations participent au développement de leurs localités en ce sens qu'elles réalisent des projets qui s'inscrivent dans le DSRP et les OMD, délaissés par l'État. Toutes fois, les actions des migrants ne sont pas encore comptabilisées dans la réalisation des objectifs de développement. Les difficultés se situent au niveau de la pérennisation des projets réalisés par les migrants car, leur politique de suivi et d'entretien étant limité, beaucoup de leurs projets deviennent désuètes au bout de quelque temps.

En outre, les associations des migrants n'ont pas de relais très fiables sur le terrain. Leurs réalisations ne s'inscrivent pas dans la durée pour faire fonctionner et entretenir les équipements qu'ils créent, par manque de moyens et de soutien de l'État. Mais surtout, les populations locales ne sont pratiquement pas concertées pour l'identification de leurs besoins et la planification technique des projets de développement les concernant. La pérennisation des actions des associations passe par la formation des agents de développement locaux auxquels les populations accusent souvent de ne pas tenir compte des réalités locales et des vrais besoins pour planifier leurs projets.

SOUS-CHAPITRE V : TRANSFERTS ET DEVELOPPEMENT

Au-delà des projets communautaires financés par des ONG/associations des migrants, nous nous sommes intéressés aux transferts des migrants et à leurs impacts sur les objectifs de réduction de la pauvreté.

La plus grande partie des transferts des migrants est utilisée pour des dépenses courantes des ménages et des investissements sociaux, comme en témoignent les pics constatés devant les guichets des agences de transferts au moment des événements festifs. Par ailleurs, l'habitat est l'un des secteurs privilégiés de l'utilisation de l'épargne des migrants, ce qui génère des emplois temporaires dans la construction, mais ne contribue pas au développement de la capacité de production du pays. Si cette manne est une source de revenus essentielle pour les familles des migrants, le caractère volatile et improductif des investissements amène à relativiser son rôle dans la création de richesses, de l'emploi et la croissance économique en Guinée.

En effet, d'après nos résultats, il est préférable de parler de l'amélioration des conditions de vie de quelques familles des migrants et de certaines populations bénéficiant des projets d'intérêts communautaires, et non d'un développement proprement dit car, ce concept recouvre des aspects plus larges, d'autant plus que les améliorations constatées se situent plutôt à une échelle familiale, et ne concerne pas la majorité des populations. Parmi les migrants, ce sont surtout les "aventuriers" (sans papiers) qui gardent de mieux des liens avec leur pays d'origine.

Les ONG ne ciblent et ne concentrent leurs activités que dans les préfectures les plus proches de la capitale ou dans des CRD situées à proximité des centres-villes, généralement là où le commerce est mieux pratiqué. Elles ne touchent pas l'ensemble des populations, notamment les plus pauvres. Ces dernières sont exclues des micro-crédits entre autres.

Tirer donc des conclusions sur l'impact global de l'émigration sur le développement de la Guinée est difficile tant les conséquences sont multiples et souvent contradictoires.

En bref, l'impact des migrants dans le tissu économique reste encore faible, la participation des mouvements associatifs est modeste, l'implication des ONG dans le renforcement des capacités des collectivités et dans la réalisation des services sociaux de base reste encore faible.

En dépit de ce constat sur la faible participation des migrants au processus de développement, force est de reconnaître que certaines OSC contribuent à l'amélioration des conditions de vie des habitants par la construction des services de proximité d'intérêts collectifs : centres de santé, écoles, forages, pistes rurales, etc.

CHAPITRE VI : QUELQUES SOLUTIONS SUR LES PROBLÉMATIQUES DE LA MIGRATION ET DES TRANSFERTS EN GUINÉE

On ne peut pas clore cette étude sans énumérer quelques solutions pour mieux rentabiliser les effets de la migration. Pour cela, nous nous baserons sur les réflexions de quelques penseurs. À ces réflexions, nous croiserons des entretiens effectués pour le cas guinéen.

L'élaboration des politiques migratoires appropriées nécessite des données fiables et à jour permettant une analyse approfondie du phénomène. Or, les statistiques sur les migrations internationales en Afrique de l'Ouest restent limitées et sont souvent obsolètes. Les données sont collectées de manière éparse et sont souvent peu fiables. Les statistiques disponibles ne permettent pas de faire des études croisées entre les pays à cause des nomenclatures différemment utilisées. Encore, certains recensements de populations sont orientés à des fins politiques ou dans le but d'obtenir des financements extérieurs pour lutter contre des pandémies (le sida par exemple) : dans ces cas, les statistiques sont déformées (Ammassari, 2004).

En Guinée, le phénomène migratoire ne suscite pas encore un grand intérêt. La principale source de données sur la migration reste cependant le recensement général de la population. Mais, ces recensements ne sont pas fréquents, et bien que menés à une échelle nationale, ils n'ont été consacrés qu'à l'immigration des étrangers et pas sur l'émigration des Guinéens. Cependant, des études basées sur des enquêtes permettraient d'examiner la question de la migration en détail grâce à des questionnaires approfondis. Les registres de la population, les cartes d'embarquement et de débarquement et les fichiers des passeports... sont d'autres sources d'information sur les migrations internationales. Jusqu'à présent, ces sources administratives ont été assez peu exploitées. Les autorités compétentes, chargées de nous fournir ces données ont refusé de collaborer. Il faudrait pour y arriver avoir plus de moyens techniques, humains et financiers, et une implication active de l'État. Tant qu'on n'aura pas de statistiques - même approximatives - sur les flux migratoires et les montants des transferts des migrants, il sera difficile de mettre en place une politique migratoire sérieuse et adéquate. Les mécanismes des transferts sont connus, mais il faudrait également une collaboration des agences de transfert pour fournir des statistiques sur ces transactions monétaires.

En outre, un assouplissement et une reconnaissance juridique des agences de transferts souterraines pourraient permettre aux chercheurs d'avoir plus des données sur ce sujet, car 2/3 migrants font recours à ces types de transactions. Un Bureau d'études sur la question de la migration guinéenne serait la solution la plus fiable. Par exemple, au Sénégal, il existe un Observatoire des migrations internationales, implanté avec l'aide technique de l'unité de recherche mixte IRD/OIM avec un financement de la France et des États-Unis. En tant que pays pilote, le Sénégal a conduit un audit afin d'identifier les ministères susceptibles de produire régulièrement des données sur les flux migratoires. Trois ministères ont été retenus : le ministère des Affaires Étrangères parce qu'il gère les fiches consulaires, le ministère de l'Intérieur parce qu'il est en charge des postes frontaliers, et le ministère des Sénégalais de l'extérieur. Une telle initiative pourrait servir d'exemple à bon nombre des pays africains, notamment la Guinée.

D'autre part, il faudrait qu'on arrête de considérer les Guinéens de l'extérieur comme des potentiels "ennemis". Ils doivent être considérés comme des citoyens à part entière et les juger selon leur compétence et leur volonté de s'insérer sur le marché du travail et dans la vie de la société. Des facilités d'investissement et de réintégration, des structures plus adéquates de transfert et une reconnaissance de leurs activités pourraient être des motivations d'incitation de retour.

En matière de transfert, Makarena (ministère des Guinéens de l'étranger, 2008) a énuméré quelques principes et recommandations :

- le premier principe est celui de la sécurisation des transferts qui assurent la prévention des transactions d'origine illicite et le renforcement de l'intégrité du système financier ;

- le second principe est celui de la célérité qui requiert l'exécution des ordres des transferts dans des délais compatibles avec les progrès en matière de technologies de l'information ;

- le troisième principe porte sur une plus grande accessibilité aux services des transferts. L'accès aux services doit être possible à tout agent économique quelle que soit sa position géographique.

Ces principes doivent être inscrits dans une perspective générale d'amélioration des services financiers dont les migrants pourraient tirer avantage. Il s'agit en particulier de :

- une plus grande concurrence entre les offreurs des services des transferts, de manière à améliorer significativement les retombées des envois de fonds en réduisant les coûts ;

- le développement des infrastructures de télécommunication peut faciliter le déploiement géographique des services des transferts ;

- la création des conditions permettant de canaliser une part accrue des fonds transférés vers l'investissement, afin de renforcer l'incidence de ces ressources sur le développement du pays.

Aujourd'hui, les associations des Guinéens à l'étranger sont en nombre croissant et on peut les trouver dans tous les continents ; en considérant les priorités nationales, l'État pourrait accorder une attention particulière aux associations participant à l'effort du développement national.

Pour cette optique, des multiples mesures d'encouragement à l'épargne et à l'investissement au pays pourront être envisagées par l'Etat en faveur des migrants, dont :

- l'octroi de franchises sur les taxes et les droits de douane pour l'importation des matériels et des biens d'équipements destinés à la réalisation des projets d'intérêts communautaires ;

- l'amélioration de la collecte des statistiques dans la perspective de la recherche des voies et moyens permettant de diversifier les sources des investissements et de financement des projets de développement.

Il importe aussi que les institutions de micro-finance en partenariat avec les banques trouvent des possibilités d'accès à des nouvelles formes de financements appropriées. Les impacts attendus seront que les petites et micro entreprises contribueront largement à la valorisation entre autres du milieu rural par des créations d'emplois qui pourront fixer les populations sur leur territoire, tout en stimulant une croissance économique soutenue qui contribuera à un relèvement appréciable du PIB (Makarena, 2008).

Ce faisant, les associations des migrants en partenariat avec le système participeront efficacement à la politique nationale de réduction de la pauvreté, en impulsant le développement dans les différentes localités du pays d'origine, par le financement d'activités génératrices de revenus réguliers et décents, contribuant ainsi au développement économique et social des populations, réduisant de ce fait l'exode rural, voire l'émigration massive.

Ces avantages seront complétés par des actions d'information et de sensibilisation en direction des hommes d'affaires et des investisseurs potentiels résidant à l'étranger et l'organisation à leur profit des rencontres et des séminaires à caractère économique pour les inciter à prendre davantage des initiatives. Des actions importantes pourront aussi être envisagées en faveur des compétences scientifiques et techniques des Guinéens résidant à l'étranger pour les inciter à soutenir de manière active l'œuvre de développement national et à apporter leurs expériences et leur savoir par des missions ponctuelles, comme au temps du programme TOKTEN.

Pour la mise en œuvre d'une politique en matière de migration en rapport avec le développement, six axes stratégiques pourront être retenus, dont :

- un recensement exhaustif des Guinéens résidant à l'étranger ;

- l'élaboration et la mise en place d'un programme d'assistance à la population migrante ;

- l'organisation de campagnes de sensibilisation sur la migration internationale et une facilitation de réinsertion des migrants au retour ;

- la défense des intérêts de tout Guinéen vivant à l'étranger ;

- l'examen approfondi des questions à caractère consulaire relatives à l'établissement et à la circulation des ressortissants guinéens vivant à l'étranger ;

- un soutien et un encouragement des actions et des initiatives des associations guinéennes de l'étranger ;

- encourager les migrants à créer des petites et moyennes entreprises notamment en :

- coopérant avec les institutions bancaires en vue de créer une plateforme entre les transferts des fonds et le micro financement pour la réalisation d'activités entrepreneuriales ;

- fournissant des conseils de gestion et des services de consultation aux migrants ;

- restaurant la confiance des migrants à l'égard du système bancaire ;

- permettant une circulation libre des migrants entre leur pays d'origine et le pays d'accueil (Makarena, op.cit).

Toutes ces mesures ne seront pas possibles sans une stabilité politique intérieure et un recyclage des agents consulaires pour s'adapter aux nouvelles exigences des politiques étrangères afin de mieux servir les migrants (Camara, 2004).

SOUS-CHAPITRE I : CONSIDÉRATIONS GÉNÉRALES DES DIFFÉRENTES THÉORIES PAR RAPPORT À NOTRE ÉTUDE

Avec les différentes approches théoriques sur les migrations, on constate que la migration et le développement sont des phénomènes complexes et plus ou moins liés suivant les régions de départ. Par ce rapprochement, certains auteurs pensent que la migration a un impact sur le développement des régions d'origine. Si ce principe est désormais acquis, la nature exacte des liens entre migration et développement continue cependant d'intriguer les chercheurs et les décideurs (Hammer et al. 1997 ; Nyberg et al. 2002, 2002 ; Skeldon, 1997). Vu la complexité grandissante et le dynamisme de ces phénomènes ainsi que les changements perpétuels des données sur le phénomène migratoire, il est encore très difficile de généraliser les conclusions des chercheurs (Ammassari, 2004). La réponse à la question de savoir si la migration produit des effets positifs ou négatifs dépend en grande partie de l'approche théorique choisie (Ellerman, 2003). Les différentes approches utilisées pour notre étude peuvent être regroupées en deux modèles qui se contredisent : le modèle néoclassique et le modèle marxiste. Elles ont été utilisées par d'autres chercheurs dans la recherche des causes et des conséquences des migrations internes et transfrontalières. En effet, selon les modèles néoclassiques, les mouvements de main d'œuvre d'un lieu à un autre sont bénéfiques parce qu'ils aident à ajuster les déséquilibres structurels, contribuant ainsi à une convergence des facteurs de la production existants dans d'autres lieux. Appliqués à l'échelle internationale, ces modèles considèrent que les migrations aident à réduire les différences existant entre les pays d'origine et les pays d'accueil tout en favorisant le développement de l'un comme de l'autre (Solimano, 2001). Les pays d'origine sont généralement moins développés, la main d'œuvre y est abondante et le capital relativement limité. Dans les pays d'accueil, c'est le contraire, les salaires sont généralement plus élevés et attirent la main-d'œuvre extérieure. Les migrations internationales, causées par ces déséquilibres, sont censées provoquer une diminution de l'offre de travail dans le pays d'origine et un accroissement de la demande de travail dans le pays d'accueil. Par conséquent, les salaires devraient augmenter dans les premiers et diminuer dans les seconds. Pour équilibrer la balance, la migration devrait s'arrêter ou au moins diminuer de manière significative, et éventuellement un processus de retour devrait s'enclencher.

Cependant, ces modèles ont été critiqués par les auteurs adeptes du structuralisme marxiste qui refusent de voir en la migration le résultat de la décision des individus ou des membres de leur famille. Ces derniers soutiennent que les migrations sont autant la cause que la conséquence d'un développement déséquilibré du capitalisme. Le développement anarchique du modèle capitaliste est selon eux la base du processus soustrayant la main d'œuvre de la périphérie (les pays en développement) en faveur du centre (les pays industrialisés).

En l'occurrence de ces études menées sur des communautés proches de celles de la Guinée, nous pensons pouvoir les adapter à la communauté émigrée guinéenne pour mesurer leurs apports sur le développement de leurs terres d'origine. Notre objectif n'est pas de favoriser telle approche par rapport à telle autre ; suivant chaque circonstance, nous avons essayé de nous appuyer sur chacune d'elle pour démontrer les enjeux, les mécanismes et les conséquences de l'émigration transnationale guinéenne. Certes, les migrants sont attirés par des gains économiques et prennent seuls ou avec leur famille la décision d'émigrer, mais les déséquilibres induits par les politiques entre le Nord et le Sud - conséquences d'un capitalisme trop poussé - favorisent aussi les déplacements des milliers de personnes vers les horizons où ils pensent vivre en sécurité (alimentaire, économique, civile, etc.). Nous pensons que, dés leur arrivée en Europe, les migrants guinéens participent à la coopération et contribuent au développement socio-économique de leur famille. Cette contribution concerne en premier lieu l'entretien familial et, en second lieu le développement local par la mobilisation de l'épargne domestique, la création des services de proximité (écoles, centres de santé, forages, formation…), l'élévation du niveau de qualification, l'alphabétisation des femmes et la sensibilisation sur certaines maladies, etc. C'est surtout dans ce contexte que s'inscrit notre recherche, elle doit contribuer à un éclaircissement des pratiques des transferts des fonds vers la Guinée, la formation d'associations à l'étranger et surtout les transformations sociales induites par ces mouvements. Plus précisément, notre recherche se focalise sur les actions aussi individuelles que collectives. Elle vise à réaliser un état des lieux qualitatif des actions de ces associations et des organisations de la société civile associées à l'amélioration du bien-être des populations guinéennes. Ces différentes approches sont ainsi complémentaires. L'utilisation de l'une permet de faire appel aux autres car développer une contrée suppose non seulement une mobilisation de ressources, mais aussi une libre circulation de celles-ci et un appui des pouvoirs politiques décentralisés aussi des pays de départ que ceux d'accueil.

SOUS-CHAPITRE II : MIGRATIONS ET DÉVELOPPEMENT DANS L'HISTOIRE

Peut-on établir un réel lien entre les migrations et le développement ? Pour expliciter ce lien proposons-nous d'aborder trois questions que se posent beaucoup d'auteurs :

Le développement permet-il de réduire les flux migratoires ?

À quelles conditions une politique de coopération peut-elle aider au développement local et à la démocratisation des pays d'origine ?

Comment inscrire la relation entre flux migratoires et développement dans une politique de migration ?

En effet, sur la première question, Charbit et al (2004) pensent que la réponse dépend de la durée. À long terme, ils disent oui, mais à court terme, ils affirment non. Pour eux, tout développement introduit des déséquilibres. Dans les régions rurales, le bouleversement des rapports sociaux entraîne un exode et alimente des flux migratoires. Ce n'est que dans un deuxième temps, longtemps après, quand les effets combinés de la transition démographique et l'accroissement de la productivité agricole se font sentir, que l'émigration s'épuise et que les flux peuvent s'inverser. Fondamentalement, pour eux, les migrants sont des acteurs de développement des deux sociétés : leur société d'origine et leur société d'accueil. Ce sont des sujets actifs de la scène internationale, porteurs de la coopération et de la solidarité.

« Le développement des régions d'origine des migrants présente un intérêt certain. Il prend acte du fait que les migrations ne sont pas aléatoires et suivent des routes qui ont leurs traces dans l'histoire. Ainsi, donner une priorité au développement des régions d'origine des migrants, même s'il ne contribue pas à réduire les flux à court terme présente un double avantage : il fonde la coopération sur une histoire commune et par là même la concrétise et, peut s'appuyer sur l'apport essentiel des migrants » (Charbit et al. Ibid.).

Cependant, le co-développement pour être plus efficace doit être mené conjointement par les parties en cause. Il doit s'appuyer sur l'intérêt des deux parties.

Quelles sont les conséquences des migrations ? Peuvent-elles avoir un impact sur le développement ? Qu'il s'agisse des migrations internes ou des migrations internationales, les conséquences peuvent être économiques, démographiques, politiques et sociales. Au point de vue économique, l'arrivée des nombreux migrants se traduit par un apport de main d'œuvre qui a puissamment contribué, notamment au XIXe siècle à la mise en valeur des « pays neufs ». De nos jours, l'immigration a souvent favorisé l'expansion économique du pays d'accueil. L'avantage, en l'occurrence, est d'autant plus grand que les immigrants sont en majorité, le plus souvent, des hommes adultes dont la force de l'âge, l'éducation et la formation n'ont rien coûté au pays qui les reçoit. Aussi, l'immigration a permis la création d'activités nouvelles ou a favorisé l'innovation au sein des activités préexistantes. Elle contribue aussi au maintien des activités traditionnelles qui sans elle, on ne pourrait recruter la main-d'œuvre nécessaire. C'est la raison qui, dans la seconde moitié du XXe siècle, a obligé tous les pays industriels d'Europe occidentale à recourir à l'immigration en provenance des pays moins développés (Noirel, 1998). Sans cette immigration, les tâches les plus ingrates, celles dont les nationaux ne veulent plus, n'auraient pu être assurées. D'un autre côté, l'arrivée d'immigrants fait baisser les salaires, d'où les réticences et l'hostilité manifestées par les ouvriers et les syndicats nationalistes à leur égard.

Dans les pays de départ, l'émigration peut entraîner une tendance à la baisse de la production, puisque le nombre de travailleurs diminue. En outre, les sommes qui ont été dépensées pour former l'émigrant sont perdues et à cette perte, s'ajoutent les sommes que les migrants emportent avec eux. D'autre part, l'émigration a souvent offert au pays de départ des nouveaux débouchés commerciaux parce que les émigrés une fois installés à l'extérieur continuent à demander les produits, notamment alimentaires auxquels ils sont habitués (Lavigne, 1987). À Paris, les centres commerciaux de Barbés et de Château rouge sont remplis en grande partie des produits africains et asiatiques (Jeune Afrique, n°234, 2006).

Sur le plan démographique, l'émigration peut contribuer à la diminution de la population du pays de départ et à accroître celle d'arrivée. Étant sélective, elle entraîne les jeunes adultes et les mieux formés. Depuis cinq, nous assistons à une émigration massive des jeunes guinéens, bien formés vers le Québec. C'est une migration très sélective. Elle modifie par conséquent la composition par sexe et par âge la population du pays de départ. Elle occasionne par cela le vieillissement du premier et le rajeunissement du second (Le Bras, 2007). Certaines thèses comme celles de Malthus ou de Leroy-Beaulieu soutiennent que l'émigration peut augmenter la natalité.

Sur le plan politique, les conséquences des migrations sont nombreuses. L'émigration constitue souvent un facteur de stabilité politique, dans la mesure où elle décongestionne les campagnes surpeuplées, diminue le chômage ou le sous-emploi dans le pays de départ et entraîne au loin des masses misérables, jugées politiquement dangereuses ou des adversaires avérés du pouvoir politique en place. En outre, les émigrants constituent souvent pour le pays d'origine, un moyen non négligeable d'influence politique ou culturelle. Par contre, ils peuvent aussi provoquer des situations dangereuses faisant naître des conflits armés. Des émigrés sont souvent soutenus par des pays plus puissants pour tenter de renverser le pouvoir politique de leur pays d'origine pour des intérêts économiques. C'est souvent le cas dans certains pays africains. Les migrations peuvent également être sources de déracinement. L'État-nation doit gérer la coexistence sur son sol des langues et des cultures différentes, et répondre à des défis qui ont pour noms intégration, assimilation, acculturation… À l'heure de l'harmonisation européenne, les pays européens vivent la question de l'immigration comme l'un des grands défis de ce siècle (Afrique-Enjeux, N° 4, 2007).

Pour sa part, l'équipe de Popinter menée par Charbit (2004) a expliqué le rapport entre la migration et le développement. Dans sa conclusion, elle est arrivée avec l'idée selon laquelle, les migrants à l'étranger ne représentent qu'une faible fraction de la population active et du potentiel de création de richesses. Pour elle, les transferts jouent un rôle marginal dans le PIB. Ce constat est cohérent avec certaines études. En Corée par exemple, entre 1976 et 1981, les transferts n'expliquent que 3 à 7 % de la croissance du PIB (Kim, 1983 cité par Arnold, 1992) malgré l'importance de sa population émigrée. Cependant, elle nuance ces résultats en affirmant que certaines régions comme celles situées dans la vallée du fleuve Sénégal dépendent en partie des ressources apportées par leurs migrants. Le jugement porté sur la contribution des transferts au développement varie selon que l'on privilégie l'aspect macro ou micro-économique : les familles ou les villages profitent, mais aucune étude n'a permis encore de répondre avec sérieux et précision à la question de lier migration et développement macro-économique.

Multiples et extrêmement divers tant dans leurs formes que dans leurs conséquences, les migrations apparaissent à l'époque contemporaine comme un des facteurs essentiels de l'histoire des populations et de l'évolution des sociétés humaines.

Notre étude a porté en général sur des migrants guinéens se trouvant en Europe (Belgique, Espagne, Allemagne) et particulièrement en France, qui, individuellement et/ou collectivement participent d'une manière ou d'une autre à l'amélioration des conditions de vie de leurs familles et de leurs communautés d'origine.

BIBLIOGRAPHIE

I- OUVRAGES SPECIALISÉS, MÉMOIRES ET ARTICLES

AGUIPE (2000) : *Étude préliminaire du diagnostic du système d'information sur l'emploi, la formation et la promotion des activités économiques en Guinée*, Conakry, rapport de recherche.

Alain, Blanchet et Gotman, Anne (1992) : *L'enquête et ses méthodes : l'entretien*, Paris, Nathan.

Althabe.G, Fabre.D et Lenclud.G (1992) : *Vers une ethnologie du présent*, Paris, ed.MSH.

Ammassari, Savina (2004) : *Gestion des migrations et politiques de développement : optimiser les bénéfices de la migration internationale en Afrique de l'Ouest* ; Cahier des migrations internationales, BIT.

Antoine et al (1995) : *Analyse biographique de la transformation des modèles matrimoniaux dans quatre capitales africaines : Antananarivo, Dakar, Lomé et Yaoundé* ; Institut de recherche pour le développement, Paris, UR Dial.

Archambault E. (1996) : *Le secteur non lucratif : associations et fondations en France*, Paris, Economia.

Arnold .F (1992) : « The Contribution of Remittances to Development », in KRITZ, M. et al. (eds.), International Migration Systems : A Global Approach, Oxford, Clarendon Press.

BAH, Mahmoud (1990) : *Construire la Guinée après Sékou Touré*, Paris, Harmattan, 210 p.

Balandier G. (1974) : *Anthropologiques*, Paris, PUF.

Baldé Alhassane (2002) : *Participation des populations au développement local en Guinée : cas de la CRD de Sarékaly* ; université de Conakry, mémoire de fin d'études supérieures.

Banque Mondiale (2000) : *Le développement au seuil du XXIe siècle, rapport sur le développement dans le monde*, Paris.

Barbour R.S et Kitzinger. J (1999) : *Developing focus group research. Politics, theory and practice*, Londres, Sage.

Barry A.A.Bano (2000) : *Les violences collectives en Afrique, le cas guinéen*, Paris, Harmattan.

Barry Idrissa (2004) : *L'inégalité de chance d'insertion professionnelle entre les sortants de la FLSH et de l'IPC*, Université de Conakry, mémoire de fin d'études supérieures.

Barry Idrissa (2005) : *L'insertion professionnelle des jeunes immigrés et issus de l'immigration guinéenne en France*, EHESS-Paris, DEA.

Beaud, Stéphane et Weber, Florence (2003) : *Guide de l'enquête de terrain*, Paris, Découverte.

Becker, Howard (1986) : *Writing for social scientists : How to start and finish your thesis*, Chicago, The University of Chicago Press.

Belloncle G. (1985) : *Participation paysanne et aménagements hydro-agricoles*, Karthala, Paris.

Berthome J, 1990 : *Les associations villageoises de développement en Afrique de l'Ouest* ; Econiomie et humanisme, N° 314.

Bilig .M (1991) : *Ideology and opinions, studies in rhetorical psychology, Londres*, Sage.

Blanchet, Alain et Gotman, Anne (1992) : *L'enquête et ses méthodes : l'entretien*, Paris, Nathan.

Bourdieu, Pierre (1993) : *La misère du monde*, Paris, Seuil.

Bufford, Junker (1960) : *Field Work*, Chicago, University of Chicago Press.

Camara D.Khassomba (2003) : *La diaspora guinéenne*, Paris, Harmattan.

Camara, Saliou (1992) : *Gens de la parole. Essai sur la condition et le rôle des griots dans la société malinké*, Paris, Karthala.

CERPOD (1995) : *Migrations et urbanisation en Afrique de l'Ouest*, Olrstom, coll. Travaux et Documents, n° 146.

CERPOD (2005) : « Enquête Migration dans la Vallée du Fleuve Sénégal » (Mali, Mauritanie, Sénégal), Nov.1982 à Janv. 1983, OCDE-USAID, Working Paper, N°5.

Champoulie, Jean Michel (1994) : *La place de l'observation et du travail de terrain dans la recherche en sciences sociales*, Québec, Revue québécoise.

Charbit Y.et al (1997) : *Le va-et-vient identitaire. Migrants portugais et villages d'origine*, Paris, INED/PUF.

Charef, Mohamed (1985) : *Les transferts d'épargne des émigrés marocains en France*, Paris, édition du CNRS.

Cicourel, Aaron (1964) : *Methods and measurement in sociology*, New York, Free Press of Glencoe.

Claude Meillasoux (1987) : *Projet de recherche sur les systèmes économiques africains*, Paris, Anthropos.

Combessie, Jean Claude (1996) : *La méthode en sociologie*, Paris, Découverte.

Copans, Jean (1997) : L'enquête ethnologique de terrain, Paris, Nathan.

Cordel, Ken et al (1995) : *Is the public viewpoint of wilderness shifting ; International journal of wilderness*, vol 9.

Coulon, Alain (1992) : *L'école de Chicago*, Paris, PUF.

Crozier M.et Friedberg E (1977) : *L'acteur et le système*, Seuil, Paris, réed.Points 1981.

Daum (Ch), Diawara (A), Gonin (P) Philipe (C), Quiminal (C) et Sylla (Y) (1988) : *La fonction émigrée dans les stratégies de développement*, Paris, ATP-CNRS.

Daum, Christophe (1995) : *Les migrants, partenaires de la coopération internationale. Le cas des Maliens de France*, n° 107, Paris, OCDE.

Daum, Christophe (1996) : *La Contribution des immigrés au développement de leur pays : six études de cas*, Paris, Harmattan.

Daum, Christophe (1998) : *Les associations des Maliens en France : Migrations, Développement et Citoyenneté*, Paris, Karthala.

Devey, Muriel (1997) : *La Guinée*, Paris, Karthala.

Diallo Ibrahima Papa (1970) : *Les groupes émigrés des Guinéens à Dakar, mémoire de fin d'études supérieures*, faculté des lettres, Dakar.

Diarra, Hamédy (1993) : *La parole aux associations de développement*, Paris, Hommes et Migrations, N° 1165.

Dieng, M. (2001) : *Décentralisation et bonne gouvernance, l'expérience guinéenne sous la 2e République*, Conakry, édit. Gandal.

Dieng, Bonata : *Sur la diaspora guinéenne, position et propositions*, Horoya

Diop, Ch. (2003) : *Rôle du secteur informel et des Sénégalais de l'extérieur : stratégie de mobilisation de l'épargne et sécurisation des investissements*, Paris, ILO-International Migration Papers.

Diouf, Macktar (1998) : *Le Sénégal : ethnicité et Nation*, Dakar, Presses universitaires de Dakar, Documents, n° 174.

Everett, Hughes (1996) : *Le regard sociologique. Essais choisis*, Paris, éd. EHESS.

Fall, A.S. (2002) : *Enjeux et défis de la migration internationale de travail ouest africaine*, Paris, ILO International Migration Papers.

Gaillot. D (2000) : *Essai sur la question de retour au pays : le cas des Soninkés et des Haalpulaar*, Thèse, Université Paris VIII.

Gamson .J (1998) : *Freaks talk back : tabloid talk shows and sexual non-conformity*, Chicago, The University of Chicago Press.

Garson, Jean Pierre et Tapinos, George (1981) : *L'argent des immigrés. Revenus, épargnes et transferts de huit nationalités immigrées en France* ; Paris, I.N.E.D, N° 94.

Gauthier, Benoît (1997) : *Recherche sociale. De la problématique à la collecte des données*, Montréal, édition Sainte Foy.

George, Pierre (1976) : *Les migrations internationales*, Paris, OCDE

Ghiglione, R. et. Matalon. B. (1991) : *les enquêtes sociologiques, théories et pratiques* ; Paris, Armand Colin.

Goffman, E. (1973) : *La mise en scène de la vie quotidienne*, Paris, éd. Minuits.

Grillo, Ralph D. Riccio, Bruno (2003) : *Translocal Development : Italy-Senegal, Population, Space and Place*, vol. 10.

Gubert Flore (2002) : *Ceux de Kayes : l'effet des transferts des émigrés maliens sur leur famille d'origine*, Commissariat général au Plan, Paris.

Gubert, Flore (1999) : « La participation des Maliens au développement de la région de Kayes », in Population et société au Mali, coll. « études africaines », Paris, Harmattan.

Guengant J.-P. (1996) : *Migrations internationales et développement : les nouveaux paradigmes*, Revue Européenne des Migrations Internationales, Paris, vol. 12.

Husson, B et Sall, B (2002) : *Migration et développement*, GRDR, Paris.

Icart, Jean Claude (1995) : *Diversité et racisme*. Montréal, Cahiers de CRIEC.

International Organization for Migration (IOM) (2000) : World Migration, New-York, Report.

Kaba, Karamo et Barry, Idrissa (2008) : *La Guinée et la mondialisation*, Paris Harmattan.

Ki-Zerbo, Joseph (1978) : *Histoire de l'Afrique noire*, Hatier, Paris

Krueger R.A (1994) : *Focus group : A practical guide for applied research, Londres*, Sage.

LAAF (2004) : *Guide des associations guinéennes en France*, Paris, Harmattan.

Lanly, Guillaume (2000) : *Les associations d'immigrés et le développement du lieu d'origine : l'exemple de deux communautés rurales de l'État de Oaxaca*, Mexico, Draft.

Lavigne, Delville (.Ph.) (1991) : *La rizière et la vallée ; irrigation, migration et stratégies paysannes dans la vallée du fleuve Sénégal*, Paris, Syros, coll. Ateliers du développement.

Lavigne, Delville (Ph.) (1991) : « Migration et structuration associative : enjeux dans la moyenne vallée » in CROSSE et al. 1991, Paris, Syros

Le Bras, Hervé (2007) : *Les 4 mystères de la population française*, Paris, Odile Jacob

Lebon, André (1994) : *Situation de l'immigration et présence étrangère en France 1993-1994*, Paris, Direction de la population et des migrations.

Lebon, André (1984) : *Les envois de fonds des migrants et leurs utilisations*, Paris, Migrations internationales, vol.4.

Lefebvre, Francis (1990) : *Associations*, Paris, mémento pratique.

Lehman, J-D. (1937) : *The participant observer in community studies*, Chicago, American sociological Review.

Libercier, Hélène et Schneider, Harmut (1996) : *Les migrants comme partenaires de coopération internationale*. Paris, Institut PANOS, OCDE.

Libercier, M H et Schneider H (1996) : *Les migrants, partenaires pour le développement* ; OCDE, Paris.

Malherbe et al (1990) : *Les conditions de viabilité des groupements villageois au Togo* ; ministère de la Coopération, INA-PEG, Paris.

Mamung E. dir. (1997) : *Mobilité et investissements des émigrés*, Paris, Harmattan.

Mandouze, Claire (2003) : *Les migrants : nouveaux acteurs des actions de développement*, Paris, UNILCO.

Massey D. S. et al (1993) : Theories of International Migration : A Review and a Appraisal, Population and Development Review, vol. 19, n° 3.

Massey D. S. et al (1998) : Worlds in Motion : Understanding International Migration at the End of the Millenium, Oxford, Oxford University Press.

Mathieu, Findley, Carrington, Detragiache et Bredeloup (1989) : *Migrations rurales et revenus migratoires*, Paris, Harmattan.

Matin, P ; Widgren J. (2002) : *International Migration : Facing the Challenge*, Paris, Population Reference Bureau.

Merton, Robert Kendal et Fiske .M (1990) : *The focused interview. A manual of problems and procedures* ; New-York/Londres, The Free Press.

Metraux, A. (1988) : *De la méthode dans les recherches ethnologiques*, Paris, Gradiva.

Morgan, D.L (1997) : *Focus groups as qualitative research*, Londres, Sage.

Naï, Samir (1997) : Rapport de bilan et d'orientation sur les politiques de co-développement liée aux flux migratoires, Migrations/co-développement ; Paris, ministère des Affaires étrangères.

Ndione, E. S. (1987) : *Dynamique urbaine d'une société en grappe*, Enda, Dakar.

Ndir et Ngom, Aïda (2001) *: Banques, Finances et PED ou PET*, Dakar, études supérieures

Nelly, R. (1997) : *Atlas des migrations ouest-africaines vers l'Europe, 1985-1993*, Paris, Plon.

Niane, Djibril Tamsir <http://www.livres-chapitre.com/-U02I12/-NIANE-DJIBRIL-TAMSIR/-LE-SOUDAN-OCCIDENTAL-AU-TEMPS-DES-GRANDS-EMPIRES-(XIE-XVIE-SIECLES).html>

N'Kaloulou, B. (1984) : *Dynamique paysanne et développement rural au Congo* ; Paris, Harmattan.

Park, R et Burges. E (1921) : *Introduction to the science of sociology*, Chicago, University of Chicago Press.

Pirelli, A. (1992) : *Expérience de développement local au sahel*, Paris, Publisus.

Pollet E, Winter G (1971) : *La société Soninké*, Bruxelles, Université libre de Bruxelles.

Prod'homme J.P et al (1987) : *Des conditions d'émergence, de fonctionnement et de pérennité des groupements villageois au Sénégal* ; Rapport de synthèse du ministère de la Coopération, INA-PG.

Quiminal, Catherine (1991) : *Gens d'ici, gens d'ailleurs. Migrations Soninkés et transformations villageoises*, Paris, Harmattan.

Quiminal, Catherine (1995) : *Mobilisations associatives et dynamiques d'intégration des femmes d'Afrique subsaharienne en France*, rapport de recherche, DPM.

Réa, Andréa et Maryse, Tripier (2003) : *La sociologie de l'immigration*, Paris, Découverte.

Riccio et Bruno. (2006) : *Transmigrants, mais pas nomades, transnationalisme mouride en Italie*, Paris, Cahiers d'études africaines.

Russell, S.S., Jacobsen, K., and Stanley W.D. (1990) : International Migration and Development in Sub-Saharan Africa, World Bank Discussion Paper, Washington, World Bank.

Sander, Cerstin ; Issa, Barro ; Mamadou, Fall ; Mariell, Juhlin et Coumba, Diop (2003) : *Étude sur le transfert d'argent des émigrés au Sénégal et les services de transfert en micro finance*, Genève, International Labour Office (ILO/BIT).

Sayad, Abdelmalek (1991) : *L'immigration ou les paradoxes de l'altérité*, Bruxelles, De Boeck Université.

Schuerkens, Ulrike (2003) : *L'intégration des Africains*, Revues internationales, Paris.

Schuerkens, Ulrike (2006) : « Migration and developpement » in Encyclopedia of the Developing World, Routledge, 2006, vol.2, p.1039-1046.

Simon, Gildas (1983) : *Migrations internationales du travail et changement social dans les pays d'origine* ; actes de colloques de Lyon, Géographie Sociale.

Smith, P (2001) : *Les Diakankhe, histoire d'une dispersion*, cahiers CRA-No 4-3, 4 pp.231-262.

Sylla, Soriba (2000) : *L'expérience guinéenne en matière de renforcement des capacités humaines de développement*, rapport de recherche, Conakry, PADES/MESRS.

Tall, Serigne Mansour (2002) : « L'émigration internationale sénégalaise d'hier à demain » in Momar Coumba Diop (éd.) La société sénégalaise entre le local et le global, Paris, Karthala

Tapinos G, Garson J.-P. (1981) : *L'argent des immigrés, Revenus, épargne et transferts de huit nationalités immigrées en France*, Paris, INED/PUF.

Thomas .W et Znaniecki. F (1918) : *The Polish Peasant in Europe and America*, Boston, Bodger.

Timéra, Mahamet (1996) : *Les Soninké en France. D'une histoire à l'autre*, Karthala, Paris

Tremblay, D-G et Foutan, J-M. (1994) : *Le développement économique local, la théorie, les pratiques, les expériences* ; Québec, Télé-université Ste-Foy.

Weber, Florence (1989) : *Le travail à côté. Étude d'ethnographie ouvrière*, Paris, INRA-EHESS.

Whyte, Williams (1996) : *La structure sociale d'un quartier italo-américain*, Paris, Découverte.

II-RAPPORTS D'ACTIVITÉ DES ONG ET DES ASSOCIATIONS GUINÉENNES

AFRICARE/GUINEE (2006) : Rapport d'activités trimestrielles 2005, Conakry

ASED (2006) : Rapport d'activités 2005, Conakry

CANAFOD (2001) : Rapport d'activités 1991-2000, Conakry

IIZ/DVV (2006) : Rapport d'activités 2005, Conakry

Ministère de l'Economie et des Finances (2000) : Migrations en Guinée, Conakry

Ministère du Plan (2004) : La Guinée et ses potentialités économiques, Conakry

PNUD (2006) : Réduire la pauvreté à travers la bonne gouvernance, Conakry

PRIDE/GUINEE (2005) : Rapport d'activités 2005, Conakry

PSI/GUINEE (2006) : Rapport d'activités 2006, Conakry

RGTA-DI (2005) : Rapport d'activités 2002-2004, Conakry

UGVD (2005) : Rapport d'activités 2005, Conakry

TABLE DES MATIÈRES

INTRODUCTION 9
SOMMAIRE 13
PREMIÈRE PARTIE 15
CHAPITRE I : REVUE SUR LES MIGRATIONS INTERNATIONALES 17
  SOUS-CHAPITRE I : CONSIDERATIONS GÉNÉRALES DES
  MIGRATIONS INTERNATIONALES ET LE DÉVELOPPEMENT 17
  SOUS-CHAPITRE II : LES TRADITIONNELLES MIGRATIONS
  OUEST-AFRICAINES 19
    SECTION I : LES GRANDES MIGRATIONS OUEST-AFRICAINES
    19
    SECTION II : LES MIGRATIONS OUEST AFRICAINES ET INTER-
    CONTINENTALES 22
  SOUS-CHAPITRE III : GÉNÉRALITÉS SUR LES MIGRATIONS SUB-
  SAHARIENNES TRANSNATIONALES 32
    SECTION I : DIVERSIFICATION DES FLUX MIGRATOIRES EN
    AFRIQUE DE L'OUEST 33
  SOUS-CHAPITRE IV : BREVES ANALYSES COMPARATIVES DES
  MIGRATIONS SUBSAHARIENNES, MAGHRÉBINES ET
  D'AFRIQUE AUSTRALE 34
    SECTION I : STATISTIQUES DE MIGRANTS EN FRANCE
    (NOTAMMENT AFRICAINS) 35
  SOUS-CHAPITRE V : PROBLÉMATISATION 39
  SOUS-CHAPITRE VI : OBJECTIFS 41
DEUXIEME PARTIE 43
CHAPITRE I : DÉROULEMENT DE L'ENQUÊTE 43
  SOUS :CHAPITRE I : RENCONTRE DE MIGRANTS GUINÉENS EN
  EUROPE 43
    SECTION I : VILLES ET LIEUX DE RENCONTRE AVEC LES
    MIGRANTS 44
  SOUS-CHAPITRE II : LES ENQUETES EXPLORATOIRES ET LES
  ÉTUDES DE TERRAIN 46
    SECTION I : RAISONS DU CHOIX DES VILLES EXPLORÉES 46
    SECTION II : CATÉGORIES DES RÉPONDANTS 47
    SECTION III : L'ÉCHANTILLONNAGE 47
TROISIEME PARTIE 49
CHAPITRE I : CADRE D'ÉTUDE 51
  SOUS-CHAPITRE I : CONSIDÉRATIONS GÉNÉRALES SUR LA
  GUINÉE 51
  SOUS-CHAPITRE II : LA GUINÉE INDÉPENDANTE 52
  SOUS-CHAPITRE III : LES MIGRATIONS GUINÉENNES 53

SECTION I : LES MIGRATIONS GUINÉENNES INTERNES ET
LEURS CONSÉQUENCES 54
SECTION II : QUELQUES CAUSES INTERNES DES MIGRATIONS
GUINÉENNES 56
SECTION III : QUELQUES MOTIVATIONS PARTAGÉES DES
MIGRANTS GUINÉENS 57
SECTION IV : MOUVEMENTS ASSOCIATIFS ET RAPPORTS
ENTRE LES GUINÉENS DE L'EXTERIEUR ET CEUX DE
L'INTERIEUR 60
QUATRIEM E PARTIE 65
CHAPITRE I : LES GRANDES PÉRIODES DES MIGRATIONS
GUINÉENNES 67
  SOUS-CHAPITRE I : HISTORIQUE DES MIGRATIONS
  GUINÉENNES 67
    SECTION I : LES DIFFÉRENTES PHASES DE L'ÉMIGRATION
    GUINÉENNE 67
    SECTION II : CONTEXTES ET ATLAS MIGRATOIRES GUINÉENS
    68
    SECTION II : LES MIGRATIONS GUINÉENNES
    TRANSNATIONALES 76
    SECTION III : LES NOUVELLES CAUSES DE L'ÉMIGRATION
    GUINÉENNE 84
    SECTION IV : LES NOUVELLES DESTINATIONS DES MIGRANTS
    GUINEENS 88
  SOUS-CHAPITRE II : LES ASSOCIATIONS DE MIGRANTS
  GUINÉENS 89
    SECTION I : CLASSIFICATION ET FONCTIONNEMENT DES
    ASSOCIATIONS GUINÉENNES 89
    SECTION II : RAPPORTS ENTRE LES ASSOCIATIONS 103
    SECTION III : ASSOCIATIONS DE MIGRANTS ET
    REPRÉSENTATIVITÉS LOCALES : LES ASSOCIATIONS DE
    RÉLAIS 104
    SECTION IV : GÉNÉRALITÉS, DYNAMISMES ET LIMITES DES
    ASSOCIATIONS GUINÉENNES 106
  SOUS-CHAPITRE III : RELATIONS ENTRE ASSOCIATIONS ET
  POUVOIRS POLITIQUES (GUINÉENS ET FRANCAIS) 108
    SECTION I : RELATIONS DES ASSOCIATIONS AVEC LES
    POUVOIRS PUBLICS GUINÉENS (NOTAMMENT L'AMBASSADE
    DE GUINÉE EN FRANCE) 108
    SECTION II : LA COOPERATION DECENTRALISEE ENTRE LA
    FRANCE ET LA GUINEE 110
    SECTION III : LES AIDES DE RETOUR AUX MIGRANTS
    GUINÉENS 110

CHAPITRE II : LES RELATIONS ENTRE LES MIGRANTS, LEURS FAMILLES ET LE PAYS D'ORIGINE 117
   SOUS-CHAPITRE I : RELATIONS ENTRE LES MIGRANTS ET LEURS FAMILLES ET ENTRE LA DIASPORA ET LES POUVOIRS PUBLICS 117
      SECTION I : RELATIONS ENTRE LES MIGRANTS ET LEURS FAMILLES 117
      SECTION II : LES GUINEENS DE L'EXTERIEUR : RELATIONS AVEC LE PAYS D'ORIGINE 119
   SOUS-CHAPITRE II : POUVOIRS PUBLICS ET MIGRATION EN GUINEE 122
      SECTION I : EXPÉRIENCE D'UN EMIGRE DE RETOUR EN GUINÉE 125
   SOUS-CHAPITRE III : LES TRANSFERTS D'ARGENT DES MIGRANTS ENVERS LA GUINEE 126
      SECTION I : LES MODES DE TRANSFERT D'ARGENT 126
CHAPITRE III : POINTS DE VUE DES GUINÉENS DE L'EXTERIEUR SUR LEUR PARTICIPATION AU DÉVELOPPEMENT 139
CHAPITRE III : POINTS DE VUE DES GUINÉENS DE L'EXTERIEUR SUR LEUR PARTICIPATION AU DÉVELOPPEMENT 141
   SOUS-CHAPITRE I : LES CATEGORIES DE MIGRANTS 142
      SECTION I : LE CAS DES ÉTUDIANTS ET DES UNIVERSITAIRES 142
      SECTION II : LE CAS DES RÉSIDENTS PERMANENTS 144
      SECTION III : LE CAS DES AVENTURIERS, HOMMES D'AFFAIRES ET AUTRES 145
      SECTION IV : LE CAS DES FEMMES MIGRANTES 147
      SECTION V : LA PARTICIPATION DES AUTRES GROUPES (FOOTBALLEURS, MUSICIENS…) 148
   SOUS-CHAPITRE II : AUTRES ENVOIS RÉGULIERS DES MIGRANTS 149
      SECTION I : IMPORTATIONS ET UTILITÉ DES VOITURES D'OCCASIONS 150
      SECTION II : UTILISATION DES MATÉRIELS INFORMATIQUES ET ÉLECTROMENAGERS 152
      SECTION III : LES ENVOIS ET LES VENTES DE FRIPERIE 153
CHAPITRE IV : ASSOCIATIONS, ONG, POPULATIONS ET DÉVELOPPEMENT LOCAL 155
   SOUS-CHAPITRE I : FONCTIONNEMENT DES ASSOCIATIONS LOCALES ET PERCEPTION DES POPULATIONS SUR LE DÉVELOPPEMENT PARTICIPATIF 155
      SECTION I : FONCTIONNEMENT DES ASSOCIATIONS LOCALES 156

SECTION II : RÔLES DES OSC ASSOCIÉES ET DES ONG DE FINANCEMENT 159
SECTION III : PERCEPTION DES POPULATIONS LOCALES SUR LE DÉVELOPPEMENT PARTICIPATIF 162
SOUS-CHAPITRE II : MIGRATIONS ET DÉVELOPPEMENT : QUELQUES RÉSULTATS SUR LES RÉGIONS EXPLORÉES 163
SECTION I : MIGRATION ET DÉVELOPPEMENT EN VILLE 164
SECTION II : MIGRATIONS, OSC À L'INTÉRIEUR DU PAYS 166
SECTION III : QUELQUES ASPECTS NÉGATIFS DE LA MIGRATION 171
SECTION IV : D'AUTRES CONSÉQUENCES DES MIGRATIONS GUINÉENNES 173
SOUS-CHAPITRE III : AUTRES CONSEQUENCES : BOULEVERSEMENT DES HIERARCHIES SOCIALES 174
CHAPITRE V : APPROCHES COMPARATIVES DES MIGRATIONS GUINÉENNES PAR RAPPORT À CELLES DE LA VALLEE DU FLEUVE SENEGAL 177
CHAPITRE V : VERIFICATION DE L'HPOTHESE 183
SOUS-CHAPITRE I : LES OBJECTIFS DE DEVELOPPEMENT POUR LA GUINEE 184
SOUS-CHAPITRE II : COHERENCE ENTRE LES OBJECTIFS DU DEVELOPPEMENT ET LES INTERVENTIONS FRANCAISES 185
SOUS-CHAPITRE III : COHERENCE ENTRE LES OBJECTIFS DU DEVELOPPEMENT ET LES INTERVENTIONS DES ONG/OSC 187
SOUS-CHAPITRE IV : RELATIONS ENTRE LES ONG/OSC ET LE DSRP GUINEEN 188
SOUS-CHAPITRE V : TRANSFERTS ET DEVELOPPEMENT 189
CHAPITRE VI : QUELQUES SOLUTIONS SUR LES PROBLÉMATIQUES DE LA MIGRATION ET DES TRANSFERTS EN GUINÉE 191
SOUS-CHAPITRE I : CONSIDÉRATIONS GÉNÉRALES DES DIFFÉRENTES THÉORIES PAR RAPPORT À NOTRE ÉTUDE 195
SOUS-CHAPITRE II : MIGRATIONS ET DÉVELOPPEMENT DANS L'HISTOIRE 197
BIBLIOGRAPHIE 201

Guinée-Conakry
aux éditions L'Harmattan

Dernières parutions

GUINÉE FACE AU HANDICAP (LA)
La problématique des déficiences motrices à Conakry
Tchirkov Vitaly
L'auteur tente d'expliquer les causes et conséquences de la prédominance des déficiences des membres inférieurs à Conakry, en République de Guinée. Il s'intéresse également aux représentations que reflètent la notion de handicap et aux influences qu'elles subissent de la part des croyances traditionnelles et religieuses. Cette recherche s'inscrit dans la volonté d'établir un état des lieux de la situation actuelle et dans la réalisation d'un important travail de terrain.
(Coll. Etudes africaines, 25.00 euros, 246 p.)
ISBN : 978-2-336-00499-0, ISBN EBOOK : 978-2-296-51006-7

D'UNE GUINÉE À L'AUTRE – Souvenirs et témoignages
Diallo Bah Aïssatou
Cet ouvrage est un témoignage autobiographique de l'itinéraire de l'auteur, de la période coloniale à nos jours. L'auteur fait un résumé des événements politiques marquants de la Guinée française à la fin de la période coloniale, de la première République et du régime militaire. Elle donne des références sur la vie économique et sociopolitique du pays de l'ère postcoloniale et aussi sur la vie familiale et personnelle.
(Coll. Harmattan Guinée, 15.50 euros, 154 p.)
ISBN : 978-2-336-00077-0, ISBN EBOOK : 978-2-296-50405-9

VEUVAGE FÉMININ ET SACRIFICES D'ANIMAUX DANS LE FOUTA-DJALON (GUINÉE)
Traditions en changement
Kervella-Mansaré Yassine
En Guinée, dans la région du Fouta-Djalon, les rites funéraires comprennent des cérémonies de sacrifice d'animaux. On pourrait penser que ces rites sont hérités d'une longue tradition, mais l'auteure montre que ce qui s'observe aujourd'hui n'est pas la reproduction de ce qui s'observait hier. Cela n'empêche pas de considérer que perdurent certains éléments ou certaines structures.
(Coll. Etudes africaines, 22.00 euros, 218 p.)
ISBN : 978-2-296-99285-6, ISBN EBOOK : 978-2-296-50294-9

GUINÉE L'AURORE D'UNE DÉMOCRATIE
Lonseny-Fall François
Plus de cinquante ans après son indépendance, la Guinée organise enfin une élection démocratique multipartite. L'auteur, acteur politique, porte son regard avisé sur ce processus allant de l'émergence d'une véritable transition politique à l'organisation de la première élection présidentielle permettant de bâtir l'avenir de la Guinée pour tous ses enfants.
(11.50 euros, 88 p.) ISBN : 978-2-296-99404-1

ORIGINES ET MIGRATIONS DES PEUHLS ET DES KISSI
Diallo Boubacar
Ce livre cherche à interroger le passé. Les contes repris ici sont les plus beaux de l'Afrique de l'Ouest. Qui aurait pu penser que la génétique des populations aurait confirmé ces fabuleux mythes que J. Richard Molard qualifiait, en 1956, «d'élucubrations fantastiques» ?
(Coll. Harmattan Guinée, 11.00 euros, 74 p.) ISBN : 978-2-296-99077-7

TOURBILLON
La dérive autoritaire
Barry Aminata
«Le grand malheur de la Guinée est d'avoir une mémoire cabossée ou de ne pas en avoir du tout». La violence de cette répression d'Etat qui s'est abattue sur notre pays de l'indépendance à nos jours a produit des dommages profonds. Aminata Barry, l'auteur, tente le pénible exercice d'expliquer ce qui est arrivé à des milliers de mamans et d'enfants qui ont eu à répondre de la responsabilité politique du régime de Sékou Touré.
(Coll. Harmattan Guinée, série Mémoires africaines, 11.50 euros, 94 p.)
ISBN : 978-2-296-96507-2

CUISINES DE GUINÉE
Bari Nadine, Maka-Ingenbleek Josée
La cuisine reflète toujours la culture d'un pays, ici la Guinée-Conakry. Or, il s'agit d'une Guinée plurielle, ce qui justifie le titre de cet ouvrge *Cuisines de Guinée*. Les recettes collectées sont regroupées par nature d'utilisation dans un repas : entrée, plat, accompagnement, dessert, boisson, afin de faciliter les recherches des cuisinières-lectrices.
(Coll. Harmattan Guinée, 18.00 euros, 164 p.)
ISBN : 978-2-296-96631-4

EXPÉRIENCE SOGUIPAH MOYEN SÛR DE LUTTE CONTRE LA PAUVRETÉ
Camara Mariame
L'agriculture est la priorité de développement de la Guinée, dont SOGUIPAH est le plus bel exemple de réussite. Son concept combine la création d'un noyau industriel de plantations et d'usines de transformation de produits agricoles, ayant pour finalité la protection durable des ressources naturelles, la création d'emplois et de revenus en milieu rural. Cet ouvrage est à destination du peuple de Guinée, à sa jeunesse et au monde paysan.
(Coll. Harmattan Guinée, 9.90 euros, 60 p.)
ISBN : 978-2-296-96632-1

DISCOURS (LES) (deuxième édition revue, corrigée et augmentée)
Une vision et un combat pour la réconciliation nationale, la démocratie et la bonne gouvernance
Souaré Ahmed Tidiane
Les grands discours sont porteurs d'Histoire. Ces discours de Ahmed Tidiane Souaré, dernier Premier ministre de Lansana Conté, constituent un écho de la vision de l'auteur et de son combat pour la démocratie et la bonne gouvernance. Il y décline son ambition et son combat quotidien sur les questions intérieures, sa vision pour combattre le sous-développement et la pauvreté en Afrique sans oublier les rapports bi et multilatéraux de la Guinée et de ses pays amis.
(22.00 euros, 236 p.)
ISBN : 978-2-296-54903-6

GUINÉE SOUS LES VERROUS DE LA RÉVOLUTION
Autobiographie
Lamine Kamara
Lamine Kamara parle de la détention politique sous le régime de Sékou Touré, construisant son récit autour d'une véritable trame, tout en restant fidèle aux faits vécus par le prisonnier dans sa chair et son sang. Il fait côtoyer le rire et les gémissements, malgré les monstruosités de l'univers carcéral.
(Coll. Harmattan Guinée, 22.00 euros, 0 p.)
ISBN : 978-2-296-96485-3

RACINES (LES) DE L'AVENIR
Réflexions sur la première République de Guinée – Essai
Kamara Lamine
L'auteur livre une analyse complète du régime, aussi bien aux plans politique, économique que social, une analyse objective bien que sans concession, en rétablissant les faits, en décryptant les mécanismes qui les ont engendrés, en dévoilant les méthodes et les pratiques en cours à l'époque, tout en veillant à faire la part des choses au moment de situer la ou les responsabilités de ce qui est arrivé à des hommes par des hommes...
(Coll. Harmattan Guinée, 13.00 euros, 114 p.)
ISBN : 978-2-296-96484-6

NABI IBRAHIMA YOULA, GRANDE FIGURE AFRICAINE DE GUINÉE
Entretiens avec Djibril Kassomba Camara
Kassomba Camara Djibril, Youla Nabi Ibrahima
Nabi Ibrahima Youla était un cadre polyvalent. Pionnier, puis président des coopératives bananières de Guinée, il occupa de hauts postes à responsabilité auprès d'éminentes personnalités. Au service de son pays, Sékou Touré l'envoya en mission exceptionnelle auprès du Général de Gaulle, dans le but de rétablir les relations franco-guinéennes. Ce livre évoque sa jeunesse, sa vie professionnelle remplie, sa carrière diplomatique et sa retraite silencieuse.
(Coll. Harmattan Guinée, 10.00 euros, 64 p.)   *ISBN : 978-2-296-96482-2*

SORY KANDIA KOUYATÉ – Chantre immortel d'une Afrique éternelle
Kouyaté Mamadou
Sory Kandia s'impose comme un véritable monument de la musique africaine. Mais si Sory Kandia Kouyaté, l'artiste éclos, est bien connu, Kandia, l'enfant enclos dans l'éducation traditionnelle, est souvent méconnu. Le passé, l'enfance de Kandia vécue en pleine période coloniale, est en fait l'expression des âpres contradictions d'alors. Ce sont ces instants nostalgiques que son fils aîné raconte ici.
(Coll. Harmattan Guinée, 14.00 euros, 126 p.)   *ISBN : 978-2-296-96483-9*

CONTRIBUTION À LA CONNAISSANCE DE L'HISTOIRE DU BADIAR
Koundara, Guinée
Boiro El Hadj Alseny
Le Badiar englobe la commune urbaine de Koundara et les sous-préfectures de Saréboïdo, Kammadby et Samba Ilo. C'est une région de plaines et de bas plateaux, aux sols hydromorphes et exondés, dominés par le mont Badiar. Le climat tropical subit des fluctuations préjudiciables aux activités agropastorales de la population et la végétation de savanes et de forêts-galeries est menacée de dégradation.
(Coll. Harmattan Guinée, 11.00 euros, 70 p.)   *ISBN : 978-2-296-55880-9*

NAÎTRE, VIVRE ET MOURIR EN PAYS KISI PRÉCOLONIAL
Essai d'anthropologie sociale et culturelle
Iffono Aly Gilbert   Préface de Shaka Bagayogo
L'ambition de ce travail est d'enrichir la connaissance historique d'un peuple sur lequel il n'existe guère que la thèse ethnologique classique et déjà ancienne de Denise Paulme (*Les gens du riz : les Kissi de la Haute-Guinée Française*, 1954). Le travail de l'auteur s'appuie sur un impressionnant travail d'enquête de terrain et d'archives pour présenter une société kisi déjà en proie à une profonde mutation plus d'une décennie avant la conquête coloniale.
(Coll. Etudes africaines, 25.00 euros, 242 p.)   *ISBN : 978-2-296-55815-1*

APPRENDRE ET ENSEIGNER AUTREMENT EN AFRIQUE (TOME 1)
Pratiques et recherches éducatives en chimie en Guinée-Conakry
Diallo Alfa Oumar
Dans la majorité des pays africains, enseigne qui le veut et non qui le peut. Les cohortes d'enseignants sont recrutées au gré de projets disparates. Chez les élèves, on constate une baisse du niveau, un manque de motivation, l'exode vers l'étranger. Du côté des professeurs, la routine et la médiocrité s'installent. Cet ouvrage apporte aux élèves et enseignants du continent des techniques pour apprendre et enseigner autrement.
(Coll. Etudes africaines, 23.00 euros, 228 p.)   *ISBN : 978-2-296-56445-9*

APPRENDRE ET ENSEIGNER AUTREMENT EN AFRIQUE (TOME 2)
Pratiques et recherches éducatives en chimie en Guinée-Conakry
Diallo Alfa Oumar
Ce second volume présente une démarche de recherche-action dans tous les cycles de l'école guinéenne. Cette méthodologie comprend des instruments didactiques classiques comme la problématique, les objectifs de la recherche, les hypothèses, les outils d'investigation, les résultats et les interprétations, etc. Elle permet aux enseignants de décortiquer, de circonscrire, de maîtriser les obstacles rencontrés par les apprenants.
(Coll. Etudes africaines, 16.50 euros, 162 p.)   *ISBN : 978-2-296-55929-5*

MON PARI POUR LA GUINÉE – Le changement est possible — (2e édition)
Fall François Lonsény
Dans cet ouvrage, l'auteur jette un regard rétrospectif et prospectif sur lui-même, son cheminement, son pays. Il montre son enracinement dans sa Guinée natale, relate son enfance, les moments qui comptent et les personnes qui l'entourent. Vient ensuite son parcours, notamment au sein des Nations Unies. Homme de dialogue, médiateur au service de la paix et de la démocratie, il décide de rentrer en Guinée fin 2008 pour jeter les bases d'un ambitieux projet de Refondation.
(Coll. Etudes africaines, 20.00 euros, 214 p.) *ISBN : 978-2-296-56128-1*

L'Harmattan, Italia
Via Degli Artisti 15; 10124 Torino

L'Harmattan Hongrie
Könyvesbolt ; Kossuth L. u. 14-16
1053 Budapest

Espace L'Harmattan Kinshasa
Faculté des Sciences sociales,
politiques et administratives
BP243, KIN XI
Université de Kinshasa

L'Harmattan Congo
67, av. E. P. Lumumba
Bât. – Congo Pharmacie (Bib. Nat.)
BP2874 Brazzaville
harmattan.congo@yahoo.fr

L'Harmattan Guinée
Almamya Rue KA 028, en face du restaurant Le Cèdre
OKB agency BP 3470 Conakry
(00224) 60 20 85 08
harmattanguinee@yahoo.fr

L'Harmattan Cameroun
BP 11486
Face à la SNI, immeuble Don Bosco
Yaoundé
(00237) 99 76 61 66
harmattancam@yahoo.fr

L'Harmattan Côte d'Ivoire
Résidence Karl / cité des arts
Abidjan-Cocody 03 BP 1588 Abidjan 03
(00225) 05 77 87 31
etien_nda@yahoo.fr

L'Harmattan Mauritanie
Espace El Kettab du livre francophone
N° 472 avenue du Palais des Congrès
BP 316 Nouakchott
(00222) 63 25 980

L'Harmattan Sénégal
« Villa Rose », rue de Diourbel X G, Point E
BP 45034 Dakar FANN
(00221) 33 825 98 58 / 77 242 25 08
senharmattan@gmail.com

L'Harmattan Togo
1771, Bd du 13 janvier
BP 414 Lomé
Tél : 00 228 2201792
gerry@taama.net

Achevé d'imprimer par Corlet Numérique - 14110 Condé-sur-Noireau
N° d'Imprimeur : 95521 - Dépôt légal : février 2013 - *Imprimé en France*